沖縄戦が問うもの

林 博史
Hayashi Hirofumi

大月書店

はじめに――今日の日本社会と沖縄戦

なぜ「集団自決」への日本軍のかかわりが問題になるのか

日本とアメリカの戦争の中で、最後の大きな戦闘といえる沖縄戦があったのは、いまから六〇年以上前の一九四五年のことである。しかし沖縄戦は過ぎ去った昔の出来事として語られるような問題ではない。その理解の仕方が、今日においても大問題になるような問題である。そのことを示したのが、二〇〇七年の教科書検定問題である。このとき、高校日本史教科書における沖縄戦の「集団自決」に関する記述への文部科学省による教科書検定が問題になった。なぜ六二年も前の出来事がこれほど大きな問題になったのだろうか。

一九九〇年代に入り、ソ連などの社会主義国が崩壊し、朝鮮半島をのぞいて世界的に冷戦構造が解体していく。その中でアメリカによる対外的な軍事力行使が拡大していった。日本では、冷戦が終わった中で対米一辺倒からの脱却をはかる動きが出てくるが、アメリカはその動きを封じ込めるとともに、日本の軍事力を極東にとどまらずアメリカの世界戦略の中で利用しようとしはじめた。九六年の日米安全保障共同宣言に続き、九七年に日米で新ガイドラインが合意され、それに基づいて九九年に周辺事態法が制定された。同年には国旗国歌法、通信傍受法、住民基本台帳法などの立法がなされた。国旗・国歌が法的に認められ、それによる国民の思想的な統制、市民の反対運動の抑圧などがはかられた。

二〇〇一年に登場した小泉内閣のもとで、小泉首相がくりかえし靖国神社に参拝し、中国への反感を煽《あお》った。同年九月の同時多発テロをきっかけにアメリカがアフガニスタンやイラクへの軍事力行使へと動くと、日本もテロ関連三法を成立させて、自衛隊をインド洋やイラクに派兵し、多国籍軍の一員としてアメリカの軍事行動に参加するに至った。その間、二〇〇三年と〇四年には有事関連法を制定し、戦時体制の準備を進め、〇六年には米軍再編について日米で合意し、日本の自衛隊が米軍と一体となって海外に展開する態勢づくりを推進している。〇七年一月には防衛庁が防衛省に昇格し、海外派遣を自衛隊の本来の任務のひとつに格上げした。

二〇〇六年秋に登場した安倍内閣は、第九条を含む憲法改正を掲げて、〇七年には国民投票法を成立させ、また教育基本法を改正した。新教育基本法は、自民党の憲法改正案を先取りするもので、「国を愛する心」など戦争への思想的動員をはかる意図が込められている。この安倍内閣のもとで、沖縄戦の教科書検定がなされたのである。

二〇〇七年には、陸上自衛隊の情報保全隊が〇三年から〇四年にかけて全国各地でのイラク派兵反対運動を監視し情報収集していたことが明らかにされた。市民の自由な活動自体を敵視し、監視しようとするもので、戦前・戦中の憲兵隊による市民監視弾圧を思い起こさせる。

また有事法制が整えられたことにより、武力攻撃事態においては自治体が国に従って協力しなければならないし、市民にも「必要な協力をするよう努める」ことが決められ、市民の自由や権利が制限される規定が導入された。

沖縄戦の教科書検定問題はこうした中で起きたのである。ここで焦点となった「集団自決」問題をとりあげたグループである「自由主義史観研究会」は、この問題が「日本軍の名誉に関わるものであり、児童生徒の健全な歴史認識及び国防意識の育成にとって見過ごすことができない」(『歴史と教育』二〇〇五年四月)としている。つまり旧日本軍の名誉を回復することと、今日における国防意識の育成が切り離せないと考えていることがわかる。

戦後の長い歴史の中で自民党政府は、憲法九条に違反するという批判に対して、自衛隊は日本の防衛に専念するという建て前で国民の支持を得てきた。したがってアメリカの軍事戦略に従いながらも、自衛隊はあくまで日本とその周辺のみで活動してきた。しかし、九〇年代後半以降の動き、とりわけ二一世紀に入ってからの動きは、アメリカの世界戦略に沿って、自衛隊も米軍と一緒に世界各地に派兵できるようにすることをめざしてきた。まだ直接の戦闘任務に就くことは国民の支持を得られないので後方任務に限定されてはいるが(軍隊にとって後方任務の役割は大きく、戦争への参加に変わりはない)、さらに自民党政府は、憲法第九条を変えて戦闘任務にも堂々と参加しようとしてきた。そうすれば当然、自衛隊員から戦死者が出るだろうし、民間人に戦争協力を強制する事態も出てくるだろう。このことを可能にするのが有事法制だった。

自衛隊が、今日の「日本軍」として戦争に参加するうえで、軍隊への信頼と忠誠を得る必要がある。軍隊は、市民に命を投げ出すことをも求めるので、そのために無条件の忠誠を確保しようとする。だから、その国の軍隊が間違ったことや犯罪を犯したという事実を認めようとしない傾向がある。

歴史認識は、決して過去の出来事をどう見るのか、という問題にとどまらない。いま現在をどう見るのか、という問題と不可分である。歴史認識と現状認識はメダルの裏表である。いま生きている社会と格闘するとき、なぜこうなっているのか、どのようにすれば変えられるのか、と真剣に考えようとするとき、歴史をふりかえる必要がある。歴史とは、過去をふりかえることを通じて未来を見ることである。日本では過去にこだわらずふりかえらないことが「未来志向」だなどと言う人々がいるが、それでは同じ失敗、過ちをくりかえすだけである。沖縄戦がくりかえしとりあげられるのは、いまをどうするのか、未来をどう展望するのか、それが問われているからである。沖縄戦を過去の出来事としてではなく、いまにつながる出来事、いま私たちが取り組まなければならない課題と共通の課題が含まれている出来事として見ていってほしい。

戦時体制の作り方――マスメディアの役割

沖縄でこの一〇年来大きな問題になっているのが、海兵隊の普天間《ふてんま》飛行場を返還するかわりに北部の辺野古《へのこ》に新しい巨大な海上基地を建設するという日米合意である。一九九五年九月に起きた海兵隊員らによる少女暴行事件をきっかけに爆発した沖縄県民の怒りを抑えるために――それは米軍基地を減らしてほしいという長年にわたる沖縄の切実な願いが背景にあるので突然起きたものではない――沖縄の声を逆手にとって日本の税金で新基地を作ろうとするものであって、基地強化策にすぎない。またきれいなサンゴの海を埋め立て、二〇〇〇メートル以上の滑走路二本をもつ海上飛行場を建設することは、おそらく二一世紀最大の自然破壊と後々非難される愚挙になるだろう。

この新基地建設計画は、発表されてから一〇年以上がたつにもかかわらず、強い反対の声と粘り強い反対運動の前に着工できないまま今日に至っている。そうした中、沖縄にある基地の県外・国外移転を主張してきた民主党の鳩山政権が二〇〇九年九月に誕生し、日米合意の見直しが問題となってきた。

かねてより日本の防衛の第一義的責任は自衛隊が負い、米軍は海外に展開する部隊として日本や沖縄に駐留している。在日米軍は、戦争を防ぐ、あるいは日本を守るものではなく、逆にあちこちで戦争を仕掛け、軍事介入をおこなうものとなっている。このことは、実際にイラク戦争などに在日米軍部隊が次々に派遣されていることからもわかる。戦争をしかける部隊が日本に駐留しているのである。住民にとって危険な普天間基地は、移設ではなく返還を求めるのが、日本国民の生命と安全を守らなければならない日本政府の取るべき態度である。

しかし、この間のマスメディアの報道を見ると、沖縄の海兵隊が「抑止力」であると無条件で肯定し、日米安保条約を「安定装置」（朝日）、「生命線」（読売）、「基軸」（毎日）など、日米軍事同盟を絶対視する一方的な報道をおこなっている。都道府県単位で出されている新聞（地方紙）の中にはそうではないものもあるが、全国的な新聞やテレビなどは、なんとしてでも日米軍事同盟を維持しようという論陣を張っている。

そして米政府関係者が、鳩山内閣が辺野古での新基地建設を決断しないことにいらだち、怒っているという談話ばかりを流している。アメリカの国内にも、日本に対して高飛車な姿勢は問題であり、対等なパートナーとして扱うべきという意見もあるが、そうした声はマスメディアではほとんど無視されている。沖縄の新聞が、日米両政府に加えての「第三の壁」として「全国紙など在京大手メディア」の存在を指摘し、「辺野古固執の大手メディア」と批判していることにも示されている（『琉球新報』二〇一〇年一月二七日）。

マスメディアの大勢が、ある方向――しかもたいていが戦争や軍事力行使を肯定する方向――で一斉にキャンペーンをおこない、国民を誘導しようというのは今日においても珍しいことではない。

二〇〇九年四月五日に北朝鮮がおこなった「飛翔体」の発射実験について、北朝鮮は人工衛星と主張していたが、日本政府やメディアは「ミサイル」と断定して非難した。アメリカや韓国政府内では、人工衛星の発射実験が失敗したという見方があったが、日本のメディアは一様に、ミサイルと断定し北朝鮮を非難する論調を展開した。メディアは三月末から「北朝鮮、発射台に」（『朝日新聞』三月二六日夕刊）などと騒ぎはじめ、発射と同時に「北朝鮮ミサイル発射」（『毎日新聞』四月六日）などのきわめて大きな見出しで、扇情的な報道を続けた。政府や自衛隊はこれを利用して有事＝戦時のシミュレーション訓練をおこなったが、そのことはなんら問題にされることなく当然のことであるかのように報じられた。

私も北朝鮮による核兵器の開発や弾道ミサイルの開発は重大な問題であり、北朝鮮はそれらの開発をやめ、放棄すべきだと考えているが、それにはもっと冷静かつ合理的な対応が必要である。北朝鮮が核兵器の開発に走った背景には、ソ連が解体し、さらに中国が韓国と国交を結び、後ろ盾を失ったこと、にもかかわらず北朝鮮と日本・アメリカとの国交正常化がなされず、しかもアメリカは先制核攻撃戦略を取りつづけていること、大量破壊兵器を放棄したイラクにアメリカが難癖をつけて攻撃し、日本もそれを支持したこと、など一方的に北朝鮮を非難するだけでは解決できない多くの問題がある。そうした多くの問題を丁寧に解きほぐし、平和的に解決するのが外交の役割であるが、メディアは北朝鮮への反感を煽るだけでしかなかった。

外に敵をつくり、その脅威や不安を煽り、国民の反感と排外主義を駆り立てるだけのメディアを見ていると、一九三〇年から四〇年代に国民を戦争に駆り立てた当時のメディアの姿を髣髴《ほうふつ》とさせる。当時も中国とその国民への敵意を煽り、強硬手段を主張し、戦争へと世論を誘導した。平和的な解決を主張する者は、弱腰、卑怯者などと攻撃されたのも今日と共通する。

外の敵による脅威を煽ることは、内部の結束を重視し、異論への抑圧を招く。この間、集合住宅にイラクへの自衛隊派遣反対などのビラを配布しただけで逮捕され有罪になるような言論弾圧がおこなわれている。また日本軍「慰安婦」問題をとりあげた展示会や講演会が右翼の妨害を受けても、あるいは京都の朝鮮学校に右翼が脅迫をくりかえし、子どもたちが怯える状況がつくられても、メディアはさほどとりあげない。

一部のマスメディアでは、朝日新聞のように、自らの戦争協力をふりかえり検証しているものもあるが、朝日を含めて、マスメディアがひとつの方向に、それもより排外的・軍事的方向に一気に流れる傾向はくりかえされている。沖縄戦の時と今日ではマスメディアのあり方がずいぶん違っており、当時は新聞や雑誌が中心だったのに比べ、今日ではテレビの位置が大きく、新聞、雑誌などの出版物に加えてインターネットも比重が大きくなっている。しかしテレビは、出版物よりはるかに扇情的であり、同じ映像をくりかえすことによる人々の意識への刷り込み効果ははるかに高い。インターネット上でも、排外的・感情的なものが残念ながら氾濫している。

テレビや新聞（とくに全国紙）のこうした一色に塗られた一面的な報道を見ていると、「翼賛」報道としか言いようがない。「翼賛」とは社会全体があるひとつのものを支えるというイメージであるが、反対や批判、疑問が抑圧され、一元化された状況を示す言葉であり、翼賛体制というように言われる。その「翼賛」という言葉がぴったりと当てはまるような状況が今日でもしばしば生まれている。

そこでは「脅威」や「不信」「不安」が扇情的に報道され、人々の自由の制限抑圧や管理動員が堂々とおこなわれ、それらを人々が受け入れていく。自分たちを守るためには仕方がないと思う中で、自由の抑圧と戦争への道が掃き清められていく。

戦争への道はこうして作られていく、人々はこうして戦争への道を受け入れていくということがわかるのが、今日の日本のように思える。もちろんそれに抵抗する人々の力は戦前よりはるかに強くなっているが、残念ながら一九三〇年代とは違うとは言い切れないのが実情である。

沖縄戦も決して突然起きたのではなく、そこに至る長い経過があった。本書でも沖縄戦が始まるまでのことを詳しく書いているのはそのためである。沖縄戦に至る道と沖縄戦をふりかえるのは、決して過ぎ去った昔話としてではなく、いまとつながっているからである。

沖縄戦が問うもの　目次

南西諸島

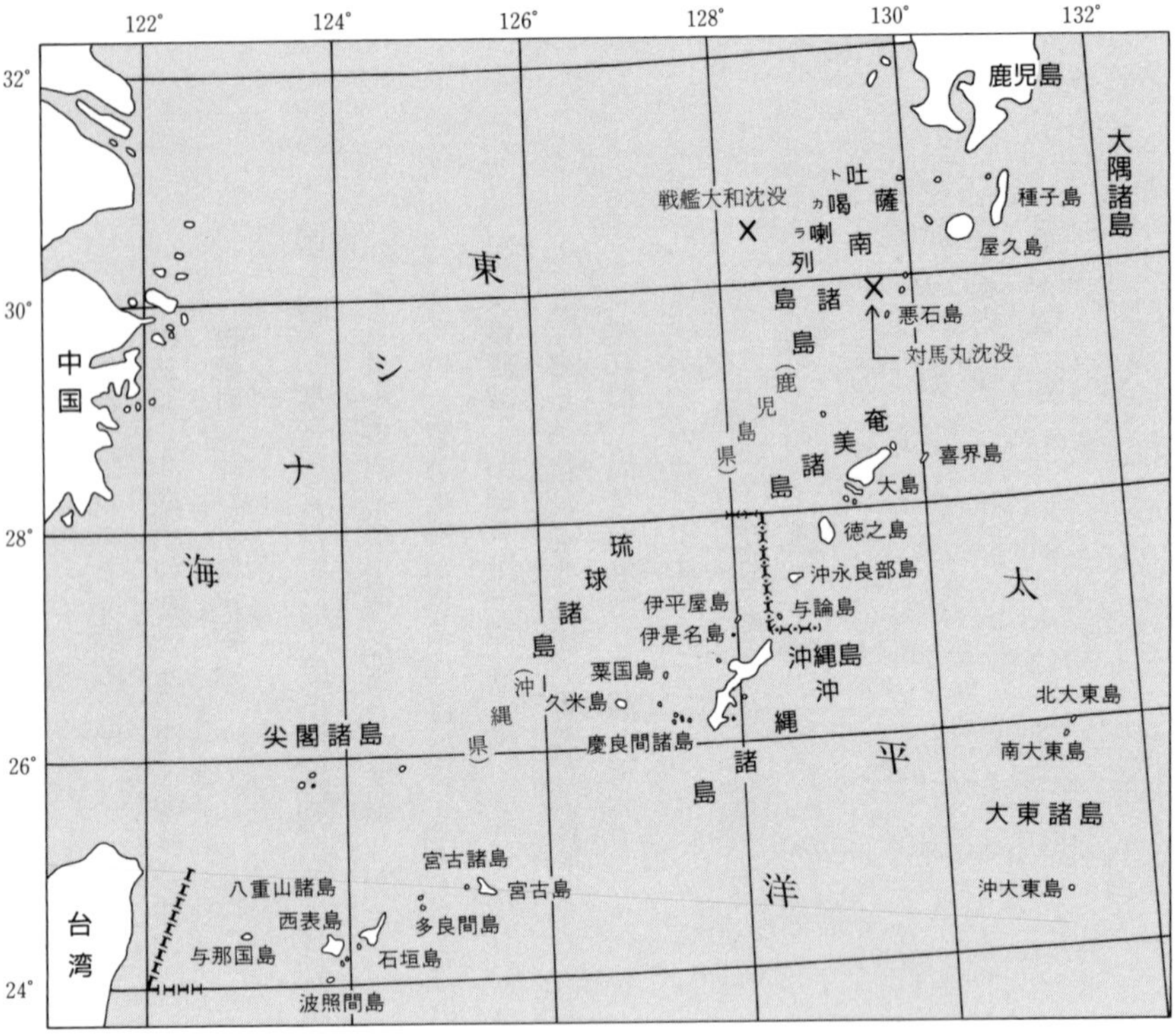

石原昌家『証言・沖縄戦』青木書店，2頁，を一部修正。

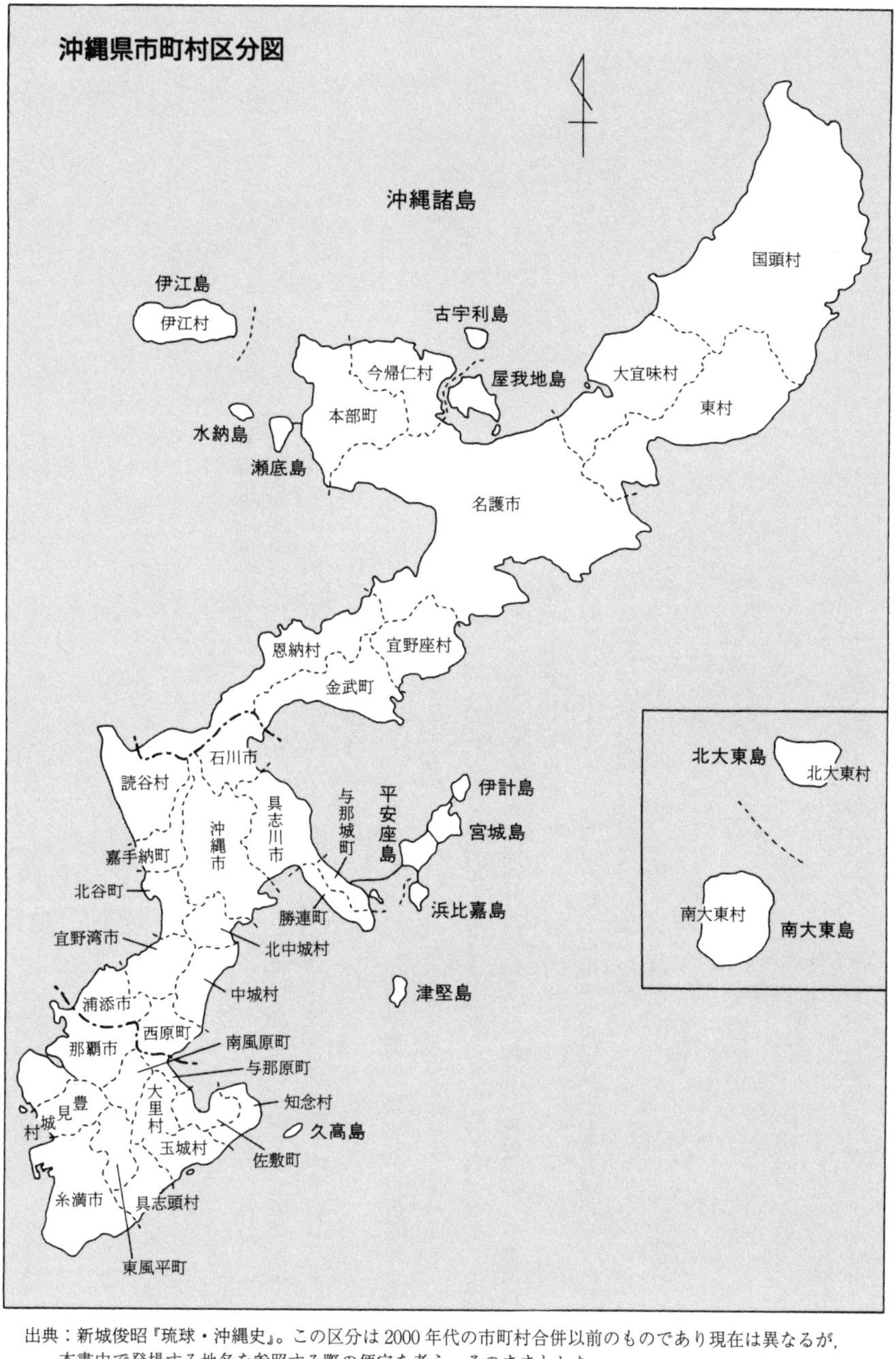

出典：新城俊昭『琉球・沖縄史』。この区分は2000年代の市町村合併以前のものであり現在は異なるが，本書中で登場する地名を参照する際の便宜を考え，そのままとした。

出典の表記について

旧日本軍資料は防衛省防衛研究所図書館所蔵、米軍資料はアメリカ国立公文書館所蔵である。これらの原資料の詳細な情報は、筆者がこれまでに発表した文献の中で詳しく書いているが、本書では入門的な性格を考慮し、省略した。

刊行本は、著者名・書名・ページ数を示す。ただし沖縄県史は「県史」、市町村史と字史は自治体名を記し、そのうえで巻数と頁を記す（「県史7・六七三頁」「座間味上・二二三頁」「浦添5・二三四頁」）。ただし巻数は明記しなくても特定できる場合は省略したものもある。また同一書に多数参照箇所がある場合は頁を略した。詳しい書誌情報は、巻末の参考文献一覧を参照していただきたい。

当時の史料については、カタカナはひらがなに、旧字体は新字体、旧仮名遣いは一部新仮名遣いに、必要に応じて濁点を付すなど表記を改めた。

第1章

沖縄戦への道

1　近代の沖縄

九州と台湾の間に長く続く南西諸島は、与論《よろん》島より北の薩南諸島（現在、鹿児島県）と、伊平屋《いへや》島・伊是名《いぜな》島を含め沖縄本島より南の琉球諸島（沖縄県）に分けられる。琉球諸島は、沖縄本島とその周辺の沖縄諸島、宮古諸島、八重山諸島に分けられ、東方には大東諸島がある。これらの島々にはさまざまな地域から人々が入ってきたようだが、古い時期には日本本土と同じ言語をもつ人々が住み着いていたと見られる。

しかし国家形成においては本土とはまったく異なる道を歩んだ。各地に首長が登場し、一四世紀には北山・中山・南山の三山時代を迎え、一五世紀に中山の尚氏によって統一され琉球王国が成立した。琉球王国は明（中国）や日本、東南アジアとの交易によって独自の文化を築いた。その後、一七世紀はじめに薩摩藩が徳川幕府の許可を得て琉球王国に侵攻し、与論島以北を直轄地にし、沖縄本島以南は琉球王国に残しながらも薩摩の支配下においた。薩摩は、琉球王国の明との進貢貿易による利益を維持するために形として琉球王国を残した。

明治維新後、琉球の領有化をめざす明治政府は一八七二年（明治五年）、全国的な廃藩置県の翌年、琉球王国を廃して琉球藩とし、さらに七九年（明治一二年）軍隊と警察を派遣して琉球藩を廃止し、沖縄県を設置した（琉球処分）。ここに琉球王国は完全に終わった。しかし沖縄にはこれを認めず、清国に助けを求める勢力があり、また清国も琉球の日本への併合を認めなかったので、明治政府は、沖縄諸島以北を日本領、宮古・八重山を清国領とする分島案を提示することもあったが、日清戦争（一八九四―五年）の結果、南西諸島全体を日本の領土とすることが確定した。

日本政府は、日清戦争までは琉球王国の旧支配層をなだめるために古い制度を残し、急激な改革は控える「旧慣温存」政策をとっていたが、日清戦争後は日本への同化政策を本格的に実施した。一八八七年には沖縄県立師範学校に他府県に先駆けて「御真影」（天皇皇后の写真）が「下賜」されるなど、学校教育による同化策はそれ以前から始まっていたが、本土の地租改正にあたる土地整理事業を一八九九年から一九〇三年にかけて実施、一八九八年から徴兵制も実施された。国政への選挙権が実施されたのは一九一二年になってからだった（宮古八重山は一九年）。

第一次世界大戦後の一九二〇年代になり、沖縄の主要農作物である砂糖の価格が暴落し、「ソテツ地獄」と呼ばれる惨状におちいった。米はもちろんイモも食べることができず、毒抜きの必要なソテツを食べて飢えをしのがなければならない状況になった。

他方、一八九九年にはじめてのハワイ移民を送り出して以来、移民も増え、阪神地域など本土の工業地帯への出稼ぎも増えた。しかしそこでは本土人以下の低賃金、劣悪な労働条件と差別にさらされることになった。とくに沖縄の言葉はそのままでは本土では通じず、それも差別の一因となっていた。そうしたことから、言葉や文化習慣などで沖縄的なものは遅れたものとして否定し、本土（ヤマト）に同化することによって一人前の日本人になり、差別から逃れようとする志向を生み出した。沖縄県庁や教育界の幹部を占めていた本土からの官僚や教員たちがそうした政策を上から推進すると同時に、沖縄の有力者や教育者たちもそうした同化政策を下から推進した。

ただ同時に、そうした沖縄差別は日本社会のあり方の問題であり、沖縄の貧困を改善しなければならないという、社会への批判的な問題意識をもった人々を生み出していった側面もある。大正デモクラシーや社会主義思想の影響はそうした自覚的な人々を生み出した。本土に出稼ぎあるいは移住していった人々の中には労働運動に加わり、あるいは共産党や社会主義政党にかかわった人たちも少なくない。

しかし一九三一年の満州事変、さらには三七年からの中国への全面戦争と、日本が中国への侵略戦争を進め、日本全体が軍国主義的になり、市民の自由への抑圧が厳しくなる中で、沖縄でも状況が変わっていった。

そもそも大日本帝国憲法、いわゆる明治憲法のもとで、国民の自由や人権は、今日の自由民主主義諸国で認められているような基本的人権ではなく天皇によって与えられた「臣民の権利」にすぎず、国家権力によって自由に制限されるものだった。大正デモクラシー期にやや自由が拡大したものの、一九二五年に制定された治安維持法を頂点とする弾圧法規によって、国民の自由は著しく制限された。新聞や出版物は検閲を受けて自由な言論が規制され、労働運動や農民運動をはじめ社会運動にも厳しい統制がかけられた。共産党は非合法で厳しい弾圧を受けただけでなく、警察ににらまれた社会運動にかかわった人々は明確な理由もなく逮捕され拷問をうけ、その拷問によって殺された人も少なくなかった。

こうしたうえに、よりいっそうの自由への抑圧と戦争への動員が進められていった。

沖縄では、方言の撲滅と標準語の励行が積極的に進められ、その中で「方言札」も活用された。沖縄の姓名をヤマト風姓名に変える改姓改名が奨励された。たとえば、安慶名《あげな》は安田に変えたり、東門《あがりじょう》を「ヒガシカド」、金城《かなぐすく》を「キンジョウ」と読み方を変えたりした。沖縄土着の信仰も抑圧され、神社参拝がすすめられた。洗骨（一度葬った遺骸を洗い清め、再度埋葬する風習）をやめさせ火葬を奨励することもあった。戦時下のこうした施策は従来からの同化政策と共通しているが、日中戦争から太平洋戦争の段階では、お国のため、天皇のために命を捧げる臣民を育てることが強調される皇民化政策・教育としての特徴がある。

沖縄の近代史をふりかえると、日本本土（ヤマト）からの差別に対して、日本に同化することによって差別から逃れようとする流れが主流としてあるが、他方で差別を生み出す社会を批判的に見る人々も少なくなかった。戦争が進む中で前者が後者を圧倒し、天皇に命を捧げる皇民化政策が他府県以上に強力に推し進められた。軍国主義教育を受けた若い世代には比較的にそれが浸透していたが、しかし上の世代では人々の心の中にまで完全に浸透していたわけではなかった。こうした中で沖縄戦を迎えたのだった。

検証1　同化志向と差別への反発

沖縄の近代史を見ると、本土の各県と比べて沖縄の人々の中に、より強い同化・皇民化への志向があった。とくに教育を受けた層や本土に出稼ぎに出た人たちに強い。沖縄が遅れている、あるいは貧しいのは、遅れた沖縄の文化や習慣があるからと考え、それをなくし本土のやり方を身につけることによって、沖縄を発展させようとした。首都圏や関西に出稼ぎに出た人たちは、そこで差別にあう。沖縄の言葉や習慣が差別される原因だとして、沖縄的なものを排除し本土（ヤマト）に同化することによって差別から逃れようとする意識が働いていた。近代における沖縄の人々の本土への同化志向の中には、文明化・近代化をめざす内容が込められていたと指摘されている。

もちろん沖縄県の県庁や教育界の幹部は本土から送り込まれた者たちであり、かれらは独立国であった琉球王国の言葉や文化を否定し、日本人にさせること、とりわけ日本国家と天皇への愛国心・忠誠心を育てることをめざした。本土からの上からの強制・誘導と、沖縄内部からの差別から逃れようとする志向があわさって、同化政策が進められた。

そうした同化政策は、一九三〇年代、とくに三七年以降、日中戦争が全面化・長期化する中で、皇民化政策・教育と呼ばれるものに発展していった。これは天皇のために死ねる人間＝皇民になることによって名誉ある日本人になろうとするものだった。

それまでの同化志向が、沖縄の人々にとっては差別から逃れ、自らの成功を求めるものであったのに対して、皇民化では自らの命を投げ出して国家と天皇のために尽くすことが求められる。沖縄戦において唱えられた「軍官民共生共死」の論理に従えば、沖縄は軍とともに滅亡することを意味するようになってしまうが、沖縄あるいは沖縄県民が滅亡して後にどのような成功がありうるのだろうか。

朝鮮や台湾などの植民地においても、大日本帝国のための労働者・農民を育てる従来の政策から、日本軍の兵士の育成に重点が移り、それを皇民化政策と呼んでいるが、同じような特徴が沖縄でも見られている。旧来の同化策においては、差別から逃れ立身出世あるいは経済的成功をはかろうとする沖縄の人々の願いも含まれていたが、戦時下ではそうしたエゴは捨て、国家のために命を捧げることが求められた。沖縄の場合、徴兵制はすでに実施されているなど他府県と同じ制度が適用されていたが、国内植民地的な扱いを受けていたうえに、沖縄県民に求められるものは植民地と共通するものがあったので、植民地と同じように皇民化政策と言われている。

そのようにして見てみると、同化と皇民化は重なる部分も多いが、同化はイコール皇民化ではなく、そこには大きな飛躍が必要だった。だからこそ軍や行政当局は必死になって皇民化をめざし、その思想を住民に叩き込もうとしたのである。ここで注意しなければならないことは、かれらが必死になって皇民化政策・教育をおこなおうとしたことは、沖縄の人々がまだ皇民化されきっていないことのあらわれでもあり、同時に完全に皇民化することの困難さの表現でもあった。

差別から逃れようとして、他府県以上に極端な同化、お上への迎合が生まれる。たとえば、生徒を引率して宮崎県に疎開した小学校の教員が、疎開先の小学校で、教員どうしが方言で話をし朝礼でも校長が平気で方言で話をすることに驚いたという。沖縄では徹底して標準語の使用を強制され、学校の中で方言など使えなかったからである。またこの教員は、沖縄では徹底して金具類の献納をおこなったのに比べて、宮崎ではあちこちの家をのぞくと鍋や釜などが残っており、正直に貴重なものまで献納したことを悔やんだと述べている（『那覇市史』2中の6、六九―七〇頁）。その他、沖縄の児童の疎開を受けいれた九州各県の小学校で、沖縄の児童が標準語をみごとに使うことに驚いたという話がいくつかある

（浦崎純『消えた沖縄県』五五―五七頁）。つまり方言を否定し「標準語」の使用を強要する教育が、本土よりはるかに徹底して実施されていたのである。

こうした同化・皇民化志向が沖縄の中のエリート層を中心に主流であったとは言えるが、それがすべてとは言えない。差別や貧困に対して、こうしたことを生み出す社会や政治の仕組みに問題があると考えた人たちもいた。沖縄には、あまり工場がなかったので労働組合運動は弱く、また本土のような地主制度がなかったので、農民運動といえるものもほとんどなかった。しかし比較的教育を受けた教員の中には、社会主義思想など社会に批判的な思想が広がった。そうした教員は一九二〇年代の末から三〇年代にかけて弾圧の対象となり、警察に検挙されたり学校から追放されたりした。警察資料によると、三二年一一月末までに全国で検挙された教員五九五名中、沖縄は五六名を占め、人数では東京、岩手についで三番目である。その直後に長野県で教員に対する大弾圧があるので四番目になるが、県の人口比で見ると長野についで二番目に多かった（林博史『沖縄戦と民衆』二九四―二九五頁）。

厳しい弾圧と締め付けのために表には出せないが、沖縄戦の段階でも良心を秘めていた教員がいくらか残っていた。高等女学校などで軍や県、学校が女子生徒たちを看護婦として動員しようとしていた時に、その動員に反対したり、生徒たちに早く疎開するようにこっそりと働きかけた教員が何人もいたことが生徒たちの証言でわかっている。仮に戦争には同調していたとしても、幼い生徒まで駆りだすことには納得できなかったからだろう。

また本土に出稼ぎに出ていた人々には、関東や関西で労働運動や共産党あるいは社会主義的な運動に参加した人たちも少なくない。たとえば戦前から戦後にかけての日本共産党の最高指導者だった徳田球一は名護《なご》の出身だった。

沖縄は移民が多いので移民帰りの人たちもたくさんいたが、かれらは日本ではない外国の社会を知っていたので、日本国家の教育・宣伝をそのまま鵜呑みにしなかった。

人種差別や身分差別などの場合でも、差別される集団の中には、自分たちの文化や習慣を否定し、強者のものを取り入れ、一体化することによって差別から逃れようとする人々と、差別を生み出す社会や政治を批判しそれを改革しようとする人々を生み出す。沖縄でもそうだったのである。

2　アジア太平洋戦争

日本は、一九三一年の満州事変から三七年には日中戦争へと、中国に対する侵略を拡大していった。しかし中国の強い抵抗の前に戦争は長期化し、アメリカなどからの経済制裁を受けて戦争継続が難しくなってきた。そこで日本は英米による中国政府への支援ルートを断ち切るとともに、石油をはじめとする東南アジアの資源を獲得することによって状況を打開しようとし、一九四一年一二月八日、アジア太平洋戦争を開始して侵略を一気に東南アジア・太平洋地域に拡大した。この戦争は、宣伝としては「アジアの解放」などのスローガンを掲げたが、実際には「重要国防資源の獲得」が目的であり、そのために占領地に軍政をしき、抵抗する者には容赦のない殺戮と弾圧を加えた。

当初は広範な地域を占領下に収めたが、四二年六月のミッドウェイ海戦での敗北と、それに続くガダルカナル島の攻防戦で大損害を被り形勢が逆転した。その後、米軍の反攻の前に次々と後退し、四三年九月に御前会議で「絶対確保すべき要域」として「絶対国防圏」を設定して、サイパンなどのマリアナ諸島を第一線陣地とした。しかし四四年七月にはサイパンを奪われ、日本本土はＢ29の直接の空襲にさらされるようになった。サイパンには二万人以上の在留邦人がおり、そのうち半数は沖縄出身者だった。かれらは日米両軍の戦闘に巻き込まれ多大の犠牲を出したが、日本軍による住民虐殺や自決の強要など、沖縄戦で起こったさまざまな出来事はここですでに起きていた。

サイパンを取られた時点で戦争としては決着がついていたが、日本は戦争をずるずると引き延ばし、四四年一〇月には米軍はフィリピンのレイテ島に上陸、四五年一月にはルソン島に上陸し、日本軍はフィリピンの山中に追い込まれた。

こうした中で大本営は四五年一月「皇土特に帝国本土の確保」を作戦目的とする「帝国陸海軍作戦計画大綱」を天皇に上奏して決定した。ここで沖縄本島以南の南西諸島などは「皇土防衛の為縦深作戦遂行上の前縁」とされ、そこに敵が上陸してきた時は「極力敵の出血消耗を図り且《かつ》敵航空基盤造成を妨害す」ることとされた。つまり、沖縄は皇土＝本土とはみなされず、本土防衛のための「前縁」とされ、本土防衛のために敵の損害を増やし時間稼ぎをすること、すなわち持久戦が期待されたのである。そのため、これ以降は沖縄への増援部隊の派遣は中止された。

二月に天皇は元首相ら重臣七人を個別に呼び戦局について所信を聴取した。元首相の近衛《このえ》文麿は上奏文を提出し、敗戦は必至だとして「国体」すなわち天皇制を守るために「速《すみやか》に戦争終結の方途を講ずべき」だと提言した。しかし天皇は「もう一度戦果を挙げてから」と戦争継続の意思を示して近衛の上奏を斥《しりぞ》けた。天皇制を維持できる確証が得られるように米軍に一撃を与えることを期待していたのである。

日本軍にとって沖縄戦は本土防衛準備のための時間稼ぎの戦いであると同時に、天皇制を守るために米軍に一撃を与えようとする戦いでもあった。両者は矛盾する側面があるが、いずれにせよ「国体」＝天皇制を守るために沖縄と沖縄の民衆は捨て石にされたのである。

一方、米軍が沖縄攻略を決めたのは四四年一〇月である。太平洋地域における米軍は大きく二つの部隊に分かれていた。陸軍大将マッカーサーの率いる陸軍主体の南西太平洋方面軍はニューギニアからフィリピンをめざし、一方、海軍大将ニミッツが率いる海軍主体の太平洋方面軍は中部太平洋をマキン、タラワのギルバート諸島やマーシャル諸島からマリアナ諸島へと進攻していった。陸軍はフィリピン攻略を主張し、海軍は台湾から中国本土への攻略を主張していた。しかし海軍は大量の部隊が必要な台湾ルートを断念し、硫黄島と沖縄攻略に切り替えたのである。沖縄攻略はニミッツ率いる太平洋方面軍が担当することになった。海軍主力といっても必要に応じて陸軍部隊も配下に入れたので、沖縄戦の上陸部隊には海兵隊と陸軍の両者が参加している。

米軍は日本を降伏させるには本土上陸までせざるをえないと判断し、そのための中継補給の拠点として沖縄を占領することを考えた。また沖縄に航空基地を確保すれば日本本土を封鎖するうえでも絶好の位置にあった。

米軍の沖縄攻略戦は、太平洋戦争において米軍最大規模の上陸作戦だった。バックナー陸軍中将の率いる第一〇軍は、陸軍四個師団、海兵隊三個師団など総兵力一八万人あまり、それを支援する海軍の中部太平洋部隊などを合わせると総計五〇万人を超える大部隊だった。

他方、米軍の沖縄攻撃を予想していた日本軍も第三二軍を創設し、沖縄戦が始まった時点では、沖縄本島だけで陸軍二個師団を中心に約一〇万人の軍を配置した。

こうして一九四五年三月二三日、米機動部隊による大規模な空襲によって沖縄戦が開始され、米軍は二六日に慶良間《けらま》列島に上陸、四月一日には沖縄本島に上陸した。そして第三二軍司令官牛島満中将が六月二三日（最近は二二日説が有力）に自決し、組織的な戦闘が終了し、米軍が沖縄作戦の終了を宣言したのが七月二日だった。その後も山中やガマに隠れていた敗残兵が残ったが、日本政府が連合国への降伏調印式をおこなった九月二日の五日後の九月七日、米軍が上陸しなかった宮古八重山にいた第三二軍傘下の部隊が降伏調印式をおこなった。

沖縄戦とは、こうしたアジア太平洋戦争の最終盤、一九四五年三月末から六月末までの約三カ月間、沖縄本島を中心に日米両軍の間で激しい戦闘がおこなわれ、最終的に米軍が沖縄本島とその周辺の島々を占領した戦いである。

今日の日本領で多数の住民を巻き込んだ地上戦としては沖縄戦が唯一の戦いだった（住民がいない土地では硫黄島がある）。それまで朝鮮、中国、東南アジア、太平洋諸島など外地で侵略戦争を戦ってきた日本軍が、多数の自国民を抱えて戦い、その結果として民間人の犠牲が軍人を上回った戦闘であった。

一九三一年から四五年までの「十五年戦争」での日本人の死者は軍人・軍属二三〇万人、民間人八〇万人、計三一〇万人にのぼるが、軍人・軍属の死者のおよそ半数は最後の一年に集中しており、民間人の場合は本土への空襲や原爆投下、敗戦前後の満州での犠牲など、ほとんどがその時期に生じている。

他方、日本がおこなった侵略戦争によるアジア諸地域の犠牲者は二〇〇〇万人にのぼると推定されており、日本国民以上に膨大な犠牲を強いたことも忘れてはならない。

検証2

マニラ戦

沖縄戦が始まる少し前、一九四五年二月三日より三月三日までの一ヵ月間、日米両軍によるマニラ戦がおこなわれた。日米両軍による唯一といってよい本格的な市街戦であり、この戦いでマニラ市街は徹底的に破壊され、マニラ市民約一〇万人が犠牲になった。マニラの日本軍は海軍が主力のマニラ海軍防衛隊（約一万六〇〇〇人）であるが、このマニラ戦を悪名高いものにしているのは、日本軍によって大規模な住民虐殺が市内のあちこちでおこなわれ、その記憶がいまなおフィリピン人の間で根強く残り、日本軍と日本人のイメージとして定着しているからである。

日本軍はフィリピン市民を人質状態で監禁し、そのことによって米軍の砲撃の犠牲としただけでなく、組織的に多数の市民を虐殺した。ベイビューホテルに多数の女性を監禁し集団レイプしたケースは、日本軍による残虐行為として際立っている。また同盟国のドイツ人や、中立国のスイス人、スペイン人ら白人たちも虐殺の対象とされた。敵国民とみなされたフィリピンの人々と、沖縄の人々に対する日本軍の対応を同じだとは言い切れないにしても、民間人であっても敵の保護下に入ることを許さず、犠牲を強いた点では共通している。

残されている日本軍文書を見ると、住民がゲリラに協力していると疑い、陣地付近の住民を皆殺しにせよという命令もいくつか出されており、住民をそうした疑いの目で見ていることがわかる。日本軍は

マニラ戦の犠牲者を追悼する像（マニラ市内）

敗勢になればなるほど、付近の住民がスパイをしているからだと考える傾向がある。太平洋戦争の緒戦のシンガポール攻略戦（四二年二月）の最中においても、英軍の砲撃による被害を受けると、住民がスパイをしているからだとみなして、付近の家屋や避難壕に隠れている住民を虐殺している（林博史『シンガポール華僑粛清』二七―三〇頁）。同じようなことは沖縄戦でも起こっており、日本軍の体質は一貫していたことがわかる。

日本軍の中では、マニラは防衛には適さないと考え、マニラから撤退する構想もあったが、戦わずして首都マニラを奪われることを潔しとせず、住民も巻き込んで最後まで戦った点は沖縄戦と共通するものがある。

近年の研究では日本軍による残虐行為だけではなく、米軍の砲撃による犠牲も多かったことが指摘され、米軍がフィリピン人の生命よりも米兵の生命を優先させたことが批判的に言及されるようになっている。この点も沖縄戦での米軍の戦闘方法と共通する。

3　沖縄に迫る戦争

日本本土の場合、すべての道府県に歩兵連隊がおかれたが、沖縄には徴兵業務をおこなう沖縄連隊区司令部があっただけで、一九四一年にようやく沖縄本島と西表島《いりおもて》に要塞が建設されたにすぎなかった。四三年九月に「絶対国防圏」を設定し、マリアナ諸島を背後から支援するための航空基地としての役割が沖縄に与えられ、さらに四四年二月に連合艦隊の拠点であったトラック諸島が米機動部隊の空襲を受けて大きな被害を出したため、大本営は急いで沖縄や台湾などの防衛を強化することとした。

そのために一九四四年三月二二日、第三二軍が創設された。第三二軍は、北は屋久島南方のトカラ列島から、南は波照間《はてるま》島、東は大東諸島から西は与那国《よなぐに》島までの南西諸島の防衛を担当することとなった。この第三二軍の任務は、飛行場の設営とその警備であり、飛行場建設にあたる部隊が次々と沖縄に到着した。四月下旬から軍による飛行場建設が本格化し、五月からは大量の住民の労務動員がおこなわれた。沖縄本島の北飛行場（読谷《よみたん》）、中飛行場（嘉手納《かでな》）や伊江《いえ》島（東・中・西の三飛行場）、石垣島の白保飛行場など、日本軍が沖縄（宮古八重山を含む）に建設した飛行場は最終的には一五カ所になった。日本軍の飛行場大隊の文書によると伊江島の東飛行場だけで、五―六月は一日平均約一五〇〇名、八月中旬は二六〇〇名あまりが人夫として動員された。

伊江島飛行場には、五―八月の四カ月間に計三万七八四〇人が徴用で動員された。一人当たり一〇日間働くことになっていたので（実際には一〇日で帰れたわけではなかったようだ）、延べ三七万八四〇〇人になる。毎日三一〇〇人ほどが働かされていたことになる（『沖縄戦と民衆』二九―三二頁）。他の飛行場や陣地構築のためのものも含めると、四五年一月三〇日時点での日本軍文書によれば、沖縄本島と伊江島における徴用労務者は三万六七九八人、他に学徒が二九四四人、合計三万九七四二人と報告されている（林博史「資料紹介　沖縄戦についての日本軍資料」）。

飛行場建設が本格化してまもない四四年六月、米軍がサイパンに上陸し、七月七日には守備軍は全滅した。「絶対国防圏」の重要な一角が崩され、沖縄も危険な状況になったことから、急いで地上戦闘部隊の派遣が始まった。しかし六月二九日に約四六〇〇名の兵員を積んだ富山丸が徳之島沖合で米潜水艦によって撃沈されて約三七〇〇名が失われ、装備も水没した。そこで七月になってから独立混成第一五連隊を沖縄に空輸し、さらに八月にかけて第九師団、第二四師団、第六二師団が沖縄本島に、第二八師団が宮古島に到着し、地上戦闘部隊もそろった。これにともない第三二軍司令部も刷新され、牛島満中将が軍司令官として、長勇《ちょういさむ》中将が参謀長として着任した。

一〇万にのぼると見られる日本軍がやってきたため、学校など公共施設が宿舎として接収されただけでなく、民家にも将兵たちが分宿することになり、沖縄は一気に戦時色に変わった。沖縄の人々は飛行場や陣地の構築などに徴用され、また将兵の食糧の供出を要求された。人手を取られれば食糧生産に支障をきたすが、軍からは両方を要求され、もともと貧しく食糧も乏しい沖縄はさらに困難な状況に追いこまれた。

九月には飛行場建設の遅れを取り戻すためにこれらの戦闘部隊を飛行場建設に投入し、一〇月上旬までに北・中飛行場や伊江島飛行場など主な飛行場をおおむね完成させた。

ところが一〇月一〇日に米機動部隊の艦載機による大空襲がなされた。いわゆる一〇・一〇空襲である。米軍にとってはレイテ島上陸作戦を前に、沖縄や台湾などの日本軍の航空基地を叩くことがねらいだった。この日の朝から夕方まで計五次にわたる大規模な空襲を受けた。第三二軍の「戦闘詳報」によると、軍人・軍属の戦死者は二一八名、陸軍人夫約一二〇名、民間人の死者は三三〇名と報告されているが、大量の武器弾薬や食糧を失い、また那覇《なは》は一万四九一八戸のうち一万一〇一六戸、七四パーセントが失われ、焼失した坪面積では約九割にのぼり、那覇は焼け野原となった。第三二軍はこの日から兵棋演習をおこなうために各部隊の幹部が那覇に集まり、前夜は宴会をしており、不意打ちを受けた形になった。この空襲を契機に沖縄は戦場の雰囲気に一変した。

沖縄本島には陸軍三個師団が配備され、米軍の上陸に対して水際で決戦を挑むという方針で作戦計画がなされていた。ところが、一一月に台湾の防備強化のために第九師団を台湾に移動させることになり、四五年一月に同師団は台湾に移った。その後、第三二軍からの要請を受けて大本営は一個師団の増派を検討したが、本土防衛準備を優先させるために一月下旬、大本営は増援を送らないと通告した。

このため第三二軍は方針を変更して水際で決戦をおこなう作戦を放棄した。つまり本島中部西海岸（読谷から嘉手納、北谷《ちゃたん》）に米軍が上陸してきた場合、決戦を断念し、そこにある北飛行場（読谷）と中飛行場（嘉手納）を放棄、宜野湾から西原以南に主陣地を構えて、そこで持久戦をはかるという作戦計画を採用した。実際に第三二軍はこの二つの飛行場や伊江島飛行場を米軍上陸直前に放棄し、一部は破壊するが、すぐに米軍によって利用されることになった。

また増援が期待できないことから、沖縄県内で徹底した根こそぎ動員がはかられることになる。二月から三月にかけて、臨時召集や防衛召集により一七歳から四五歳までの男たちが根こそぎ召集されていった。防衛召集者だけで計二万二〇〇〇人にのぼり、さらに中学校や実業学校の男子生徒たちも軍人として動員された。その数は二二八三人とされている。女子生徒は補助看護婦として五二一人が動員された。このように「一木一草」に至るまで活用する政策が実行された。また後方支援部隊から人員を抽出して歩兵戦闘部隊に改変することもおこなわれた。

米軍上陸時の日本軍の人員数の正確な数字はわからないが、米軍が日本軍から押収した文書では、次頁の表1のようになっている。四五年二月二八日時点で、沖縄本島とその周辺だけで六万六四九〇名（または六万五四二〇名）、宮古八重山諸島や奄美《あまみ》諸島、大東諸島なども合わせると第三二軍の総兵力は一〇万九七八六名（または一〇万八七一六名）であったことがわかる。

さらに三月はじめに臨時召集と防衛召集がおこなわれた。後者の場合、第六二師団だけで五四八〇名を防衛召集する予定であったことがわかっているが、三月三日（六日に出頭）の沖縄本島全域での防衛召集だけで約一万四〇〇〇名にのぼっている。さらに三月中も引きつづき防衛召集がおこなわれ、月末には学徒兵が防衛召集された。

したがって三月の召集を含めて考えると、沖縄本島とその周辺における日本軍は九万名から一〇万名、第三二軍全体では一三万名を超える兵力であったと思われる。

日本軍は、米軍が上陸してくる地点として、中部西海岸と南部の港川の二カ所の可能性を想定していたが、事実、米軍もそのように考えていた。南部に上陸してきた場合は決戦を挑むが、中部に上陸してきた場合は（主にこの可能性を考えていた）、上陸は許したうえで、首里《しゅり》に軍司令部を置き、その北側の

表1　第32軍編成表（1945年2月28日現在）

部隊	編成表定員	実人員	配属人員	実人員計	備考
第24師団	12783	14360	3174	17534	
第62師団	8317	10353	3772	14125	
独立混成第44旅団	3139	3173	2947	6120	
国頭支隊	1364	1715	1245	2960	
第5砲兵司令部	5134	5261		5261	
第19航空地区司令部	5090	2209		2209	
軍通信隊	1929	2019		2019	
第21野戦高射砲司令部	3176	3189		3189	
第49兵站地区隊	2574	2550		2550	
第11船舶団司令部	3087	3087		3087	
第32野戦兵器廠	1842	1617		1617	
第32軍野戦貨物廠	1282	1336		1336	
その他	3691	3413		3413	
沖縄本島と周辺　合計				66490	上記の合計　65420
第28師団	15218	12337	19429	31766	宮古八重山
歩兵第36連隊	3707	3229	1381	4610	大東島
独立混成第64旅団	5235	5119	1801	6920	奄美
沖縄本島以外　合計				43296	
総計				109786	上記の合計　108716

（出典）"10th Army Translation," No. 256, 7 July 1945より作成。米軍が押収した日本軍文書であるが，英訳しか残っていない。原史料ではかなり細かな部隊までリストアップされて人員が記されているが，その中から主な部隊のみをとりあげて記した。

（注）数字については，複雑な記述がなされており，いくつか数字が合わない個所があるが，できるだけ合理的になるように計算しなおした。合計・総計欄の数字は，原史料の数字を記し，各部隊の数字を合計した場合の数字を備考欄に記した。「配属人員」とは，たとえば第24師団の構成部隊ではないが，同師団の指揮下に入れられた部隊を指す。

宜野湾《ぎのわん》南部─中城南部より南のラインに主陣地を構えて、そこで持久戦をはかる方針であった。読谷などの上陸予想地点には、後方部隊の人員から急造した部隊をとりあえず形だけ配備した。また北部の本《もと》部《ぶ》半島には若干の部隊を配備した。

日本軍の沖縄への増強のようすについて米軍は日本軍の暗号電報を傍受解読し、その戦力を推定していた。四四年三月一四日に大本営からの電報が「南西諸島における軍事作戦の準備がなされていない」として、「その地域の増強を急ぐ必要がある」と述べていることに米軍は注目した。そして第三二軍という新しい軍司令部が那覇に設けられることをこの時点で把握していた。

戦闘部隊の増強は七月以降になるが、米軍はまず七月一三日の東京からの電報に注目している。七月中に日本から沖縄へ兵員を輸送するために一二万登録総トン、軍需物資のために約九万立方メートル分のスペースが割り当てられるというものだった。この一二万登録総トンという割り当ては、四〇〇〇トンの船三〇隻分に相当し、装備にもよるが四万名から七万五〇〇〇名を輸送できると見積もっている。この七月の輸送計画には、第九、二四、二八師団や陸軍航空部隊が含まれているとも推定している。これらの輸送がおこなわれると、沖縄の日本軍は五万二〇〇〇名から七万二〇〇〇名程度（海軍の地上兵力二〇〇〇名を含む）に増員されると推定している。

その後も各部隊の移動に関する通信を傍受分析しながら、沖縄での日本軍の状況を把握しようとしているが、四五年三月一二日の時点で、沖縄全体で三個師団（第二四、二八、六二師団）と五つの独立混成旅団（第四四、四五、五九、六〇、六四）が配備されていることを特定し、海軍や陸軍航空部隊を含めて総兵力は一二万三〇〇〇名と推定している（林博史「暗号史料にみる沖縄戦の諸相」）。この推計は南西諸島全体のものであるが、師団と独立混成旅団の配備を的確に把握し、兵力数についてもかなり正確に推定していたといってよいだろう。

検証3

軍人・部隊の経歴

沖縄戦にかかわった主な軍人や部隊はそれまでどのようなことをしてきたのだろうか。

第三二軍司令官の牛島満中将は、歩兵第三六旅団長（少将）として一九三七年の南京攻略戦に参加していた。同旅団が属した第六師団は南京虐殺を実行しているので、彼の旅団もこの一連の残虐行為にかかわっていたと見られる。

第三二軍の参謀長を務めた長勇中将も上海派遣軍司令部の情報主任参謀（中佐）として南京攻略戦に参加、指揮下の師団から、捕虜をどうするのかという問い合わせに「ヤッチマエ」とくりかえし命令していたことが知られている。彼は、第三二軍参謀長として、沖縄の新聞紙上で、県民が餓死するといっても食糧をやらないと公言していた（六二頁参照）。

慶良間列島にも配備された㋹という陸軍の特攻艇の開発にあたっては、陸軍船舶司令部司令官鈴木宗作中将が、その試作と戦法研究を命じたとされている。鈴木は、第二五軍参謀長として、一九四二年二月から三月にかけてシンガポールとマレー半島において華僑粛清、すなわち華僑虐殺を実行した。その第二五軍司令官だった山下奉文中将は、華僑粛清をおこなっただけでなく、北支那方面軍参謀長だった三九年四月、「治安粛正要綱」を作成し、捕まえた者を裁判などの手続きなしにその場で処刑する現地処分（厳重処分）の方法を採用した。これが、後に三光作戦と呼ばれる、きわめて非人道的な作戦に発展していった（『シンガポール華僑粛清』参照）。

三光作戦のような治安粛清作戦は山西省などでおこなわれたが、その山西省などで編成されて沖縄に送り込まれてきたのが、第六二師団だった。山西省での日本軍による性暴力被害者たちが一九九〇年代に日本政府を相手取って訴訟を起こしたが、その残虐行為にかかわっていた少なくない将兵が沖縄に来ていた。

もうひとつの主力部隊である第二四師団は旭川で編成された師団で、満州の東安に配備されていた対ソ戦用の部隊だった。この師団に属する歩兵第八九連隊は旭川で編成された部隊だったので、アイヌ出身者が含まれていた（一九六頁参照）。「平和の礎《いしじ》」に刻銘されている日本本土出身者七万七一一四人の中で北海道出身が一万〇七九九人と一番多いのは、このことと関係している（次いで福岡の四〇二八人、東京三五一四人、兵庫三二〇一人と続く。二〇〇九年六月二三日現在）。

中国戦線の経験のある将兵が数多く沖縄に送られてきたが、かれらは中国での日本軍による残虐行為について住民たちに語り聞かせていた。そのことは、日本軍でさえもこんなひどいことをするのであれば、鬼畜である米軍はどれほどひどいことをするだろうか、と人々に恐怖心を植えつけるのに多大な影響を与えた。

変化する日本軍

敗戦直後に参謀本部の関係者が作成した文書（『支那事変　大東亜戦争間　動員概史』）によると、日本陸軍の地上部隊の兵力の総数は、一九三七年度の九三万人から、四一年度二〇二万五〇〇〇人、四二年度二二九万五〇〇〇人、四三年度二七五万人、四四年度三七六万人、四五年度五九五万人と急激に増えた。徴兵検査を受けた者の中で実際に軍に入るのは一九三三年では二割程度しかいなかったのに、四四年には七七パーセントに達し、身体が小さい、あるいは弱い者も軒並み召集されるようになった（吉田裕『日本の軍隊』一九七―一九八頁）。軍の中の現役兵の比率は、太平洋戦争開戦前の一九三九年は約六〇パーセントであったが、四四年末には約四〇パーセント、四五年の本土決戦準備が完成する時には約一五パーセント以下に低下していた。その中でも将校では三九年の三六パーセントから四四年末約二五パーセント、四五年中ごろには約一五パーセントと低下した。

こうした大動員のために、「久しく軍事より離れたる応召者」や「始《（ママ）》めて入隊せる未教育のもの」などが多く、また将校も「指揮能力著しく低きもの多く」という状況で、そのため上官に対する犯罪や酒や女性がらみの犯罪、掠奪強かんなどの住民に対する犯罪が「相当に頻発」した。軍からの逃亡も増えている。本土決戦準備のために本土に戦闘部隊を配備していくと、軍の横暴や軍人の非行によって日本軍が住民との間に問題を引き起こすことも頻発した。沖縄でも同じ状況が生まれていた。

沖縄には日本の全都道府県から召集された将兵が送り込まれてきた。きちんとした軍事訓練を受けた現役兵だけでなく、すでに社会生活を営んでいたところを召集された三〇代、四〇代の兵士や、これまでであれば召集されなかった者まで根こそぎ兵隊にとられた。青年の場合、徹底した軍国主義教育とメディアの統制によって、ある程度軍国主義青年を育成することができるが、社会人としての生活を積み重ね、社会の裏表がわかるようになると、政府や軍の宣伝をそのままでは信じない人たちが出てくるし、家庭をもつとかんたんには死ねないという思いをもつ人たちも出てくる。この戦争は負けだと思いはじめている人たちも少なくなかった。

さらに沖縄では一七歳から四五歳までの男たちが根こそぎ、軍に召集された。軍事訓練をろくに受けたこともなく、軍人精神や規律が叩き込まれていない人たちが多かった。自分よりはるかに年下、時には息子の世代の上官からビンタや侮辱を受け、軍への反発を募らせる人も少なくなかった。

沖縄戦にかかわった日本軍はこのような状況にあった。そのため、日本軍は兵士たちに対していっそう暴力と脅しで統制をはかろうとした。沖縄出身兵たちがよく言われたことは、もし脱走すれば家族皆殺しにするぞという脅しだった。本土の兵士たちは、自分が脱走すれば残された家族が「非国民」の家族として迫害され村八分にされることがわかっていた。

軍が組織として機能している時には、かれらは自分の考えを語ったり、行動に移すことはできなかった。たとえば住民に対して、米軍に捕まってでも生きのびろと言いたくても、それが上官に聞かれれば、暴力による制裁が待っていた。軍はそうした兵士たちの良識や良心を抑圧する組織だった。

しかし日本軍が負けていき、軍の組織が解体していくと、兵士たちはようやく自分の判断で行動できるようになった。もちろん住民から食糧を奪ったり非行に走る兵士もいたが、他方ではこんな戦争では死ねないと考え、あるいは住民を助けようと努力する兵士も少なくなかった。後者のような兵士がいるから、軍はますます暴力で押さえようとする。沖縄戦の中で、日本軍が狂信的なまでに凶暴になった背景には、そうした状況があった。

検証5 軍隊への召集——なぜ一四歳の少年まで召集されたのか

この当時、誰が兵隊に行かなければならなかったのだろうか。明治以来、男子は二〇歳になると徴兵検査を受け、甲乙丙丁戊の五段階に分けられ、もっとも健康状態のよい甲種合格者を中心に現役兵として召集された。徴兵検査を受けた青年のうち実際に軍隊に入るのは、平時は二割以下だった。戦時において、徴兵検査を終わった者あるいは現役兵として二年間の勤めを終えた者の中から、動員計画に基づいて召集するのが充員召集、必要に応じて随時おこなうのを臨時召集という。この二つの召集の際に赤紙が使われる。徴兵検査は一九四四年からは兵員不足を補うために一九歳からおこなわれるようになった。したがってこの年は一九歳と二〇歳の両方が検査を受けた。他にいくつかの志願兵制度があったが、それらは一七歳からだった。徴兵検査を受けていない者を召集することは志願兵を除いてなかったが、四四年からはそれができるように法令が変えられ、一一月には一七歳から四五歳までを防衛召集することが可能になった。防衛召集とは、一九四二年九月に制定された陸軍防衛召集規則に基づく制度で、空襲時や離島における警備のために現地の者を召集するものだった。海軍は四四年四月に防衛召集規則を制定している。防衛召集の趣旨は、「郷土は郷土の兵を以《もっ》て防衛せしめ」（陸軍省兵務課「防衛召集規則要綱）というもので、地元の防衛にあたる召集であるが、これで召集された者も正規の軍人である。はじめて軍に召集された場合は二等兵になるが、召集経験のある在郷軍人の場合、元の階級、たとえば上等兵であれば上等兵として防衛召集される。かれらは防衛隊と呼ばれることが多いが、正式には防衛隊という組織は軍には存在せず、防衛召集された者を中心に編成された部隊を人々がそう呼んでいるだけのことである。

さらに四四年一〇月、一四歳以上（一七歳未満）の者は志願により、戸主や親権者などの承諾のうえ、兵役（正式には第二国民兵役）に編入されることが可能になった。そのうえで一二月には兵役に編入された一四歳以上の者を防衛召集することが可能になり、沖縄県など一部では臨時召集も可能になった。四五年三月末には日本全土において一四歳以上で兵役に編入された者の臨時召集が可能になった。複雑だが、沖縄戦が始まった時点では、一七歳から四五歳までの男は臨時召集、防衛召集の対象となっていたし、一四歳以上で志願により兵役に編入された者も同様であった。

ところで一四歳以上で兵役編入を志願する場合、本人、戸主、親権者または後見人の印や市町村長の奥書証印などが必要で、その編入願を連隊区司令官が審査し認めるという手続きが必要だった。

なお沖縄戦がほぼ終わる六月二二日に義勇兵役法が制定公布され、翌二三日にそれに基づいて国民義勇戦闘隊統率令も制定された。これにより、男は一五歳から六〇歳まで、女は一七歳から四〇歳までが国民義勇戦闘隊に召集されることになった。対象年齢が拡大しただけでなく、女性がはじめて公式に戦闘要員として召集されることになったのである。沖縄戦の時点ではこの国民義勇戦闘隊はまだなかったが、後で述べるように実質的にはそれが実行されていた。

沖縄戦では師範学校や中学校、実業学校の生徒たちまでもが軍人として男子学徒隊に動員された。かれらは鉄血勤皇隊《てっけつきんのう》や通信隊として戦場に駆りだされた。動員された学徒は二二八三人、そのうち九四二人が死亡している。他にも軍に召集されて戦死した者なども含めると男子学徒の死亡者は一五〇〇人近くに及んでいる。これらの学校では四五年三月末に鉄血勤皇隊が編成され二年生以上が動員された。三月末の二年生は全員が一四歳以上になっていた（現在の中学二年にあたる）。かれらは二等兵とされ、武器を与えられて兵士として扱われた。

戦後になって厚生省は、一七歳未満の学徒から兵士として動員された者の扱いについて、「旧兵役法から考えてもこれを軍人扱いすることは相当の難点」があると法的に兵士として扱うことに疑問を提示し、ようやく政治的配慮から「事実に基いて、軍人として処理することに決定した」という経緯があった。日本政府自身、その法的根拠がはっきりしない召集だったのである。

ではどうやって兵士として召集したのか。その謎を解く資料がアメリカ国立公文書館にあった。これは戦場で米軍が押収した文書で、第三二軍司令官・沖縄県知事・沖縄連隊区司令官の三者による「鉄血勤皇隊の編成ならびに活用に関する覚書」などの一連の文書である。

この覚書では、学校長が鉄血勤皇隊を編成し、軍の援助を受けて軍事訓練を開始すると定められている。そのうえで、非常事態つまり米軍上陸という状況になれば、鉄血勤皇隊を直接、軍組織に編入し戦闘に参加させることが確認されている。鉄血勤皇隊の防衛召集要領も作られ、防衛召集をおこなって兵士にすることになっていた。その手順では、学校があらかじめ一四歳から一七歳までの生徒の名簿を作成して、県知事を通じて軍に提出し、その名簿をもとに軍が生徒を召集したことがわかる。

先に紹介したように、一七歳未満一四歳以上の者の場合は、前述のような方法で志願して兵役に編入されれば防衛召集の対象者になるが、生徒たちの場合、そのような手続きはなされていない。県立一中など一部の学校では、動員の直前に生徒たちに親の承諾の印を取ってこさせていたようだが、ほとんどはそうした印なしに有無を言わさずに動員された。仮に保護者の印をもらってきたとしても、編入願の正式の手続きがなされるような状況ではなかった。したがってこれらの学徒の召集は、とうてい正当な手続きによるものとはいえない。

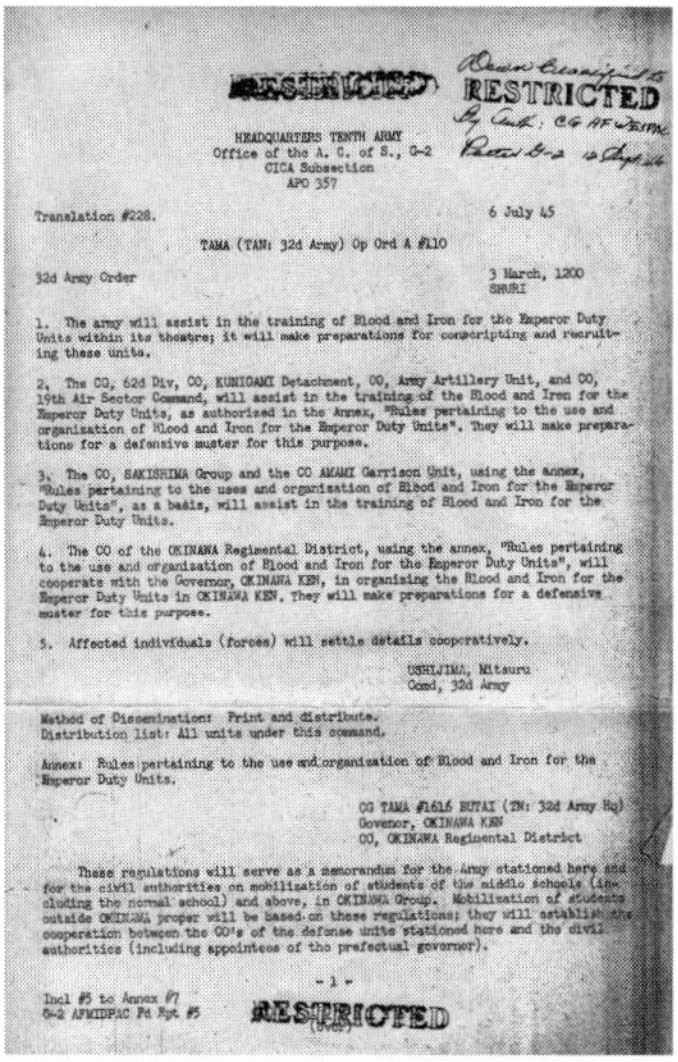

RESTRICTED

RESTRICTED

HEADQUARTERS TENTH ARMY
Office of the A. C. of S., G-2
CICA Subsection
APO 357

Translation #228.　　6 July 45

TAMA (TAN: 32d Army) Op Ord A #110

32d Army Order　　3 March, 1200
SHURI

1. The army will assist in the training of Blood and Iron for the Emperor Duty Units within its theatre; it will make preparations for conscripting and recruiting these units.

2. The CG, 62d Div, CO, KUNIGAMI Detachment, CO, Army Artillery Unit, and CO, 19th Air Sector Command, will assist in the training of the Blood and Iron for the Emperor Duty Units, as authorized in the Annex, "Rules pertaining to the use and organization of Blood and Iron for the Emperor Duty Units". They will make preparations for a defensive muster for this purpose.

3. The CO, SAKISHIMA Group and the CO AMAMI Garrison Unit, using the annex, "Rules pertaining to the uses and organization of Blood and Iron for the Emperor Duty Units", as a basis, will assist in the training of Blood and Iron for the Emperor Duty Units.

4. The CO of the OKINAWA Regimental District, using the annex, "Rules pertaining to the use and organization of Blood and Iron for the Emperor Duty Units", will cooperate with the Governor, OKINAWA KEN, in organizing the Blood and Iron for the Emperor Duty Units in OKINAWA KEN. They will make preparations for a defensive muster for this purpose.

5. Affected individuals (forces) will settle details cooperatively.

USHIJIMA, Mitsuru
Comd, 32d Army

Method of Dissemination: Print and distribute.
Distribution list: All units under this command.

Annex: Rules pertaining to the use and organization of Blood and Iron for the Emperor Duty Units.

CG TAMA #1616 BUTAI (TN: 32d Army Hq)
Govenor, OKINAWA KEN
CO, OKINAWA Regimental District

These regulations will serve as a memorandum for the Army stationed here and for the civil authorities on mobilization of students of the middle schools (including the normal school) and above, in OKINAWA Group. Mobilization of students outside OKINAWA proper will be based on these regulations; they will establish the cooperation between the CO's of the defense units stationed here and the civil authorities (including appointees of the prefectual governor).

- 1 -

Incl #5 to Annex #7
G-2 AFMIDPAC Pd Rpt #5

RESTRICTED
(over)

鉄血勤皇隊への動員に関する軍と県の覚書の英訳（米軍資料）

兵役に編入されていればその名簿に基づいて召集されるのだが、そうでなければ軍には名簿がない。だから軍は学校と県を使って名簿を作らせ、それをもって兵士として召集するということをおこなった。軍だけでなく、県と学校が密かに軍と合意し、生徒たちを軍に動員したのである。学校や県は、せめて当時の法に則って軍の要求を拒んでいれば――大変な勇気がいることだが――学徒たちの悲劇は避けられたか、少なくとも軽減できたのではないだろうか。その責任は大きい。

▼鉄血勤皇隊についての覚書などの文書全文は、林博史「資料紹介　鉄血勤皇隊編成に関する日本軍と沖縄県の覚書ならびに軍命令」参照。

検証6

日本軍慰安所

日本軍が沖縄にやってくると同時に日本軍慰安所が設けられた。一九四四年四月に飛行場建設を担当した第一九航空地区司令部が沖縄に到着したとき、渡辺正夫第三二軍司令官は「疲労に対する慰安方法を工夫すること」を指示した。五月伊江島の飛行場建設の起工式の際に、伊江島飛行場設定隊長は訓示の中で、「一般婦女子と性交」あるいは「強姦」してはならないとしたうえで「本職の設備する特殊慰安婦」とのみ認めることを隊員たちに述べている。日本軍は、沖縄に来た当初から、地元女性への性暴行などによって問題が起きることを危惧し、慰安所設置を組織的におこなおうとしていたことがわかる。

事実、まもなく要塞建築勤務中隊（大工、左官などの建築専門の部隊）によって慰安所建設工事が始まった。建設工事中にも、「慰安婦」が一時的に送り込まれ、二日間の臨時慰安所が既存家屋を使って設けられている。

付近の住民からは慰安所に対して苦情が出ていたようだが、軍は一般の婦女子を保護するためだと説得した。こうした理屈は、戦後、米軍兵士の性犯罪から「善良な婦女子」を守るために米兵相手の売春地区を設置するというのと同じである。

最近の研究では、沖縄本島とその周辺の島々だけで一一二カ所が確認されている。宮古八重山を含めると一三〇カ所を超えると見られる。そこには沖縄の女性、日本本土の女性（長崎や福岡など九州出身が多かったようだ）、さらに少なくとも数百人の朝鮮女性が「慰安婦」として連行されてきた。渡嘉敷《とかしき》島の慰安所に入れられたがなんとか生き延び、戦後沖縄に残ったペ・ポンギさんの体験が知られている他は、彼女たちが沖縄戦の中でいかに生きたのか、あるいは生きることができなかったのか、沖縄の人々の体験談の中に断片的に出てくるだけで、具体的な状況はほとんどわからない。

キャンプ・コザの朝鮮人慰安婦（米国立公文書館収蔵）

朝鮮半島から連れてこられた女性たちの場合、女工の募集だとか、兵隊の身のまわりの世話をするのだとか、騙されて誘拐されてきた女性が多い。台湾から宮古島へ向かう船が米軍機に攻撃され、乗っていた朝鮮人「慰安婦」五三人のうち四六人が亡くなるなど輸送途中で犠牲になった女性たちも少なくない（県史10・二六〇―二六二頁）。四四年一〇月に鹿児島から輸送船マライ丸で朝鮮人「慰安婦」五一人が沖縄に運ばれた（川田文子『赤瓦の家』五一頁、儀同保『慶良間戦記』三五頁）。ペ・ポンギさんらもこの船で連れてこられたよう

宮古島アリランの碑（洪玧伸氏提供）

だ。この女性たちは、慶良間列島の三つの島に七人ずつ、那覇に二〇人ほど、一〇人は大東諸島に送られた。

米軍の報告書によると、戦争の終わった四五年一〇月に沖縄各地から生き残った朝鮮人「慰安婦」一五〇人をキャンプ・コザに集め、朝鮮に送り返したことが記されている。彼女たちは米軍の野戦病院で看護婦として働いていたようだ。しかし他方でペ・ポンギさんのように帰国できないまま沖縄に残り、水商売でかろうじて食いつないだ女性もいた。

慰安所の存在は、沖縄の若い女性たちにとって深刻な影響を与えた。それは、米軍に捕まると、自分たちも米軍の慰安婦のようにされてしまうという恐怖だった。日本軍もそのような宣伝で恐怖心を煽り、彼女たちが米軍に保護されないようにした。追い詰められた戦場で、彼女たちが自決したり、投降を拒んで米軍に殺された背景には、慰安所のような日本軍による性暴力の存在があった。

ところで、沖縄戦での戦没者の名前を国籍を問わず刻銘している「平和の礎」にも、朝鮮人「慰安婦」の死亡者は誰一人として刻銘されていない。そもそも「平和の礎」の刻銘にあたって、日本軍「慰安婦」にされた朝鮮人女性たちの消息を調べる手立てがまったくとられなかったという問題がある。一九九七年に渡嘉敷島に「アリラン　慰霊のモニュメント」が、二〇〇八年には宮古島に「アリランの碑」が市民の手で建てられた。後者の碑には、「日本軍による性暴力被害を受けた一人ひとりの女性の苦しみを記憶し、全世界の戦時性暴力の被害者を悼み、二度と戦争のない平和な世界を祈ります」という言葉が一二カ国語で刻まれている。この碑は宮古島の人々と日本・韓国の人々が共同で建てたもので、日本―沖縄―韓国（朝鮮）という差別の構造を克服しようとする、沖縄・日本（本土）・韓国の人々の共同の営み（とくに女性たちによる）によって建設されたものである。

しかし「慰安婦」にされた女性たちへの日本国家による償いは、いまだになされていない。

▼詳細は、古賀徳子「沖縄戦における日本軍『慰安婦』制度の展開」、日韓共同「日本軍慰安所」宮古島調査団、洪玧伸編『戦場の宮古島と「慰安所」』参照。

4　沖縄の戦時体制

戦時体制へ

一九三七年七月より日中戦争が全面化し、しかも長引くようになると、日本全国で戦時体制が急速に整備されていった。

同年一〇月には国民精神総動員中央連盟が結成されて、国民精神総動員運動が開始された。沖縄県でも時局宣伝や貯蓄奨励、自由主義・個人主義の排撃などが講演会、懇談会、映画会などを通じて広められ、戦争協力へと駆り立てられた。

また宮城遙拝《ようはい》（皇居に向かって拝むこと）、神社参拝、出征軍人の見送り、戦没軍人の墓参り、傷病軍人・出征軍人の遺家族への慰問激励などに人々や生徒たちを動員した。

一九四〇年はじめから、標準語だけでなく沖縄の言葉（沖縄口《ウチナーグチ》）も話すことを認めるか、標準語だけを話すべきかという点をめぐって、本土の知識人を巻き込んだ方言論争がおこなわれるが、県当局は沖縄口を抑圧し標準語を強要する手法を推し進めた。

四〇年に大政翼賛会が成立し、すべての政党は解散、労働組合もすべて解散させられた。国家権力から距離をおいた自主的な組織・団体は許されなかった。大政翼賛会の沖縄県支部は四〇年一二月に結成され、知事が支部長を兼ねた。翼賛会の下に大日本翼賛壮年団（翼壮）が結成された。

四〇年九月に内務省は「部落会、町内会等整備要領」を制定して、全国の都市部には町内会、農村部には部落会、その下には隣保班・隣組なども整備し、全国民を行政の末端に組み入れて管理動員する仕組みを作った。これらの組織を通じて、人々の徴用・勤労奉仕の割り当て、防空訓練への動員や物資の供出、さまざまな通達や宣伝など国家の意思が一軒一軒にまで徹底された。また隣組は住民相互を監視させて、国家への批判や不満を密告させ、警察が非協力者を検挙するなど弾圧を手助けする機関ともなった。食糧などの配給も町内会・部落会を通しておこなわれたため、戦争に協力しない者は最低限の生活もできなくなった。

四三年四月時点で沖縄県下の二市五五町村に八一〇の部落会・町内会が組織され、さらにその下に計一万一一八三の隣保班が組織されていた。

米の多くを本土や台湾からの移入に頼っていた沖縄では、本土の大都市より一年も早い四〇年四月から米の配給制が開始された。

本書の以下の叙述でも字《あざ》（区ともいう）やその長である区長のことがしばしば出てくるが、沖縄の字はかつての村にあたり、その統制力は強かった（村はもともとは間切《まぎり》と呼ばれていた）。この共同体の統制力を利用して住民を動員し、あるいは相互に監視させて戦争に動員していったのである。

反戦運動のようなものはすでに厳しい弾圧を受けて壊滅していたが、わずかな厭戦《えんせん》気分も許されなかった。四四年一一月の中ごろから国頭《くにがみ》の名護町周辺で「独ソ停戦協定成立せり」という流言が流れ、名護憲兵隊が名護町収入役ほか四名を検挙した例がある（第三二軍陣中日誌一二月一五日）。この独ソ停戦という噂が広がって「民家に於てお祝ひ気分で一杯」あげた者もあったと憲兵隊は各部隊に注意を促している。早く戦争が終わってほしいという願い自体が弾圧の対象になる時代だった。

ハワイやアメリカ大陸などからの移民帰りの人たちはスパイとして疑われる対象になっていた。四四年八月三〇日に戦闘計画を作成した独立混成第一五連隊は、「敵上陸の機近迫するや沿岸住民の動向に注意し敵第五列の活動を封ず」「島嶼及北米南方占領地域に在留する者の家族は敵に利用せらるゝ顧慮大なるを以て開戦と共に抑留し敵の利用を阻止す」と定めている。またその直前の二六日の独立混成第四四旅団の「副官会同」では「サイパン島よりの引揚家族に対する防諜上の取締監視調査は直接には憲兵隊にて之に当る筈」と、憲兵隊がそうした人々の取り締まりをおこなうことが指示されている。

移民帰りの人たちは、太平洋戦争が始まってからまもなくの四二年に警察署への出頭命令により呼び出されており、要注意人物として警察にマークされていた。さらに軍からもにらまれたのである。

住民を軍のための陣地構築や作業に動員し、さらに戦闘員化していくことは、同時に住民が軍内部のさまざまな情報に接することを意味する。そこから住民がスパイ行為を働くかもしれないという疑いをもち、いっそう不信の目で見るようになる。軍による住民の動員と不信・スパイ視が共存していたのである。

最前線の戦闘態勢へ

戦闘がおこなわれている前線に対して、後方地帯を銃後とも言うが、その銃後である日本全国で戦時体制がつくられた。しかし沖縄の場合はそれにとどまらず、そこが戦場になることを想定した、最前線の戦闘態勢づくりが進められた。

一〇万人とも推定される日本軍が一挙にやってきて、学校など公共施設や比較的立派な家を宿泊施設などとして接収し、それだけでも足りずに民家にも分宿するようになった。軍による使用を拒もうとすると非国民として非難された。飛行場や陣地建設のために大量の男女住民が勤労動員に駆り出されただけでなく、日本軍将兵のための食糧の供出が求められた。

軍の命令は行政機関を通して実施されるシステムになっていた。しかし勤労動員も度重なると軍が求める人数がそろわなくなり、食糧の供出もただでさえ貧しい沖縄では軍の要求通りには出せなかった。そうすると日本軍は、徴用や供出を末端でまとめている字の区長らのところに直接出向いて要求した。

浦添村の仲間の区長のところに軍曹が供出を受け取りに行ったところ、量が少なかったので軍刀を抜いて「なぜこんなに少ないのだ。もっと出せ」と脅した（浦添5・三三―三四頁）。同村の仲西の区長のところへは石部隊（第六二師団）の中隊長が来て、徴用の人数が少ないと怒るので、理由を説明すると、「女でもいいから引っぱってこい」と区長の胸倉をつかみ「貴様命令というのはわかるのか」「命令は天皇陛下のお言葉だから、お前たちは国のために働け」と怒鳴ったという（浦添5・三四頁）。

中城村《なかぐすく》の安仁屋の区長のところには、徴用の人数が足りないといって兵隊が来て「大変な剣幕で折檻」をされ、また「自分の子供ぐらいの青二才から、顔を殴られたことも」あったという。供出も最初のうちは代金を支払っていたが、途中からはお金も払わずに取っていくようになった（県史9・二〇九—二一〇頁）。西原村の桃原では上等兵にナタで鼻を叩かれて鼻血を出した区長もいた（同六四八頁）。

魚を供出させられていた美里《みさと》村泡瀬（現沖縄市）の漁業組合長は、部隊長から「海が荒れていても、さかなはいるから取ってこい」と怒鳴られ、ある時には日本刀を抜いて首筋に突きつけたり、刀を袖口につっこんだりして「さかなをとってこい。とりにいくかいかんか」と脅迫された（県史10・四二七頁）。

食糧の供出にあたっていた農業会の職員は、若い主計中尉から「老人や子供は餓死させてもかまわない。戦う軍人の為に食糧を確保せよ」と命令された（東風平・二八七—二八九頁）。

このように「軍命」だ、「命令は天皇陛下のお言葉」だ、などと脅し、軍刀を振りかざしたり、実際に区長を殴って、人や物を無理やり出させることをするようになった。

将兵たちは農作物を荒らしたり、豚や鶏をとって食べたり、農具などの物品を勝手に持ち出したり、性的非行など横暴な振る舞いが多かった。

県の職員で中頭地方事務所長だった伊芸徳一さんの証言によると、「管内の部隊の兵隊らが、民家に立ち入り、鶏や卵を無断でかっぱらう、畑の中のキャベツを軍刀などで斬り取ったり、あるいは無残にも真二つに斬りつけた。夜、昼となく、しかも連日のようにやられたので、怒った農村から苦情が私のところに続々きた。その度毎に、所長である私は、その部隊に出向き、隊長に会い、何故そういったことをやる、農家で作る作物も鶏も卵もすべて軍に供出することになっているのに——そんなことをしたら農村の反感を買い、協力しなくなる——といった調子で抗議するのも私の役目だった。しかし余り効果はなかった」（那覇3-7・一八五頁）という。

石垣島でも同じような状況だった。南風野喜作さんの証言によると、「ここに駐屯した兵隊は、私たちがおそわった兵隊、想像しあこがれていた兵隊とは似つかなかった。道義的にも地におちていた。特に海軍がきてからは住民の家禽を勝手に持ち去るし、芋畑をもあらすようになった。食糧事情も悪化していることとて、畑主が怒って芋どろぼうの兵隊を捕えれば、兵隊はひらきなおって『我々は君らを守るためにきているのだ。この皇国軍人を捕えるとは何たることだ。貴様らを軍法会議にまわしてやる』と逆に畑主をしぼりあげる有様であった」という（県史10・六二一頁）。また川平《かびら》湾を特攻艇の基地にするので部落を明け渡せと軍が要求したが、そのとき井上隊長が部落の代表に対して「君たちが、中途敵潜水艦に撃沈されて死のうが、内地でこごえ死にしようが、僕の知ったことでない。この計画は陛下のお定になったもので今更変更することはまかりならん」と言ったという（県史10・六三三頁）。

あまりにひどい日本軍のふるまいは、東京にも伝えられていた。四四年一一月に沖縄視察をおこなった内務省の課長高村《こうむら》坂彦は、近衛文麿元首相の秘書でもあった細川護貞に沖縄のことを報告しているが、細川の日記（一二月一六日）には次のように書かれている。

「昨十五日高村氏を内務省に訪問、沖縄視察の話を聞く。（略）軍隊十五万程ありて、初めは軍に対し皆好意を懐き居りしも（略）。而《しこう》して焼け残りたる家は軍で徴発し、島民と雑居し、物は勝手に使用し、婦女子は凌辱せらるゝ等、恰《あたか》も占領地に在るが如き振舞ひにて、軍紀は全く乱れ居り、指揮官は長某に

て、張鼓峯《ちょうこほう》の時の男なり。」（細川護貞『細川日記』三三六頁）

日本軍の文書でもしばしばこうした日本軍将兵による非行横暴が問題としてとりあげられており、将兵の非行が多かったことがわかる。

ところで、ここでひとつ考えておきたいことがある。住民が軍によって無理やり動員されたことは事実だが、最初からそうだったわけではない。飛行場建設が始まったころは、馬と馬車を持って建設現場に出れば、一日で三〇円ももらえたという。役場職員の月給が三〇円にも満たないときにそれだけ儲かったので、喜んで作業に出かけたという（『沖縄戦当時の読谷山村役場職員座談会』１・２）。もらった金のかなりは強制的に貯金させられたので自由に使えたわけではないが、一種の飛行場建設ブームがおきた。後になると、そうした賃金も払われなくなり無理やり徴用されるようになるのだが。基地ができると経済効果がある、つまり金儲けができるということで人々は基地建設を受け入れ、あるいは歓迎するのだが、その甘い汁を飲んだ後に、悲劇が待っているのである。同じようなことが戦後もくりかえされていることは言うまでもない。

さて住民を労働力として使うだけでなく、戦闘に使う準備も進められた。その一例として、伊江島で四四年八月一一日と二七日におこなわれた「軍官民合同警備演習」を見ておこう。

伊江島に駐屯していた独立混成第一五連隊の連隊長美田大佐が統裁官となり、民間側からは村長、助役、警察官、在郷軍人会分会長、青年学校長、同全教員、警防団長、国民学校長、農業会長が補助官として参加した。この演習は、敵の上陸を想定した訓練だった。白軍が敵、青軍が味方とされ、青軍には、中尉の指揮下に青年学校男子生徒、軍医と炊事係下士官の指揮下に女子生徒が入り、さらに防衛隊と警防団も参加した。一般民衆は防空壕に退避し、そこから各隣組より二組以上の挺身《ていしん》奇襲を実施することとされた。

ところで、青年学校とは、小学校卒業後、中学や実業学校には進学せずに仕事をしている青年たちが定期的に通ったものである。普通科と本科をあわせて男子は七年、女子は五年が原則だった。男子は徴兵検査まで通うことが想定されており、教育内容も軍事教練が重視されていた（三九年より男子のみ義務化）。中学や実業学校に進学した男子はそこで軍事教練を受けていたので、すべての男子に徴兵検査を受けるまで軍事教練を受けさせ、兵士としての下地を作ろうとするものだった。

さて話を戻すと、防衛隊、警防団、青年学校生徒たちは村落内に入ってきた敵に挺身奇襲する役割を与えられた。だが武器は竹槍だけのようである。国民学校以下の子どもと高齢者を除いてほとんどすべての男子は戦闘要員として動員され、さらにその他の「一般民衆」からも挺身奇襲部隊を出すことになっていた。そうするとここには多くの女性も加わらざるを得なかっただろう。軍は足腰の立つ住民は根こそぎ、戦闘要員として駆りだそうとしていたことがわかる。

沖縄の各地で女性を含む一般住民や小学生などにも竹槍訓練がおこなわれた。読谷村では各字で女性の竹槍訓練がなされた。「白人は青い目をしているから夜は目が見えないとか言って、一人が一人ずつ殺せば何でもないと言って、訓練しました」という（前掲座談会2・一二一頁）。路上にルーズベルト米大統領やチャーチル英首相の藁人形をおいて、通行人に竹槍で突かせることもおこなわれていた。

沖縄戦が始まった四五年四月一四日、本部半島にいた独立速射砲第三大隊が策定した「対空挺戦備促進要領」の中で「地方住民と雖《いえど》も敵の降下兵に対しては其の着地の瞬間に於て之を殺す如く常に覚悟し準備あらしむる如く指導」とある。一般住民も軍人と同様に戦闘に参加させる考えだったことがわかる。

根こそぎ動員

四五年に入ると、大本営が沖縄への増援部隊の派遣を取りやめたため、第三二軍は戦力強化のために「一木一草」までと言われているように、沖縄現地で利用できるものはすべて利用することとした。軍は兵站《へいたん》や飛行場関係などの後方部隊を戦闘部隊に改編した。もともとあまり戦闘訓練を受けておらず装備も貧弱だったため、その部隊では「精神教育を重視」し「対戦車肉攻」「夜間の挺進斬込《きりこみ》」などの訓練に重点がおかれた（第三二軍命令、四五年三月二一日）。事実上の特攻隊員の扱いである。

二月一五日に第三二軍が作成した「戦闘指針」第一号には「撃敵合言葉（標語）一機一艦船　一艇一船　一人十殺一戦車」とある。つまり特攻機一機が艦船一隻を沈め、特攻艇一隻が船一隻を沈め、一人の兵士が敵一〇名を殺して戦車一台を破壊せよ、ということである。

日本軍は「挺身奇襲」「遊撃」のためのさまざまな急造爆雷を作っていたが、第六二師団工兵隊の文書によると、長さ一メートル、内径八ミリの竹に火薬を詰め、矢羽を差し込んで飛ばす「爆弓」（射距離七〇メートルとある）や、同じく竹製の擲弾筒《てきだんとう》などを「地方民」用に適しているとしている。民間人にも竹製の武器を持たせて、米軍に突入させようとしていたことがわかる。

三月はじめには大規模な防衛召集を実施し、さらに現地初年兵を入隊させた。また男子学徒を鉄血勤皇隊や通信兵として、女子学徒を看護要員として動員した。戦後作成された「第三二軍史実史料」によると、「戦闘参加人員約十万」のうち「真の地上戦闘部隊の人員は約四万に過ぎず」「約三万五千は戦闘直前、軍に入れる沖縄出身の防衛召集及初年兵」だったとされている。

防衛隊については別に詳しく述べるが、現役召集兵の場合でもかならずしも武器が行き渡っていたわけではない。物資輸送を任務とする第六二師団輜重《しちょう》隊の場合、「個人支給兵器は九九式小銃を以て概ね充足せしも十月入隊初年兵の一部は帯剣のみにして小銃を支給すること能《あた》はさる現況にあり　三月入隊初年兵に対しては三月二十日頃に至り漸《よう》やく帯剣のみを支給し小銃は其の一部を支給したるに過きす」という状況だった。

こうした中で、長参謀長は新聞紙上で次のように住民を煽った。

「ただ軍の指導を理窟《(ママ)》なしに素直に受入れ全県民が兵隊になることだ。即ち一人一〇殺の闘魂をもって敵を撃砕するのだ」「沖縄県民の決戦合言葉」は「『一人一〇殺』これでゆけ」（『沖縄新報』四五年一月二七日）

さらに「最後に最悪の情況に入り敵上陸せば飽くまで軍の戦力に信頼し必勝不屈の信念をもって戦ひ得るものは統制ある義勇隊員として（三人組など編成）指揮者の下秩序ある行動をとり村や部落単位に所在の軍に協力すること、戦場の情況は千差万別従って県民の仕事も種々あらう、弾丸運び、糧秣の確保、連絡、その何れも大切であるが直接戦闘の任務につき敵兵を殺すことが最も大事である。県民の戦闘はナタでも鍬でも竹槍でも身近なもので軍隊の言葉で言ふ遊撃戦をやるのだ。県民は地勢に通じて居り、夜間の斬込、伏兵攻撃即ちゲリラ戦を以って向ふのである」（『沖縄新報』二月一五日）と煽っている。

一七歳（学徒隊など一部は一四歳）から四五歳までの男は防衛召集によって根こそぎ動員されたが、さらに残った者の中から義勇隊が組織された。三月中旬には、当時人口一万人ほどの今帰仁《なきじん》村で一六歳から六〇歳までの男約二三〇〇人が義勇隊に動員されている。この中には避難民も含まれており、少しでも役に立つものは徹底して戦闘員として動員されたことがわかる（林博史「資料紹介　沖縄戦についての日本軍資料」）。

米軍が上陸した後、首里より南側の地域では、ガマに避難している住民の中から、弾薬などの物資運搬などに動員され、時には斬り込みの案内役さらには斬り込みそのものにまで駆りだされた。女性の場合も、看護要員や炊事その他の要員として動員されただけでなく、時には斬り込みにまで参加させられた者もいた。

こうした住民の動員は、軍の要求によるものであるが、県や市町村役場、区長などの字組織、警察、学徒隊の場合は学校などあらゆる行政機関もそれに協力し、人々を戦闘に投げ込んでいったのである。

検証7

疎開

こうした戦闘態勢の準備と並行して、疎開が進められた。一九四四年七月七日、閣議は、沖縄軍司令官からの国民引き揚げの意見具申に基づいて沖縄からの県外疎開を決定した。ちょうどサイパンが陥落しようとしていた時だった。この決定に基づいて内務省、軍、沖縄県などの間で協議がなされ、七月下旬には、約八万人を沖縄本島から本土へ、約二万人を宮古八重山から台湾へ疎開させる方針が決まった。

沖縄県は「県外転出実施要綱」を作成し、その中で沖縄本島、宮古島、石垣島、西表島から六〇歳以上と一五歳未満の者、婦女病者の転出を認めることとした。婦女とは老幼者の世話をする必要がある者および「軍その他において在住の必要なしと認むる者」に限られていた。つまり軍の役に立たない者だけを疎開させるということだった。

警察が疎開業務を担当し、沖縄県民に疎開を促したが、当初は他府県の出身者しか希望せず、七月二一日に警察官や県庁職員の家族らを中心に七五二人を乗せた最初の疎開船が那覇港を出発した。八月になって県警察部の中に疎開業務を担当する特別援護室（室長・浦崎純）が設けられた。こうして九月一五日までに二万四四〇九人（うち有縁故者六五五六人、無縁故者一万七七〇九人）が疎開した。なお小笠原諸島、八丈島、薩南諸島からも疎開がおこなわれており、それらの人数は同日までに一万四〇五八人となっている（旧文部省史料）。沖縄からの無縁故者の受け入れ先として宮崎、大分、熊本、佐賀の九州の四県が指定されたが、実際には佐賀県をのぞく三県が受け入れた。

学童疎開については七月一九日に県内政部長から「学童集団疎開準備に関する件」が通達され、教学課が担当して進められた。内政部長が「初等科三年以上の男子は将来大事な人的資源である。集団的に安全なる地に先生が連れて疎開させる」と七月一八日の臨時校長会（琉球政府文教局『琉球史料』第三集、五〇八頁）で述べたように、将来の人的資源を確保するという意図もあった。

学童疎開の第一陣は、八月一六日に鹿児島に到着した那覇の児童一三一人だった。続いて第二陣三九四人が一九日に到着した。ところが八月二二日、対馬丸が悪石島付近で米潜水艦によって撃沈され、学童七七五人を含む一四一八人が死亡した。生存者は約二八〇人だけだった（対馬丸記念会『公式ガイドブ

ック　対馬丸記念館』一三四頁）。軍は対馬丸の沈没について公表することを禁じたが、着いたはずの子どもたちから何の連絡もないことなどから事件は一般に知れわたった。

この対馬丸事件のために一時期、疎開の進行が遅れたが、一〇・一〇空襲をきっかけに疎開しようとする人々が増え、沖縄戦が開始されるまでに最終的に本土へ約六万人、台湾へ約二万人が疎開した。そのうち学童疎開は一八七隻五五八六人だった（『南風原の学童疎開』三頁）。

県外疎開が進まなかった理由はいくつか考えられるが、ひとつには沖縄に駐屯していた日本軍将兵が、日本はかならず勝つと公言していたことがある。その言葉を信じた人にとっては、それならばわざわざ疎開する必要はないと思っただろう。また本土に縁故先がなかったり、仕事の目処《めど》がない場合にはなかなか疎開できなかった。働き手を残して老人や子ども、女性だけで疎開することへの不安もあった。また疎開船が沈められてしまわないかという不安もあった。

沖縄内部でも、戦場になることが予想される中南部の住民は、北部の国頭への疎開を促された。とくに四五年二月以降、送り出す町村ごとに受け入れ村が割り当てられ、北部の山岳地帯に収容小屋が作られた。県の見積もりでは、中南部の一〇万人を北部に移す計画を立てていた。しかし北部に行く交通手段が確保できず、行ったとしても食糧がないことから疎開は進まず、ようやく三月二三日以降、米軍の砲爆撃が始まってからあわてて移動しようとしたが、米軍が沖縄本島を分断したため北部に行けず、南部に追われた者も多かった。

ところで、第三二軍の長勇参謀長は新聞紙上で次のように言っていた。

「戦場に不要の人間が居てはいかぬ。先ず速かに老幼者は作戦の邪魔にならぬ安全な所へ移り住むことであり、稼動能力のある者は『俺も真の戦兵なり』として自主的に国民義勇軍などを組織し、此の際個人の権利とか利害などを超越して神州護持のため兵隊と同様、総てを捧げることだ」、「敵が上陸し戦ひが激しくなれば増産も輸送も完封されるかも知れぬ。その時一般県民が餓死□□□……□□ったって軍はこれに応ずるわけにはいかぬ。我々は戦争に勝つ重大任務遂行こそ使命であれ、県民の生活を救ふがために負けることは許されるべきものでない」（『沖縄新報』四五年一月二七日）

疎開とは、軍の戦闘の邪魔になる者は去れということであり、飢え死にしても軍は知らないというのである。実際に沖縄戦の中でその通りのことが続発した。

『沖縄新報』も「（国頭への）疎散は戦闘準備ではなく、戦闘の邪魔にならないためのものに過ぎない、疎散しないもの即ち可動力を有する男女は現在地に待機して戦闘準備を整へなければならぬ」（二月一五日）、「熾烈な戦場では足手纏《まと》ひの老人子供病人などは種々な困難を乗り越えて断乎疎開を行はねばならない」（二月一八日）とくりかえしている。つまり少しでも動ける者は残って軍のために戦い、足手まといになる、役に立たない者だけは邪魔にならないように立ち去れというものだった。

ところで本土決戦準備において疎開はどのように考えられていたのだろうか。

九州の薩摩半島の防衛を担当していた第四〇軍は、四五年七月三日に陽作命甲第九号を示し、その中の「住民関係事項」において「住民処理は『住民は軍と共に一身を捧げて国土防衛に任ずる』を第一義として行動し軍作戦行動を妨碍《ぼうがい》する者のみ戦場近傍安全地帯に移す如く指導す」とし、「註其の一」として「『避難』なる観念を去りて軍の手足纏《（ママ）》となる者のみ邪魔にならぬ地域によけしむるの主義をとる」としている（防衛庁防衛研修所戦史室『本土決戦準備（2）九州の防衛』四二二頁）。

九州の防衛を担当していた第一六方面軍稲田正純参謀長の回想によると「二十年五月ころまでは、戦場の住民は霧島―五家荘（八代東方三〇粁《キロ》の山中）地域に事前に疎開するよう計画されていたが（軍の指示で各県が計画）、施設、糧食、輸送等を検討すると全く実行不可能であって、六月に全面的に疎開計画を廃止し、最後まで軍隊と共に戦場にとどまり、弾丸が飛んでくれば一時戦場内で退避することにした」（同四二二頁）という。つまり疎開は断念し、国民は戦場に放置され「作戦軍はこれらの国民を懐に抱いて決戦を遂行」しようとしたのである。これは九州だけでなく本土各地にも共通する考え方であった（服部貞四郎『大東亜戦争全史』八四一頁）。

戦争の中でも一定の地域を非武装地帯として指定・宣言して住民はそこに集め、戦闘に巻き込まないという方法は、当時の戦時国際法でも認められていた方法だった。しかし日本軍にも政府にもそうした発想はなかった。沖縄であっても本土であっても、住民の生命や安全を守ろうという意思は、日本軍にはなかったのである。

検証8

戦争を煽るマスメディア

戦前の日本では出版物の検閲制度があり、誰もが自由に新聞や雑誌、本を出版できたわけではない。内務省が検閲をおこなうが、陸海軍大臣や外務大臣なども記事掲載を差し止める権限があり、とくに一九三七年に日中戦争が全面化すると取り締まりはいっそう厳しくなった。違反すると発行禁止・停止や責任者の処罰などが待っていた。

政府や軍部は、マスメディアの言論の自由を抑圧しただけではなく、自分たちへの批判を封じながら、意図的にある方向に世論を誘導するように書かせることもおこなった。とくに三八年に制定された国家総動員法により、その統制はますます強化され、さらに紙が配給になり、国家の意のままにマスメディアを動かせる体制が作られていった。一県一紙への統合も強制され、沖縄では『琉球新報』『沖縄朝日新聞』『沖縄日報』の三つの新聞があったが県警察部の圧力により、四〇年一二月『沖縄新報』に統合された。

軍部の横暴や戦争を批判するような言論は封じられ、そうしたジャーナリストは追い出されたが、国家による弾圧だけが問題だったわけではなかった。マスメディアの中から、中国などへの反感を煽り、軍事力による制裁を声高に主張し、侵略戦争遂行を煽るような傾向が生まれてきた。戦争と軍国主義の流れに乗ることによって、あるいはその先を行くことによって、成功を得ようとするマスメディアが生まれてきた。三一年の満州事変以降、排外主義を煽る記事が目立ってくるが、三七年に中国への戦争が全面化するとそれはいっそう激しくなった。

南京虐殺に関連して、「百人斬り」という話が有名だが、当時の新聞を見ると、「千人斬り」「六十人なで斬り」「四十二人斬り」などの見出しの記事がたくさんあり、捕まえてきた中国兵捕虜を「打首」にしたことを「自分乍《なが》ら驚く日本刀の切味」という見出しで自慢げに語る記事もある。「十六人斬りとは倅《せがれ》もよくやった」と両親の写真を掲載する記事もある（小野賢二「報道された無数の『百人斬り』」）。戦闘の中でこれほど多数を日本刀で斬ることは物理的にできないので、捏造《ねつぞう》されているか、捕まえた中国人を並べて斬ったか、おそらく両者の組み合わせと思われる。いずれにせよ、各府県の地方紙が、地元出身の兵士が中国でこうした手柄を立てているという記事をこぞって掲載している。一九三〇年代は、新聞の発行部数が急速に伸びる時期であるが、こうした郷土部隊・郷土出身兵の武勇談を掲載することによって部数を拡大していったと言えるだろう。戦争や排外主義を煽る記事は、単に国家から押し付けられたものばかりとは言えない。

また人々を駆り立てるために嘘の記事もつくられた。『朝日新聞沖縄版』一九四二年九月一〇日付に、危篤の子どもをおいて、あえて五日間の軍事訓練に参加した人が美談として報道されているが、これは戦意高揚のために捏造された記事だった（南風原『与那覇が語る沖縄戦』三七頁）。朝日新聞の沖縄担当記者は、「まったくの捏造」の記事を書いたことについて「戦意が高揚すればいいと本当に錯覚していたのです」と語っている（保坂廣志『戦争動員とジャーナリズム』八二頁）。

沖縄で、天皇のために死ぬことが名誉であるという意識を人々に叩き込むために利用されたのが「軍神大舛」だった。沖縄県与那国出身の大舛松市陸軍中尉が四三年一月にガダルカナルで戦死、一〇月に陸軍省が大舛の勲功を発表したのを機に、沖縄の各新聞は「軍神大舛」に続けとキャンペーンをはった。『沖縄新報』は「大舛精神は体当りの精神であり、所謂《いわゆる》特攻精神である」「死ぬことによって不滅の勝利を確信するの精神」だと煽りたてた（一九四五年一月一四日、『戦争動員とジャーナリズム』四四頁）。

四四年七月にサイパンが陥落した際には、「壮絶・サイパン同胞の最期」「岩上、大日章旗の前　従容、婦女子も自決　世界驚かす愛国の精華」と題するトップ記事を掲載し、「非戦闘員たる婦女子も亦生きて鬼畜の如き米軍に捕はれの恥辱を受くるよりはと潔く死を選んだ」ことをほめたたえた（『朝日新聞』一九四四年八月一九日）。

その一方で、四四年八月よりアメリカ兵の残虐性を伝えるキャンペーンがなされた。たとえば、八月四日付『朝日新聞』には、「これが米鬼だ　重傷のわが兵士を逆さに生埋め　血を絞られた抑留邦人」と題された記事が掲載され、米兵への恐怖心を煽った。これは他の新聞でも同様だった。

マスメディアが、冷静に平和的に問題を解決する方法よりも、外国への敵意を煽り、より軍事的強硬手段を声高に主張する傾向は、本書の冒頭で見たように、今日も変わっていないように見える。マスメディアの戦争責任はいまだに克服されたとは言えないのではないだろうか。

検証9

『国民抗戦必携』

沖縄戦がおこなわれる中、軍中央は本土決戦に向けた準備を進めていた。一九四五年四月八日、陸軍大臣は「決戦訓」を示達し、「皇軍将兵は皇土を死守すべし」「皇土は、天皇在しまし、神霊鎮まり給ふの地なり」と天皇の地を守るために命を投げ出すことを将兵に求めていた。四月二〇日には大本営陸軍部は『国土決戦教令』を出した。その「第十四」には、「敵は住民、婦女、老幼を先頭に立てて前進し我が戦意の消磨を計ることあるべし　斯かる場合我が同胞は己が生命の長きを希《ねが》はんよりは皇国の戦《せん》

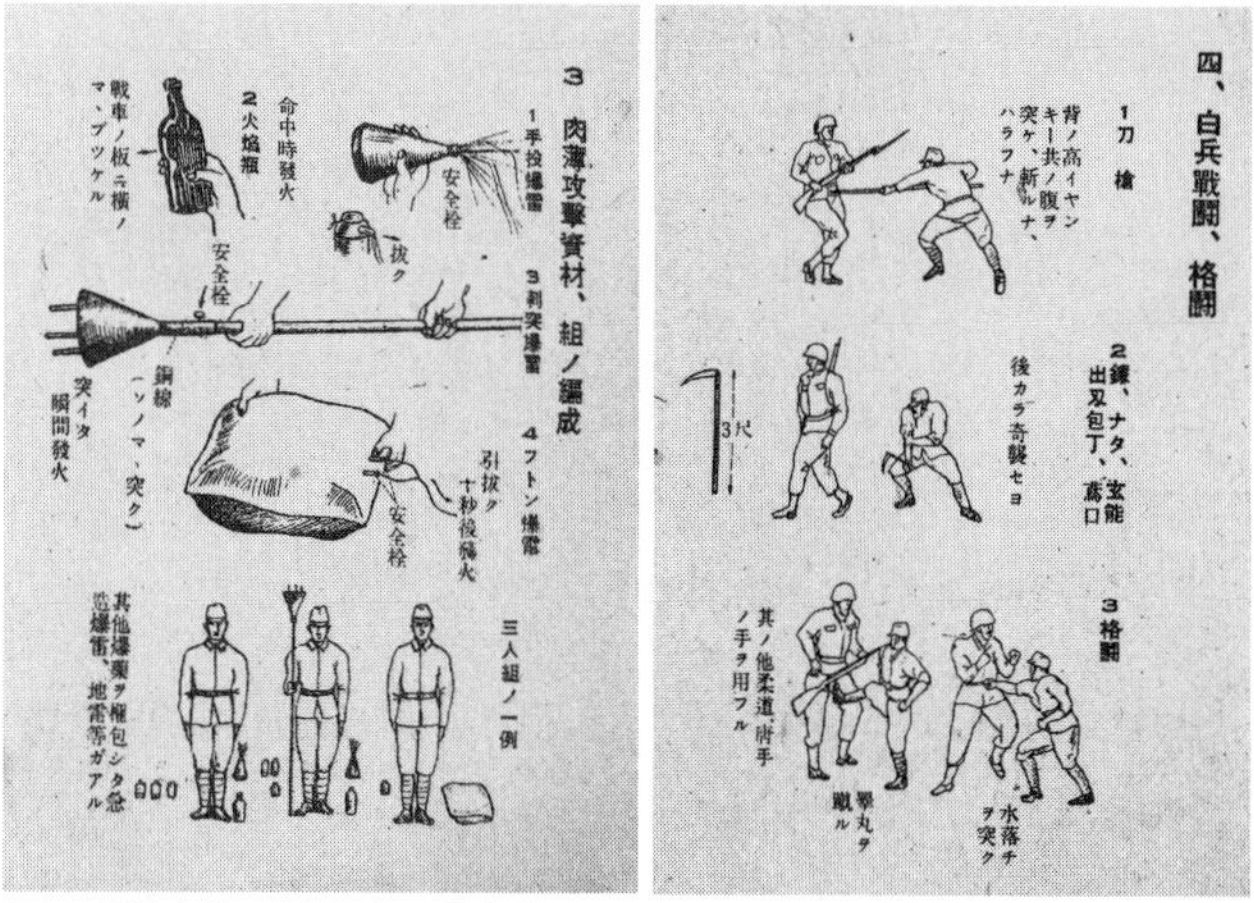

『国民抗戦必携』（米国立公文書館所蔵）

捷《しょう》を祈念しあるを信じ敵兵撃滅に躊躇すべからず」とある。これは、住民の生命よりも戦闘で勝つことを優先する考え方を示している。これに続く「第十五」には「敵は住民を殺戮し、住民地、山野に放火し或は悪宣伝を行ふ等惨虐の行為を到る処に行ふべし」とあり、米軍は残虐なことをするという宣伝もおこなっていた。

この二つは軍人向けのものだが、さらに大本営陸軍部が四月二五日に作成した『国民抗戦必携』は国民向けのものである。その冒頭「敵若《も》し本土に上陸し来ったならば、一億総特攻に依り之を撃滅し、郷土を守り皇国を絶対に護持せねばならぬ」「国民義勇隊は戦闘の訓練を実施し、築城を造り、各人各々其の郷土を守り、挺進斬込に依って敵を殺傷し軍の作戦に協力せねばならぬ」とうたっている。

この国民義勇隊とは、三月二三日、ちょうど沖縄戦が始まった日に閣議決定された隊のことで、戦闘部隊ではなく防空や被害復旧、食糧増産、陣地構築など軍への後方支援や労務動員という性格をもっており、六〇歳以下の男と四五歳以下の女がこれに動員されることになっていた。ただいざという場合にはこれを戦闘部隊に「転移」することが予定されていた。それが六月に法制化された国民義勇戦闘隊である。しかしそれ以前の時点から、「挺進斬込」という戦闘に参加させる方針が打ち出されていた。『国民抗戦必携』はそのための図解入りマニュアルである。爆雷を持って戦車に突撃するような事実上の特攻攻撃や、刀槍、鎌、ナタ、出刃包丁、鳶口《とびぐち》で米兵を襲うなどの戦法が紹介されている。しかしここで紹介された戦法は、沖縄戦において実際におこなわれていたのである。

▼『国民抗戦必携』の全文は、『季刊戦争責任研究』第六八号に掲載。

第2章

米軍の上陸と沖縄戦の展開

1　慶良間列島

慶良間列島は、沖縄本島の那覇の西方にある島々である。ここには、㋹（マルレ）と呼ばれた特攻艇が配備されていた。これは長さ五メートル、幅二メートルほどの一人乗りのベニヤ板製の舟で、一二〇キロ爆雷二個または二五〇キロ爆雷一個を付けて、敵艦に体当たりするという、陸軍が開発した特攻艇だった。一〇〇隻の㋹をひとつの戦隊（一〇四名）とする海上挺進戦隊が、慶良間列島の座間味《ざまみ》島（第一戦隊）、阿嘉《あか》島（第二戦隊）、慶留間《げるま》島（第二戦隊の一部）、渡嘉敷《とかしき》島（第三戦隊）に、またそれを支援する海上挺進基地大隊も各島に配備された。なお一九四五年二月に沖縄本島の兵力を補うために基地大隊の主力は本島に移動し、その後に朝鮮人軍夫（軍の労務者）で構成される水上勤務中隊などが配備されていた。

沖縄本島の西海岸に上陸してくると予想された米艦隊に背後から奇襲攻撃をおこなうために、日本軍は慶良間に㋹を配備したが、米軍は予想に反して、本島より先に慶良間列島に上陸してきた。米軍がそうしたのは、島々に挟まれて穏やかな慶良間海峡を、船舶の停泊地や水上機基地として確保するためだった。

三月二三日未明から米機動部隊の艦載機が沖縄への空襲を始めた。ここに沖縄戦が開始されたのである。二四日からは艦砲射撃も始まった。二六日朝八時ごろから、阿嘉島、慶留間島、座間味島に、二七日朝には渡嘉敷島に米軍が上陸してきた。米軍の砲爆撃に㋹の多くは破壊され、㋹の秘密が漏れることを恐れた日本軍は残りを自分たちで破壊して沈めた。海上の特攻隊だったはずの戦隊は、いずれも島の山中に退避した。

座間味島では、砲撃が激しくなった上陸前夜の二五日夜から翌日にかけて、慶留間島では米軍上陸の二六日、渡嘉敷島では米軍上陸翌日の二八日、それぞれ島民たちの「集団自決」が起きた。それによる死者は、座間味一七七人、慶留間五三人、渡嘉敷三三〇人といわれている。

座間味島西方にある屋嘉比《やかび》島には銅を採掘していたラサ工業慶良鉱業所があり、従業員とその家族が住んでいた。米軍の艦砲射撃の中で坑内に避難したが、ダイナマイトを爆発させて一家族五人が「自決」し、その爆風で巻き添えになった四人をあわせて九人が亡くなった。しかし日本軍がいなかったので、所長の判断で五〇〇人以上の人々は米軍に投降して助かった。

海上挺進戦隊がいた阿嘉島にも二六日に米軍が上陸してきた。しかし、幸いにも米軍は山の中まで追ってこず、夜には座間味に引きあげたため「集団自決」は起きなかった。

米軍は三一日までには慶良間の各島の海岸を確保し、慶良間海峡を利用できるようになると、山中には深入りしなかった。

座間味島の軍の指揮官である梅澤裕戦隊長は、四月一一日（または翌日）に重傷を負い、その後、部隊はバラバラになり、山中に逃げていた住民も五月上旬までには米軍に収容された。梅澤は五月末に米軍の捕虜となり、その後、米軍やすでに投降していた部下の説得を受けて、山中に残っていた将兵に投降するように促した。

阿嘉島の野田義彦戦隊長は六月下旬になってようやく、島民の行動をその自由意志に任せることとし山から下りることを許した。同時に米軍と交渉し事実上の停戦状態となり、終戦後の八月二二日に降伏書に調印して山を降りた。

しかし渡嘉敷では、赤松嘉次戦隊長らが山中に立てこもり、七月はじめ、投降勧告のために送られてきた伊江島島民六人を処刑あるいは自決を強要し、さらに八月一五日の終戦の詔勅《しょうちょく》の放送を傍受しながらも、翌一六日に降伏を勧告するために送られてきた四人の住民のうち二人を処刑する（二人は逃げて助かる）など住民虐殺をくりかえした。その後、赤松隊は軍使を送り、米軍に投降した。ここで伊江島島民が出てくるのは、伊江島を占領した米軍が飛行場を利用するために保護した島民を渡嘉敷島に移したからである。

このように日本軍は山中に立てこもり、投降しようとしたり、米軍に保護された住民を殺害した。阿嘉島では足が不自由なために避難できずに家にとどまり米軍に保護された老人夫婦が日本軍に虐殺されている。山中の島民たちは食糧難におちいり苦しみは続いた。また多くの朝鮮人軍夫は食糧などで日本兵から差別されて飢えに苦しみ、畑などの食べ物を盗ったとして処刑されるなどした。

多くの住民たちを「集団自決」に追いやり、さらに米軍に保護されることを許さず殺害あるいは飢餓に追いやりながら、三人の戦隊長は全員生き延びた。

なぜ「集団自決」が起きたのか

「集団自決」は沖縄本島や伊江島でも起きているが、大規模なケースは慶良間列島に集中している。なぜ住民たちが地域ぐるみで一緒に死のうとし、あるいは自らの家族を殺すという「集団自決」をおこなったのだろうか。かんたんに整理すると次のような理由が挙げられる。

第一に、住民であっても、捕虜になるな、一人でも敵を殺して自らも戦って死ぬか自決せよという宣伝・教育がくりかえされていた。捕虜という言葉はもともと兵士のみに適用されるのだが、日本軍は民間人でも敵に保護されることに「捕虜」という言葉を使い、保護されること自体を許さなかった。これは世界を見渡しても、第二次世界大戦においてはきわめて特異なことだった。

第二に、米軍に捕えられると、男は戦車でひき殺され、女は辱《はずかし》めを受けたうえでひどい殺され方をするとくりかえし宣伝・教育されていたことである。沖縄にやってきた日本軍将兵たちは多くが中国戦線から来たが、自らおこなった強かんや中国人の処刑などさまざまな残虐行為について住民に語った。天皇の軍隊である皇軍でさえそれほどひどいことをするのならば、鬼畜である米軍はどれほどひどいことをするだろうか、と恐怖心を煽った。若い女性にとって、強かんされたり、慰安婦のようにされるという脅しは、とくに深刻な影響を与えた。こうして、米軍に捕まえられるくらいならば、むしろ自ら死んだほうがよいという意識が叩き込まれたのである。

第三に、米軍に投降しようとする者は非国民、裏切り者とみなされ、殺されても当然であるという意識が植えつけられた。実際、投降しようとする者、米軍に保護された者を日本軍があちこちで殺害した。

第四に、第三二軍は「軍官民共生共死の一体化」を叫び、日本軍とともに住民も玉砕するのだという意識を叩き込んでいたことである。この島の、あるいはこの地域の日本軍は全滅し、生き残っているのは自分たちだけだ、と思い込んだときに「集団自決」が起きている。だから、島の日本軍は玉砕せずに生きていると知ったとき、人々は裏切られたと思い、その後は決して「集団自決」は起きなかった。

第五に、あらかじめ日本軍あるいは日本軍将兵が住民に手榴弾を配布し、いざというときはこれで自決せよと命令あるいは指示・勧告していたことである。座間味では多くの島民が、さまざまな機会に日本兵から、いざという場合は自決せよと言われて手榴弾を渡されている。渡嘉敷では米軍上陸一週間前と上陸直後に軍によって組織的に手榴弾が配布された。また渡嘉敷や伊江島では、防衛召集を受けた地元出身兵士が、手榴弾や爆雷を持って住民たちのもとにやってきて、そこで「集団自決」が起きた。

第六に、渡嘉敷と座間味の住民が「集団自決」するきっかけとなったのが、「軍命」が下されたと聞いたことである。住民たちも「軍命」に従って自決するのが当然であると信じ込まされていた。

民間人にも死を強制するのは日本軍中央の考えだった。四四年六月にサイパンに米軍が上陸し、翌月日本軍は全滅するが、その時に在留邦人の扱いが軍中央で問題になった。軍の考えは「女子供玉砕してもらい度《た》し」というものだった。軍と一緒に民間人も玉砕すれば、それは大和民族の誇りだというものだった。ただ民間人に自決せよと命令を出すと天皇の責任にかかわってしまうので、それは避けようとした。そこで、米軍の残虐行為の宣伝や、自決した民間人を称えるキャンペーンをおこなうことによって、いざという時には民間人も軍の玉砕にあたって自決するように追い込む方法を取ったのである。先に挙げた第二の点は、兵士たちが勝手に語っていただけでなく、政府と軍が組織的におこなっていたキャンペーンによって、人々に注入されたものだった。

ただ人はそうかんたんには自ら死を選ぶことはできない。日本軍がいなかった島では「集団自決」は起きていない。沖縄本島でも住民だけのところでは、わずかな例外を除いて「集団自決」は起きていない。日本軍がいなければ、生きたいと言うことができたし、生きるという選択肢を行動で示すこと、すなわち米軍に保護されることもできた。しかし日本軍がいれば、それはできなかった。このことも考慮に入れると、「集団自決」は日本軍の強制と誘導によって引き起こされたと言わなければならない。

▼この問題の詳細については、林博史『沖縄戦　強制された「集団自決」』参照。

検証11

朝鮮人と沖縄戦

沖縄本島の最南端、摩文仁《まぶに》にある県立平和祈念資料館の裏側に「韓国人慰霊塔」が立っている。一九七五年に建立されたこの碑には「この沖縄の地にも徴兵・徴用として動員された一万余名があらゆる艱《かん》難《なん》を強いられたあげく、あるいは戦死あるいは虐殺されるなど惜しくも犠牲になった」と刻まれている。

その二年前の七三年に市民の手で久米島に建立された「痛痕の碑」には「天皇の軍隊に虐殺された久米島住民―久米島在朝鮮人」の名前が刻銘されている。二〇〇六年に読谷村の小高い丘の上に市民の手で建てられた「恨《ハン》の碑」には、「日本軍の性奴隷として踏みにじられた姉たち」や「軍夫として犠牲になった兄たち」を追悼する碑文が刻まれている。

沖縄戦を語る際に、朝鮮半島から連行され犠牲になった多くの朝鮮人男女のことを抜きにはできない。日本軍の中には多くの朝鮮人が軍夫として連れて来られていた。彼らは労働力として沖縄本島だけでなく慶良間諸島や宮古八重山など各地に連行されてきた。また日本軍「慰安婦」として連行されてきた女性もおそらく数百人はいたと見られている。沖縄戦に巻き込まれた朝鮮人は一万人を超えると推定されているが、その多くが犠牲になった。

朝鮮人軍夫の部隊として有名なのは、慶良間諸島などに配属された特設水上勤務中隊である。この部隊は、将校や下士官などは日本人だが他は基本的に朝鮮人軍夫によって編成され、一個中隊あたり六百数十名の部隊である。第一〇一～一〇四中隊まで四個中隊が朝鮮半島南部の大邱《テグ》で編成され、四四年八月に沖縄と徳之島、宮古島に上陸した。四五年二月に第一〇三中隊と一〇四中隊の一部が慶良間列島に配備された。

慶良間諸島では、飢えのあまり食糧を盗んだり、逃げ出したという理由などで処刑された例が多い。阿嘉島では、隊員には「小さい米のおむすび」、軍夫には「桑の葉の混ざった少ない雑炊だけ」しか与えられなかったという（深沢敬次郎『船舶特攻の沖縄戦と捕虜記』一三七頁）。この阿嘉島では山を降りてポケットにサツマイモを忍ばせて戻ってきた者や帰隊時間内に戻ってこなかった者など七人が銃殺され

「アリラン　慰霊のモニュメント」（渡嘉敷島）

恨の碑（読谷村）

た。そのうち一人は死んでいなかったので、墓穴掘りを命ぜられた朝鮮人軍夫が彼には軽く土をかけただけにし、その後脱出して助かった（海野福寿・権丙卓『恨　朝鮮人軍夫の沖縄戦』二二五―二二六頁）。阿嘉島だけでも少なくとも十数人がこうして処刑されている。またろくに食糧を与えられなかったので山中で餓死した軍夫も少なくなかった。義勇隊員として本部陣地にいた中村仁勇さんによると「よく朝鮮人の死体が運ばれてきました。〔中略〕みんな骨と皮だけになってしまって、明らかな餓死」だったという（『恨』一九六頁、県史10・七一二頁）。また逃亡をはかることを防ぐためか、壕を二つ掘ってそこに朝鮮人軍夫を監禁した（座間味上・三六八頁）。

もちろん沖縄戦が始まる前の強制労働においても、住民に対する以上のひどい扱いを受けていた。西表島で畑からイモを盗んだなどの理由で殴り殺された軍夫もいた（福地曠昭『哀号・朝鮮人の沖縄戦』一一〇頁）が、仕事を怠けているなどを口実に木刀などで殴る蹴るの制裁を加えることは日常茶飯事であったことから、日本兵の暴行によって殺された朝鮮人は各地にいたと考えられる。

こうした扱いをうけた朝鮮人軍夫や朝鮮人兵士たちに、脱走して米軍に投降しようとした者が多かったことは当然だろう。

米軍の第七歩兵師団の報告によると、本島に上陸した四月一日に捕虜が一人報告されているが、それは朝鮮人であった。彼はカネヤマ・ヨシオさんでかつては東京大学の学生であり、部隊で虐待されたので脱走したと尋問に答えている。

ブン・サンチョウさんは、米軍の尋問調書によると「無理やり召集されて軍務についたので、長い間投降したいと考えていた」という。首里から南部に撤退してから、ある日、壕掘りに出された隊員たちを呼び戻しに出された機会を利用して脱走し、六月一一日に捕虜になった。彼は大学に一年間在籍した一等兵である。

テイ・カンキョウ（鄭漢教）さんら朝鮮人軍夫七人は投降をうながす米軍のリーフレットを読んで投降を決意、六月一六日服を脱いで米軍のほうに歩き出した。しかし二人は米軍を日本軍と間違って戻ってしまい、五人だけが投降した。

慶良間諸島でも多くの朝鮮人軍夫が投降して捕虜になっている。しかし南部では、米軍の呼びかけに応じて投降しようとして日本軍に撃たれて殺されたケースが多い。沖縄本島南端の喜屋武《きゃん》で投降しようとした朝鮮人五人を日本兵が撃ち、うち一人を射殺したケース（県史９・四四〇頁）や投降しようと海に入った朝鮮人を日本兵が射殺したケースなど、目撃者の証言がいくつもある（同八八五頁）。

沖縄にどれほどの朝鮮人が連行されてきたのかということ自体がよくわからない。沖縄戦が終わった時点で米軍に収容されたのが三〇〇〇人あまりであるので、少なくとも数千人から一万人以上が犠牲になったと推測される。

沖縄の人々と朝鮮人との関係はどうだったのだろうか。沖縄の人々が朝鮮人を差別することがあった。

沖縄に連行され亡くなった方々の慰霊碑
（大邱郊外の慶山）

サイパンなど南洋諸島では日本（ヤマト）人―沖縄人―朝鮮人―島民という序列ができていた。沖縄人のもつ本土への同化志向は、当然その中に朝鮮人や台湾人などの植民地の人たちとは違うとの差別化志向が含まれている。しかし他方で、日本人からは差別される者としての共感や触れ合いがあったようだ。沖縄に連れてこられた日本軍軍夫だった金元栄さんの回想には、共通語を話せない老婆が沖縄の言葉でかれらを歓待してくれたことなど、沖縄の人々への共感が示されている（金元栄『朝鮮人軍夫の沖縄日記』七二―七六頁）。

　摩文仁にある「平和の礎」に刻銘されている人数は、韓国三六四人、朝鮮民主主義人民共和国八二人、合わせて四四六人にすぎない（二〇〇九年六月二三日現在）。戦争中は日本人だとして徴兵・徴用しておきながら、戦争が終わるともはや日本人ではないとして、日本政府がきちんと調査をおこなわず、補償もしなかったため、膨大な犠牲者の実態がわからないままに放置されてきた結果である。この「平和の礎」を建設するにあたって沖縄県が細々と調査をおこなって上述の人数まで刻銘にこぎつけたが、その県の努力もすでに打ち切られてしまった。沖縄戦で亡くなった大多数の朝鮮人は、「平和の礎」からも見放されてしまったのだろうか。

2　米軍の沖縄島上陸

慶良間列島を確保した米軍は、四月一日、沖縄本島の中部西海岸、読谷―嘉手納―北谷の海岸に上陸してきた。艦砲射撃はすでに二四日から開始され、上陸地点には徹底した砲撃がおこなわれた。米軍がここに上陸してきたのは、大量の軍隊を上陸させるのに適地であったことと、北・中の両飛行場をすぐに占領できる地点でもあったからである。米軍は南部の港川方面からも上陸するかのような陽動作戦をおこなったが、実際には上陸しなかった。米軍の沖縄攻略作戦はアイスバーグ作戦と称され、南部沖縄（慶良間を含む）の攻略、伊江島と北部沖縄の制圧、その他の南西諸島の占領とその後の作戦準備の三段階に分けられていた。アイスバーグ作戦への参加総兵力は五四万八〇〇〇名、うち上陸作戦部隊は一八万二〇〇〇名だった。これらの大部隊が沖縄とその近海にとどまって戦えるように、アメリカ本土からの物資輸送体制がとられた。

四月一日の朝八時半より、海兵隊二個師団と陸軍歩兵二個師団の計四個師団が上陸してきた。しかし日本軍の抵抗はほとんどなく、午前中には北飛行場と中飛行場を占領した。

日本軍は戦闘部隊の主力を首里の北方から本島南部に集めて、そこで持久戦をおこなうことにしていた。そのため米軍上陸地点である読谷・北谷海岸には、後方部隊を編成替えした特設第一連隊を置いただけで、実質的にはほとんど兵力を置かなかった。

上陸した米軍の中でももっとも北側（読谷村北部）から上陸した第六海兵師団は読谷飛行場を占領し、

さらに北部に向かって進み、一三日には本島最北端の辺戸岬に到達した。さらに本部半島に立てこもる国頭支隊を攻撃し、支隊は一六日には北部山中に移動し本部半島は米軍に押さえられた。これ以後、日本軍は山中を逃げまわることになる。本部半島の沖にある伊江島には慶良間を占領した第七七歩兵師団が一六日に上陸し、二一日までに占領した。

第六海兵師団が上陸してきた地域では、二日読谷村の波平《なみひら》集落の人々が避難していたチビチリガマで「集団自決」が起き、八三人が死亡した。ここでは、元兵士と元従軍看護婦が「自決」を主導した。米軍に捕まることを恐れて、注射で殺したり、布団に火をつけて窒息死したりした。チビチリガマでの犠牲者の年齢別の構成は、八三人のうち一五歳以下が四七人、国民学校生以下の一二歳以下でも四一人を占めている（読谷上・四六一―四六八頁、下嶋哲朗『チビチリガマの集団自決』一〇〇―一二八頁）。

他方、近くのシムクガマには波平の人々約一〇〇〇人が避難していた。米兵がやってきて出てくるように呼びかけたところ、警防団の少年らが竹槍を持って突撃しようとしたが、ハワイ帰りの比嘉平治さんとそのおじの平三さんの二人が「竹槍を捨てろ」とやめさせ、外に出て米兵と交渉し、住民を殺さないことを確認してから、ガマの人たちに投降するように呼びかけた。こうして約一〇〇〇人の人たちは投降し、艦砲で犠牲になった四人以外はみんな助かった（下嶋哲朗『生き残る』八三―九一頁）。

この比嘉平治さんはハワイでバスの運転手をしていたので英語ができた。ハワイでかなり儲けて読谷に戻ってきて瓦葺《かわらぶ》きの家を建てた。当時はほとんどがワラ葺きかカヤ葺きの家だったので立派な家だった。そのため日本軍は彼の家を接収しようとしたが、平治さんは拒否した。また日本軍将校を叱りつけるなど、日本軍の横暴をはっきりと批判する人だった。そのために日本軍からにらまれ、まわりの人々からも「非国民」扱いされていた。日本軍が村にやってきたとき、日の丸の小旗を振って出迎えた甥に対して「日本の政治家、軍人は、アメリカの国の力の大きさを分かっているのか」と言ったという。そうした人物が一〇〇〇人の命を救ったのだった（『沖縄戦と民衆』一九八頁）。

読谷村南部に上陸した第一海兵師団は、三日には東海岸に達して、沖縄本島は南北に分断された。海兵隊より南側の嘉手納・北谷の海岸に上陸した陸軍第七と第九六歩兵師団は日本軍主力の待ち構える南に向かった。

さて、沖縄戦全体の経過は次のように展開した。

1　三月二三日〜三月三一日　沖縄本島への砲爆撃の開始と慶良間列島への上陸占領

2　四月一日〜四月七日　米軍の本島上陸、米軍による本島南北分断、中部の制圧

3　四月八日〜五月末（1）北部・伊江島　本部半島など北部（主に海岸線）占領、伊江島占領。山中を除いて米軍支配下に。収容所での生活の始まり

（2）中南部　日本軍の総攻撃の中止、海上特攻の失敗、首里北方の中部戦線で日本軍主力と激戦、日本軍戦闘部隊主力の壊滅

4　五月末〜六月二二日　日本軍の南部撤退、米軍の一方的攻勢、日本軍の組織的抵抗の終焉。周辺の島々の占領

5　六月二三日〜七月二日　米軍による掃討戦、米軍による沖縄作戦終了宣言

6　七月三日〜九月七日　米軍による占領と敗残兵の掃討、沖縄守備軍の降伏調印式

沖縄戦経過図

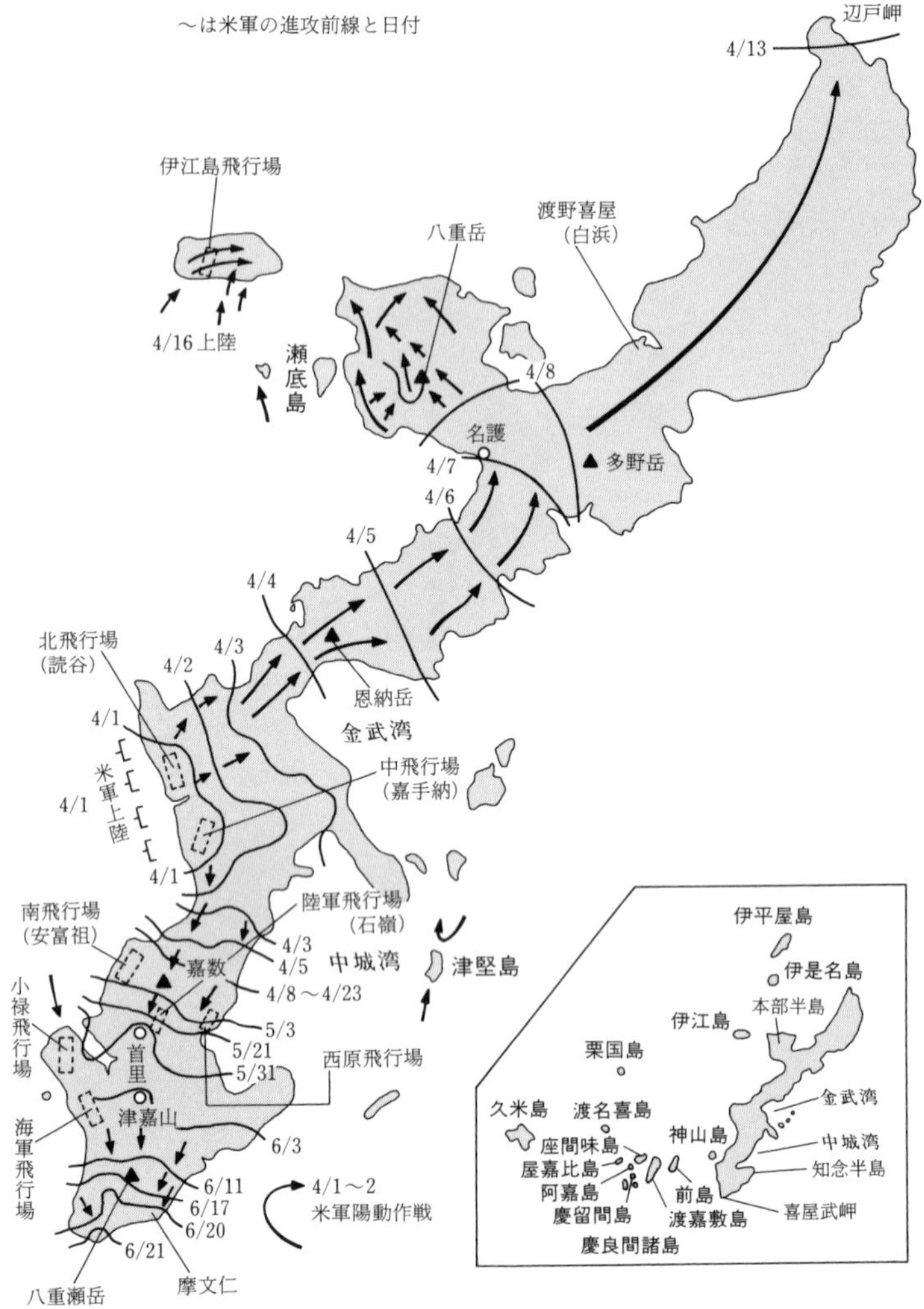

出典:藤原彰編著『沖縄戦――国土が戦場になったとき』青木書店, 73頁, を一部修正。

米軍の第九六師団が西側と中央部、第七師団が東側を南下していったが、五日ごろから日本軍の主陣地とぶつかり、激しい戦闘が始まった。牧港《まちなと》（浦添市）―嘉数《かかず》（宜野湾市）―我如古《がねこ》（宜野湾市）―和宇慶《わうけ》（中城村）を結ぶラインに第六二師団が強固な陣地を構築して待ちうけていた。これは現在の普天間飛行場の南側にあたる（当時は飛行場はなかった）。

ここまでは第三二軍の予想通りであったが、重要な飛行場をかんたんに米軍に渡したことに対して大本営陸軍部や連合艦隊、さらに天皇からは危惧の念がおこり、三日以降、各方面から攻撃に出ることを求める電報が第三二軍司令部に次々に届いた。四日には天皇の「御軫念《しんねん》」（心配）を伝える電報が送られた。天皇の意思は大きな影響を与え、その結果、同日、第三二軍は攻撃計画を策定し、七日夜から攻撃に出る計画を立てた。

海軍は戦艦大和《やまと》を中心とする海上特攻を計画、六日午後に徳山を出撃、八日未明に沖縄島突入を企図した。しかし七日の日中、米軍機の攻撃を受けて大和は撃沈され海上特攻は失敗に終わった。第三二軍の総攻撃は八日夜となり、その後、総攻撃ではなく「陣前出撃」にトーンダウンして実行されたが、とくに成果なく終わった。一二日には航空総攻撃に呼応して、第三二軍の攻撃計画が立てられたが、これも失敗に終わった。攻勢に出ることが不可能であることを認めざるをえなかった第三二軍はそれ以降、持久戦をはかることとした。

この間、東京では、四月二日に小磯国昭首相が陸軍に沖縄戦の見通しについて質問したところ、参謀本部第一部長は、「結局敵に占領せられ本土来寇は必至と応答」している（参謀本部第二〇班「機密戦争日誌」)。参謀本部で記録されていた同日誌の四月一九日の項には、「航空母艦　撃沈破二一」など「計三九三隻の偉大なる戦果」というその日の新聞報道を取り上げ、その敵の「損害の確実性を疑はさるを得ざる」とし、「海軍の戦果発表振りと云ひ識者の笑ひ種を提供するのみなり」と海軍を皮肉った記述をしている。陸軍中央も信用できないという誇大な戦果を海軍が発表していたことがわかる。

検証12　特攻

捕虜になって生き延びることよりも潔く戦死することをよしとする日本軍の思想は、その極限としての特攻を生み出した。これは航空機や小型艦船、人が操縦する魚雷などによって敵に体当たりする戦法で、攻撃する側は確実に死ぬものである。爆雷を抱いての戦車への体当たりのような戦法も特攻とみなすことができる。通常の軍隊では死の危険性がある任務に就くが、それでも生きて帰ってくることを目標とする。しかし特攻は確実に死ぬ戦法であり、こうした作戦を考えて将兵に命令した日本軍は、異常な組織だった。

海軍はすでに四四年二月に人間魚雷の試作を命じており、さらに八月からはロケット推進の特攻機「桜花」の試作機の製造が始められている。航空機による特攻はフィリピンにおいて海軍が四四年一〇月に神風《しんぷう》特別攻撃隊を出撃させ、一一月には陸軍も特攻隊を出撃させた。このことはすぐに天皇にも伝えられ、天皇から「御嘉賞の御言葉」が参謀総長に贈られている（吉田裕・森茂樹『アジア・太平洋戦争』二五八―二六〇頁）。

航空機による特攻がもっとも集中しておこなわれたのが沖縄戦だった。全特攻機二五〇〇機のうち一九〇〇機が沖縄戦に投入された。四五年四月六日から六月二二日までに「菊水作戦」と称された大規模な特攻作戦が実施された。沖縄戦で日本陸海軍は特攻機を含めて二九〇〇機、四四〇〇人の搭乗員を失った（藤原彰『沖縄戦と天皇制』一二四―一二七頁、山田朗執筆章）。

こうした特攻に使われた将兵は、正規の将兵よりは、一般の大学から召集された予備将校や少年航空兵が多かった。最年少は陸軍一七歳、海軍一六歳だった。特攻機のうち、実際に米軍艦船に命中したものは一割あまりにすぎなかった。米軍の対策が進んだことと、特攻機の操縦士の未熟さもその理由としてあった。なお特攻機の戦死者の中には、朝鮮一三名と台湾一名、計一四名の植民地出身者が含まれている（『アジア・太平洋戦争』二六〇―二六三頁）。

また戦艦大和を中心とした海上特攻隊もあった。大和以下、軽巡洋艦一隻と駆逐艦八隻で構成する第一遊撃部隊は、沖縄にやってきた米軍輸送船団などを攻撃するために四月六日に山口県徳山を出撃したが、七日に米軍機三八六機に襲われ、大和などは撃沈されて失敗に終わった。戦死者は大和の二七四〇名（生存者は二七六名）を含めて計三七二一名にのぼった（防衛庁防衛研修所戦史室『沖縄方面海軍作戦』第一〇章）。この行程は暗号電報の解読によって米軍に筒抜けになっていた。航空機による支援がまったくない中を突入させる無謀な作戦であった。

沖縄戦における米軍の戦死者と行方不明者は、陸軍四六七五名、海兵隊二九三八名、海軍四九〇七名、

特攻機による攻撃（米軍撮影，沖縄県公文書館提供）

合計一万二五二〇名である。前二者は主に陸上での戦闘によるものであるのに対して、海軍は海上での死者である。つまり海上での戦死者が全体の四割を占めている。艦艇の損害は、沈没三六隻、破損三六八隻である。また空中戦での米軍機の損害は七六三機だった（米国陸軍省編『沖縄　日米最後の戦闘』五一六頁）。確かに特攻攻撃などの日本軍の攻撃は形勢を逆転させるものではなかったが、海上における沖縄戦も忘れてはならない。

沖縄戦にかかわる特攻隊としては、慶良間列島などに配備された陸軍の㋹、海軍の「震洋」という爆雷を抱えた小型モーターボートによる特攻隊があった。これらの特攻艇はほとんど利用されないままに破壊された。読谷飛行場に胴体着陸した義烈空挺隊も特攻のひとつといえる。

陸上においては、兵士たちは爆雷を抱えて戦車に飛び込んだり、手榴弾を持っての夜襲などの事実上の特攻攻撃をさせられた。沖縄の青年や大人たちもそこに駆りだされていた。沖縄戦自体が、沖縄にいる日本軍将兵や沖縄住民たちの死を前提として戦われたことを考えると、一種の特攻作戦といってもよいかもしれない。それはきわめて多くの犠牲を出すことになった。

特攻は、「志願」という建て前をとることがあったが、徹底した軍国主義教育によって洗脳されており、「志願」しなければ卑怯、弱虫など差別迫害され「志願」せざるを得ないように追い込んだうえでのものであった。また多くの場合、志願の形式さえもとられずに命令によってその部隊に入れられたことなどを考えると、とうてい自発的なものとは言えない。確実に自国の青年を殺し、戦力をどんどん低下させる特攻作戦は、理性を失った自滅行為でしかなかった。

検証13

ガマと沖縄住民――宜野湾のケース

沖縄の住民たちは、自然にできた洞窟、ガマの中に避難していることが多かった。この中であれば激しい砲爆撃にも耐えられたからである。しかし人々の運命を左右したのは、そこに日本軍がいたかどうかということだった。

南部が日本軍の主陣地内、北側が主陣地の外に分かれていた宜野湾村の状況をとりあげてみよう。字ごとにようすを見てみよう。日本軍の主陣地の外、つまり北側にあった集落を見ると、新城の区民三〇〇人が避難していたアラグスクガー（新城川）という壕では、「共通の意志確認として」、アメリカとハワイから帰ってきて英語のできる宮城蒲上さんと宮城トミさんの二人を中心に「全員どんなことがあっても死ぬことを考えないこと、そのため見つかったら抵抗しないでアメリカ兵のいう通りに行動する」ことを確認していた。不安に思う人々に対して「アメリカ人は鬼畜ではない、優しい人も多い」と言って安心させようとしていた。四月五日米軍が壕にやってくるとその二人が出て行って米兵と交渉し、

「殺しはしない」という約束をしたので全員壕から出て助かった（宜野湾3・一三一―一九頁）。

約五〇〇人が避難していた喜友名《きゆな》のフトゥキーアブには、四月三日に米軍がやってきて「出て来い」と呼びかけたところ、若い者二、三人が竹槍を持って米兵をやっつけてやろうと息巻いた。それに対して知念亀吉さんが「壕の外はどうなっているかわからないし、出てみなければ殺されるかどうかもわからない」と言って必死に止めて、投降して助かった。ただ「米軍に捕まったら、何をされるかわからない」と言われて信じ込んでいた一七、八歳の少女四、五人は壕から出ず、そのため米軍に手榴弾を投げ込まれて殺されてしまった（宜野湾3・二二一頁、六三一頁）。

字宜野湾の一番組の二五世帯一〇〇人あまりが隠れていたクブタマイ小ヌ前ガマでは、ミンダナオ帰りで一番組の班長だった宮城一秀さんが、「（米兵は）殺しはしないだろう。一等国と一等国の戦争なんだから捕虜にするだろう。捕虜になったら弾運びや何かをさせられるかも知れないが、そんなことをしてでも生きていた方がいいんじゃないか」と主張した。彼は米軍からの投降の呼びかけに応じて、みんなを外に出して保護された（宜野湾3・七八―八〇頁）。

ここではいくつかの例を紹介しただけだが、いずれも日本軍の主陣地の外にあり、日本軍がいなかったのでこうした冷静な判断により住民たちはまとまって集団投降し、犠牲者を抑えることができた。

ところが、主陣地内にあった地域を見ると、佐真下《さましした》の区民約一〇〇人が避難していたジルーヒジャグワーガマでは、日本軍の少尉が日本刀を振りかざして「米軍の捕虜となる者は絶対許さない。捕虜となる者はこの刀で切り殺す」と住民を脅したため、米軍による投降の呼びかけに誰も応じず、約二〇人が壕に入ってきた米兵に捕まった以外は、別の穴から脱出して南部に逃げた。しかし南部で多くの犠牲を出

宜野湾の集落と戦没者数

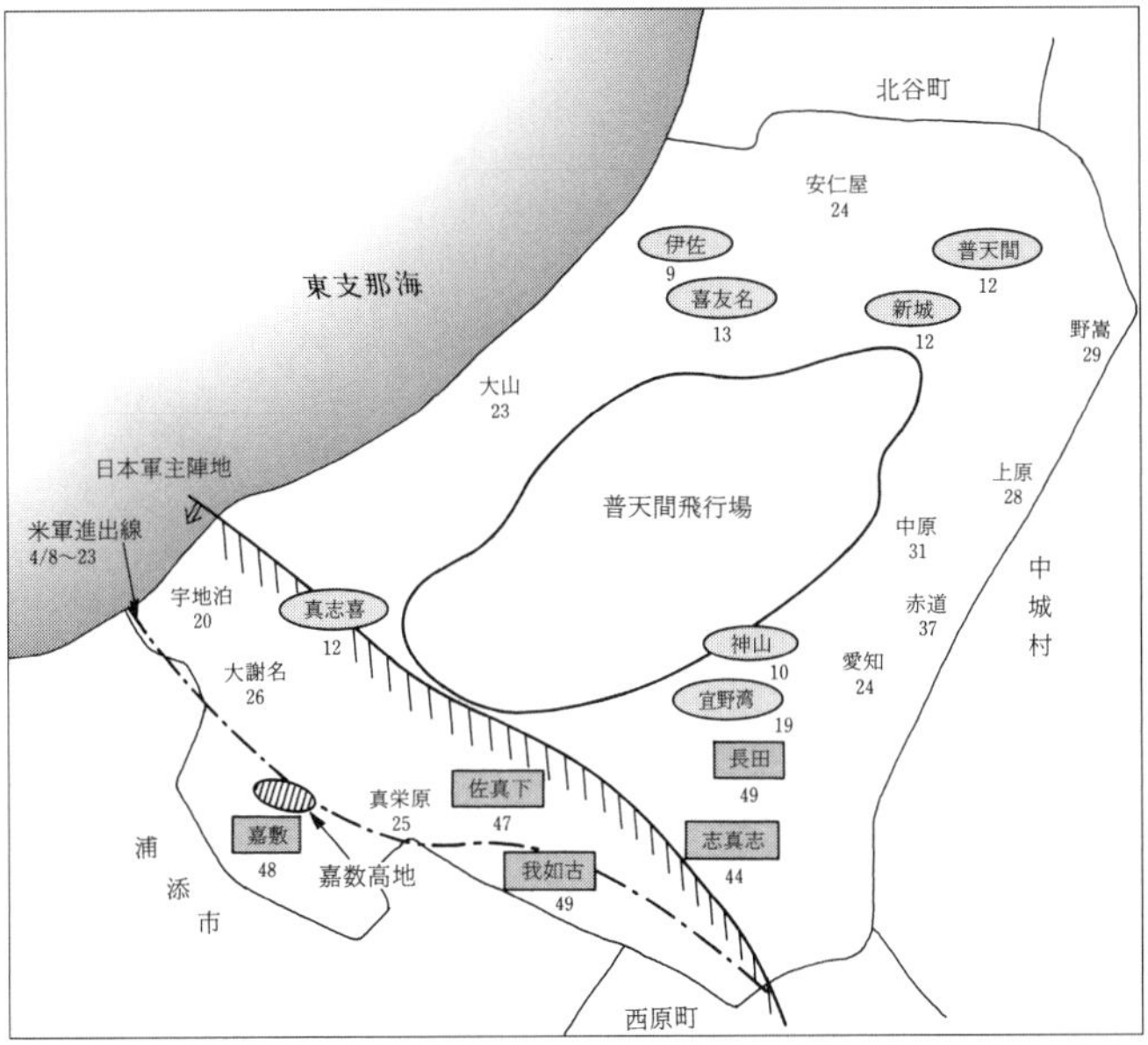

（出典）『宜野湾市史』第三巻より作成。
（注）：字名の□は戦没者が40％以上，◯は20％未満。字名の下の数字は1944年10月現在の人口に対する戦没者率。字の位置は現在のもので示している。

した（宜野湾3・六六四―六六六頁）。

嘉数や佐間下など日本軍の主陣地があり、壕内に軍民が一緒にいた地域では、住民は投降を許されず、砲火の中を南部に逃げ、南部で犠牲になっている人が多い。

宜野湾村の戦没者は援護資料によると一九四四年一〇月の人口の二六・九パーセントである。犠牲者率が高いのは、嘉数四八パーセント、佐間下四七パーセント、我如古四九パーセントなど主陣地のあった地域である。逆に日本軍がおらず早期に米軍支配下に入った新城一二パーセント、喜友名一三パーセントなどは低率となっている。なお主陣地外であるが、長田・志真志などは字内に自然壕がほとんどなかったので南部に避難したため犠牲率が高い（宜野湾3・付録資料二頁）。もちろん十数パーセントといっても大きな犠牲だが、他の地区に比べるとまだ少なかった。

沖縄の各地の事例を見ると、日本軍がいたかどうかが住民の運命を分ける大きな要因になっていた。また住民が助かるうえで移民帰りの果たした役割も大きかった。

3　本島中部の激戦

日本軍が持久作戦に入ってから、宜野湾南部から浦添、西原という首里の北側の地域で、昼に米軍が丘を奪うと、夜には日本軍が奪い返すという、ひとつひとつの丘をめぐる熾烈な戦闘が続いた。

日本軍主陣地の要にあった嘉数高台は、一〇〇メートル足らずの高さしかないが、米軍がやってきた北側は急斜面であり、また周辺のいくつかの丘の中腹に機関銃その他の銃座を設けて相互に支援できるように陣地を構築していた。地下トンネルであちこちに移動でき、米軍の砲爆撃の間は地下壕に潜み、丘の上を米軍に占領されても、南側の出入り口から出て攻撃を仕掛けて丘を奪い返した。昼夜ごとに丘を奪い合う激戦が四月八日から二四日まで続いた。日本軍が嘉数高台から撤退したのは、東西の両海岸線を破られたため、守備ラインを約一・五キロ後方の前田高地（浦添城址）まで下げたからである。この時に日本軍は、消耗した第六二師団を西側（浦添市側）の守備にあたらせ、東側（西原町側）には、南部で待機させていた第二四師団を北上させて配備した。米軍も四月末から五月はじめにかけて、第二七師団を休ませ、第一海兵師団と第七七師団を投入し、新たな攻勢に出た。

この最中の四月二六日、就任したばかりの鈴木貫太郎首相は、ラジオ放送で、沖縄で「全員特攻敢闘」している将兵や官民に感謝を捧げるとともに「私共本土にある国民亦《また》時来らば一人残らず特攻隊員となり敵に体当たり」をおこなう決意を表明した。

苦戦が続く第三二軍内では、余力のあるうちに攻勢に出ようという意見が出てきて、五月四日に大規模な攻撃に出た。天皇の激励の言葉も伝えられたが、その日のうちに大打撃を受けて失敗に終わった。この結果、まだ余力の残っていた第二四師団が大打撃を受け、砲兵も大損害を出し、もはや攻勢に出る力は失われた。この攻勢の失敗に大本営も天皇も失望した。

その後、米軍は西海岸沿いに第六海兵師団を投入してきた。それに対して日本軍は健在であった独立混成第四四旅団を投入、さらに小禄《おろく》にいた海軍部隊の一部も進出させて対抗した。西側の重要拠点である五二高地（米軍の呼び名はシュガーローフ、現在の那覇新都心の一角）では一二日からの激しい戦闘の末、一八日に米軍に占領された。この戦闘だけで米軍は二六六二人の死傷者と一二八九人の戦闘神経症患者を出した（『沖縄　日米最後の戦闘』三五一頁）。他方、二一日には東側の拠点である運玉森《うんたまむい》が米軍に取られた。軍司令部のある首里は東西から回ってくる米軍に包囲される危険におちいった。

首里城のある丘の地下三〇メートルには、総延長一キロにのぼる地下壕が掘られ「天ノ岩戸戦闘司令部」という看板が掲げられた軍司令部があった。約一〇〇〇名の司令部要員や日本軍「慰安婦」までもがいた。

こうした中、軍司令部は、首里にとどまって戦うか、喜屋武半島か知念半島に後退するか、検討をおこない、喜屋武半島へ後退し抗戦する作戦計画を二二日決定した。この作戦計画の「方針」は、少しでも長く抗戦し「多くの敵兵力を牽制抑留すると共に、出血を強要」するというものだった。つまり時間稼ぎのためだった。牛島軍司令官らは二七日に首里を離れ三〇日に最南端の摩文仁の司令部壕に到着した。二九日には首里が米軍に占領された。日本軍は南部の与座《よざ》岳と八重瀬《やえせ》岳を結ぶラインを防衛線とした。首里撤退段階での残存兵力は約五万人と見積もられていたが、南部の新陣地で軍が掌握したのは約三万人にすぎなかった。主力の歩兵はそれまでの戦闘で五分の一程度しか残っておらず、残りは後方部隊や防衛召集などほとんど訓練されていない者が多かった。

　ちょうどこの五月末、数日にわたって豪雨が続き、米軍の攻撃が緩んだ隙《すき》を突いて、日本軍は南部へ撤退していった。しかし動けない多数の重傷患者は青酸カリなどによって殺された。軍参謀長は「各々日本軍人として辱しからざる如く善処すべし」（八原博通『沖縄決戦』三三三頁）と指示したようであり、日本軍は組織的に重傷患者の殺害をおこなった。

　参謀本部で作成していた「機密戦争日誌」には毎日の出来事が記載されているが、四月二一日には、沖縄作戦の今後の特攻隊の計画を記したあと、「沖縄作戦を打切る時期に関しては諸因を検討の上慎重に決定すへきところ、特攻機も右を以て後結（ママ）は皆無なるを以て沖縄作戦の皈趨《きすう》も判断し得へし」とすでに沖縄戦の放棄を考えていることがわかる。そして五月六日には、「五月四日以来再興せる沖縄方面の海軍の総反撃は遂に六日に至り大損害を受けて失敗と決定す。これにて大体沖縄作戦の見透は明白となる。これに多くの期待をかくること自体無理　一旦上陸を許さば之を撃攘は殆んと不可能　洋上撃滅思想への徹底により不可能を可能ならしめさるへからず　これ本土決戦への覚悟なり」と記し、沖縄は見捨てられ関心は本土決戦に移ってしまっていることがわかる。本土の軍や天皇からも見放された中で、第三二軍は与えられた任務である時間稼ぎのために南部に撤退し、そこに避難していた多くの住民を戦闘に巻き込んでいったのである。

軍の高級参謀は、日本軍のいない知念半島に住民を移動させることを意図していたようで、学徒隊の一部を使ってそのための誘導をおこなおうとするが（『沖縄決戦』三二八頁）、日本軍のいない地域に住民を移動させることは米軍に捕まることを意味するため、誘導員がスパイと疑われるありさまで、ほとんど効果がなかった。

検証14

西原での住民虐殺の背景

四〜五月に日米両軍の激戦がおこなわれた中部では日本軍による住民に対する残虐行為はあまり知られていない。その中で西原村（現在の西原町）は例外で、いくつかの住民虐殺が報告されている。その背景を探ってみよう。

西原を含む首里北方の日本軍主陣地は第六二師団が担当していた。しかし米軍との激しい戦闘によって多数の死傷者が出たため、東側の西原地区には、四月二四日には南部に控えていた第二四師団が進出してきた。

第二四師団歩兵第八九連隊（連隊長金山均大佐）の指揮下の部隊の陣中日誌がいくつか残っているの

でそれを見ると、三月二五日、第二大隊からの「注意並連絡」の項目の中に「スパイが入って居る様であるから秘密書類の取扱に注意」との注意が早くもなされている。

四月二日には連隊長から次のような注意がなされている。

「中頭地区一帯を敵手に至る（ママ）を以て住民を使役し偵諜せしむるべきは明瞭なるべし　故に自今陣地付近に至る地方人に対し兵をして不用意に対応せしめざると共に必ず捕へ訊問し我陣地配備兵力等暴露せしめざる等の注意簡要なり　特に初年兵に対する面会は之を厳禁す」

同連隊のもとで「撃滅」と題されたニュースが出されており、第一号（四月五日付）から第九号（一六日付）までが残っている。第一号では「敵諜者潜入の参大なり　各隊の警戒は至厳なるを要す」「諜者は常に身辺に在り」と防諜について注意を喚起している。

四月八日には「現地部隊長」名による一枚の「佈告」が出されている。これには手書きで「洞窟内の住民に読んでやって下さい」と書かれており、ガマに避難している住民たちに向けて作成された宣伝用のビラと見られる。その全文は次のようである（漢字にはすべてふり仮名がつけてある）。米軍に対する恐怖心を軍が組織的に植えつけ、米軍に保護されないように仕向けていたことがわかる。

「親愛なる諸君
鬼畜の米獣は今中頭《なかがみ》で何をやって居るか
洞穴内の同胞を毒を使って追出し出て来る人等を片端から男女老幼の別なく虐殺してゐる事実を！
平和安住の宣伝ビラの裏に待つものは敵の弾と銃剣である。

『サイパン』でも『テニヤン』でも又其他の島々の同胞が怨を呑んだ其の血!!
其の血を塗つた銃剣が再び我々の前に来たのである。
諸君!!　退いて偽れる敵の銃剣の歓待を受けるより皇国民として出でゝ諸共に此の仇敵を一人余さず殲滅しよう
来たれ決死の士は!!
壮年、青少年、男女を問はず共に悠久の大義に生きん

現地部隊長」

当時、沖縄で唯一の新聞『沖縄新報』（四月六日付）には、「勝利を堅く信ぜよ　軍の布告を守り敵必殺」という見出しで「県諭告」第二号が掲載されているが、そこには「ごうに出り《（ママ）》する人に注意為《（ママ）》よスパイも来るかも知れない」と書かれている。

一〇日には「参謀長注意」として「企図秘匿時々あやしきものを発見したり　捕へたりしている中にはFの諜者の疑ひあるものあり　命がほしいので日本人であり乍《なが》ら非国民的なものが我々の心辺《（ママ）》に居ると云う事感へて《（ママ）》企図の秘匿に就ては一兵に至る迄真面目に守ること　右一兵に至る迄徹底の事」とある。

翌一一日付の「撃滅」第七号には、米軍が占領地区の「地方民」などをスパイとして使っていると警告している。第二大隊の「対諜報綱《（ママ）》強化に関する件」（四月一五日付）では、「避難民を装ひ潜入せるもの」などがスパイを働いていると警告している。

つまり第二四師団が南部にいる間、住民たちがスパイを働いているので警戒せよという命令・宣伝が

「スパイ容疑をかけられた私」大城 政英《おおしろ せいえい》さん（当時24歳）画（NHK沖縄放送局編『沖縄戦の絵』56頁より。沖縄県平和祈念資料館収蔵）

くりかえされていたのである。こうしたことをくりかえし叩き込まれていた兵士たちが西原にやってきたのである。

西原村の兵事主任であった大城純勝さんの証言によると、「この部隊は実に無茶だった。なにしにやって来たかわからなかった。来る早々、沖縄県民は皆スパイだと怒鳴りつけ」たという。彼は「この壕へ来い」と命令されたので行ってみると、「いきなりお前はスパイだろうと、頭ごなし」に言われ、さらに「学校教員とか官公吏は、皆スパイだ。具志頭《ぐしかみ》村長外六一人スパイ容疑で検挙されたのだ。お前もスパイだ」と言われ、彼が自分の仕事のことを説明しても「敵機が飛んでいる最中、壕から脱け出て歩く奴は、スパイでなくて何か」と決め付けられた。その後押し問答をしてようやく解放された（西原3・四四九頁）。

西原村の海岸近くの伊保之浜では、集落に残っていた七〇～八〇歳の高齢者たちが犠牲になった。花城仙三さんの父親は、イモを掘りに戻りそれを馬に載せて避難先に戻る途中、日本兵に捕まって縛りあげられた。方言で釈明しても日本兵は理解してくれなかったが、沖縄人の兵士が通訳してくれてやっと釈放された。その時その沖縄人の兵士から「ここにいると日本兵に殺されるから早く島尻へ逃げなさい」と言われた。花城さんの父親はその時に、集落内の壕に隠れていた七人の老人たちが日本兵によって引きずり出されて斬り殺されるのを目撃した（西原3・五八四頁）。

南部に逃げた住民の証言によると「西原から来たというとスパイ呼ばわりされ、壕にも入れてもらえなかった」という。

日本軍による住民虐殺、スパイ視は、決して一部の心ない将兵によるものだけではなく、日本軍の組織的な犯罪だった。沖縄戦の中で、住民をスパイ視する宣伝が軍や県、新聞などによってなされていたことが、西原だけでなく各地で同じような事態を引き起こす要因になったのではないだろうか。

検証15

戦場での住民動員

中部で激戦が続いていた時期、多くの住民は日本軍の背後にあたる南部に避難していた。家族らと避難していた住民たちも容赦なく動員の対象にされた。

四月二七日沖縄県は、南部の市町村長と警察署長を集めて市町村長会議を繁多川《はんたがわ》の県庁壕で開催した。

島田叡知事、荒井退造警察部長をはじめ、夜を徹して弾雨の中を駆けつけた市町村長らが参集した。これは沖縄県にとって最後の会議となった。この会議で県からいくつかの指示がなされるが、その中には「一、必勝信念及敵愾心の昂揚（中略）残忍な敵は我々を皆殺しするものと思ふ　敵を見たら必ずうち殺すというところまで敵愾心をたかめること」「六、村に敵が侵入した場合一人残らず戦えるやう竹ヤリや鎌などを準備してその訓練を行って自衛抵抗に抜かりのない構えをとらう」など米軍が住民も皆殺しにすると煽り、住民にも一人残らず竹槍などを持って戦うようにとある（浦崎純『消えた沖縄県』一二四―一二九頁）。この内容は『沖縄新報』（四月二九日付）に掲載され、ガマで避難生活をしている住民に伝えられた。県もこうして住民を煽動していたのである。

　このころ、南部の町村役場は壕の中で業務を続けていた。大里村では区長が壕をまわって避難民の住所、氏名、年齢を調べ、これに基づいて弾薬運びなどに動員した（中城4・九七頁）。東風平《こちんだ》村では区長が壕をまわって一五歳から一七歳の男子を集めて義勇隊を編成し、竹槍訓練などをさせ、病院勤務や夜間パトロール、負傷兵運びや地雷運搬をさせた（東風平・四六八頁）。五月末ごろに東風平村役場の兵事主任が日本兵と一緒に壕をまわり、「男女を問わず五〇歳以下の人は全員招集せよとの軍命である」と引っ張っていった（東風平・二九一頁）。

　知念村のある字では、字の出口の道路に兵隊と一緒に区長が立ち、逃げようとする区民の中から満一五歳以上の男を義勇隊員として選び出していった。また各字で動員があり、前線への弾薬運びなどに駆りだされた（知念3・九二頁、一五七頁）。

　具志頭村の役場吏員だった国場次郎さんは、四月の間、毎晩軍から「集められるだけ集めて来なさい」と「義勇隊」の動員を命令され、壕に残っていた一六歳から四五歳の村民を男女を問わず弾薬や食糧輸送に動員した。五月中旬には約四〇〇人を召集し軍に引き渡した（琉球弧を記録する会『島クトゥバで語る戦世』九五―九七頁）。

また軍は区長にこうした人の動員だけでなく、壕をまわって食糧を集め、軍に供出させることもおこなっていた。役場や字を通さずに軍が直接、壕から住民を駆りだすこともしばしばあった。

具志頭村後原《こしはら》では、兵隊から、出ないものは「非国民」だと言われて、一五歳の少女も含め女性三〇人あまりが動員され、首里まで何度も弾薬運びをさせられ、次々に戦死していった（県史9・八二二頁）。

中城から南部に避難してきていたある家族のケースでは、五月に壕に日本兵が来て、働ける者を一家族から一人以上出さなければこの洞窟に入れておかない、「働ける者が洞窟に隠れているのは国賊だぞ」と言われ、五〇歳の父を含む一〇人ほどが弾薬運びに駆りだされ、何人かが死亡した。翌日には一五歳の兄まで連れて行こうとしたので、拒否しようとした母に対して日本兵は日本刀をガチャガチャいわせて「非国民だぞ」と怒鳴って兄を連れていった。母はなんとか兄を連れ戻そうと、壕の一番奥の畳を敷いたところで「沖縄の女郎を侍らせて、兵隊の持ってくる食事を食べぜいたくな暮らしをしている或る将校」に頼み込んで、ようやく兄を連れ戻してきた（中城4・一八五―一八六頁）。

知念に駐屯していた独立歩兵第二大隊の兵士の証言によると「毎日夕方になると、避難民の間から役立ちそうな男女を物色して大隊本部へ連れてきて、『義勇隊』を編成すること」が任務であったという（宮本正男『沖縄戦に生き残る』八一頁）。

五月に第三二軍が軍中央に向けて送った報告では（「第三二軍沖縄戦訓集」）、「広範囲に亘《わた》り南部海岸方面守備の第三二軍警備隊をして防衛召集を実施せしむ（民家の洞窟に入り健康男子を捜索連行する）」と法的手続きなど無視して住民を動員したことを報告している。

ところで、西原地区にいた日本軍のある作戦計画文書が米軍に押収されて残っている。「西原地区における戦闘実施要領（日付なし）」と題されたもので、そこでは、「奇襲攻撃」のために、「住民の服を借りてあらかじめ確保」し、「服装においても話し方においても現地住民のように見せかけることが必要である」とし、「方言を流暢《りゅうちょう》に話す若い兵を各隊に一人を割当て」ることも指示している。

つまり斬り込み攻撃をおこなうにあたって、住民の服を着て住民のふりをして攻撃せよとの命令である。そのことが米軍にわかり、米軍は各部隊に注意するように指示しているのである。そうなると、住民も米軍の攻撃の対象にされることは容易に推測できる。

第六二師団が四月一一日に出した「石部隊挺進斬込戦訓」の中でも「服装」について「便衣を可とす」とある。この時点ですでに民間人の服を着て斬り込みをおこなっており、それを奨励していることがわかる。住民を戦闘に利用しても、住民の生命や安全を守ろうとする意思がまったくなかったことを示す命令書であろう。

4　本島北部の沖縄戦

北部では、本部半島の八重岳に立てこもった国頭支隊（支隊長は第二歩兵隊長の宇土武彦大佐）に対して第六海兵師団によって四月一一日から攻撃が開始された。支隊長は一六日には島中央部の山中に移動し、一九日ごろまでには本部半島は米軍の手に落ちた。北部の国頭地域の山中には、国頭支隊や、中部から逃げてきた敗残兵多数が立てこもり、住民に対して食糧強奪や住民虐殺などさまざまな残虐行為を働くことになる。

本部半島の先にある伊江島には四月一六日に、慶良間を攻略した米軍の歩兵第七七師団が上陸、二一日には日本軍主陣地のあった城山を占領した。約三〇〇〇名の日本軍守備隊のほとんどが戦死し、住民千数百名も死亡した。伊江島住民たちも戦闘員として駆りだされて多くの犠牲を出した。米軍の戦史は「兵隊や民間人、それに婦人も混じった一群が、小銃や手榴弾をもち、爆雷箱をかかえて城山の洞窟陣地から」突撃してきたと述べている（『沖縄　日米最後の戦闘』一七七―一七八頁）。

北部の山岳地帯で日本軍は遊撃戦をおこなった。本格的な戦闘は四月中には終わったが、この遊撃戦の中で住民に大きな犠牲が出た。

この地域には大本営の命令により二つの遊撃隊が配備されていた。名護の多野岳を中心とした第三遊撃隊（第一護郷隊）と恩納岳を中心とした第四遊撃隊（第二護郷隊）である。なお第一はニューギニア、第二はフィリピンに配備された。秘密戦要員の養成機関である陸軍中野学校の卒業生の二名の中尉と他に少尉・軍曹十数名が四四年九月沖縄に送られてきた。他に離島残置工作員も送り込まれ、主に日本軍が配備されていないか、あるいは手薄な離島に配置された（たとえば、伊平屋島、伊是名島、粟国島、多良間島、与那国島など）。

護郷隊には、在郷軍人を召集して分隊長や小隊長につけ、隊員は防衛召集によって一〇代の青年約七〇〇名が召集された。米軍上陸直前に、名護にあった県立第三中学の鉄血勤皇隊一五〇名も動員された。

米軍の攻撃を受けて山中の移動をくりかえしながら破壊活動もおこなった。かれらの任務から考えて、日本軍による住民殺害にもかかわっていると見られるが、実態はよくわかっていない。

少しふりかえってみると、第三二軍司令部は四四年一一月に「報道宣伝　防諜等に関する県民指導要綱」を作成した。そこでは「六十万県民の総決起を促し以て総力戦態勢への移行を急速に推進し軍官民共生共死の一体化を具現し如何なる難局に遭遇するも毅然として必勝道に邁進するに至らしむ」ことをめざして策定された。つまり県民を戦争に向けて総決起させることを意図した。と同時にその中で「常に民側の真相特に其の思想動向を判断し」敵の策動を封じることを意図していた。この「要綱」が具体化されたのが四五年三月一日の「国頭支隊秘密戦大綱」である。この中で「住民の思想動向特に敵性分子の有無」を探知するように指示している。

この国頭支隊の秘密戦への官民の協力機関として米軍上陸前の三月に作られたのが国士隊である。この国士隊には、助役・書記など町村吏員、国民学校や青年学校の校長・教頭・教諭、県議・町村議、医師など国頭郡内各町村の有力者三三人が集められた。国頭郡の翼賛壮年団の幹部を中心に隊員として加わった。その任務として、「一般民心の動向に注意し（イ）反軍、反官的分子の有無　（ロ）外国帰朝者特に第二世、第三世にして反軍反官的言動を為す者なきや　（ハ）反戦厭戦気運醸成の有無、若し有らば其の由因　（ニ）敵侵攻に対する民衆の決意の程度　（ホ）一般部民の不平不満言動の有無、若し有らば其の由因　（ヘ）一般部民の衣食住需給の状態　（ト）其の他特異事象（仮例、県内疎開の受入状況等）を穏密裡に調査し報告すること」などが命じられた。かれらは住民だけでなく家族にもこのことを秘密にして、住民を戦争に駆り立てると同時に、住民の動向を探り、問題のある者がいれば軍に通報する、スパイの役割が与えられたのである（「秘密戦に関する書類」本部1に全文掲載）。

このことと関連するのが警察の役割である。沖縄県警察部が作成したと見られる文書（米軍に押収され、英訳のみが残っている）によると、警察官も「遊撃戦への協力」の任務が与えられていた。警察官だけでなく民間人からも選抜して、敵の情報を収集するだけでなく、米軍に占領された地域の住民の状況を密かに探り、「もし敵への協力者を発見すれば、殺すか、あるいは然るべく処置すべし」と命ぜられた。住民を組織し、士気高揚をはかるだけでなく、警察官自らが軍事訓練をおこない、さらに住民に軍事訓練を施し、米兵との戦闘方法、夜襲の方法などの訓練を警察が指導するという任務が明記されている（林博史「資料紹介　沖縄戦についての日本軍資料」）。

国頭地区では米軍に保護された住民や指導者を日本軍が虐殺する事件が起きている。警察が実際にどこまでかかわっていたのかはよくわからないが、実質的には、この指示内容が実行されていたといえるだろう。住民たちは、日本軍だけでなく警察も含む行政機関、それに協力する民間人などから何重にも監視され、国家のために「命を捧げる義務」を強いられていった。

国頭の山中で米軍が押収したある警部補の日記を見ると、源河《げんか》上流の大湿帯《おおしつたい》地域にいて、軍としばしば連絡をとりながら、敵の偵察や通信線の切断などをおこなうと同時に、六月二四日には敵に収容されないように指示するために住民の避難地に警察官を派遣していることがわかる。またこの付近に避難してきていた住民の証言によると、警察官たちが「球回報　Tama Report」という新聞を配っていたという。軍の宣伝物を使って住民に宣伝していたと見られる（『沖縄タイムス』二〇〇八年六月一一日夕刊）。

この大湿帯の県有林には御真影奉護壕が作られ、そこに沖縄本島を中心に各地から集められた「御真影」が保管されていた。学校長や教師らによる奉護隊が作られ管理されていたが、六月末にすべて焼却された。この地域は山が多い国頭の中でもとくに山深い場所にあたる。

こうした部隊や警察以外にも、国頭の山中には多くの敗残兵が逃げ込んでいた。かれらによる住民からの食糧の強奪や住民虐殺も頻発した。

北部の大宜味《おおぎみ》村渡野喜屋《とのきや》では、日本軍によって多数の住民が虐殺された。五月一二日の深夜、米軍に保護されてこの渡野喜屋に泊まっていた避難民たちが日本兵によって叩き起こされた。女性や子どもたち数十人は浜辺に集められ、そこに手榴弾が投げ込まれた（県史10・五六九―五七五頁）。米軍の報告書によると、曹長に率いられた一〇名の敵兵、すなわち日本兵が三五人の民間人を殺し一五人を負傷させた。そのほとんどは女性と子どもたちで、敵兵たちは四、五人の村の指導者を連行して山に引きあげたと報告されている。殺された男たちは六、七人と見られるのであわせて約四〇人が殺されたことになる。この虐殺をおこなったのは東郷少尉を隊長とする国頭支隊通信隊だった（森杉多『空白の沖縄戦記』九四―一〇三頁）。

国頭には中南部からの避難民が多かったが、かれらは米軍に保護されることを許されず山中を逃げる中で、米軍の攻撃だけでなく飢えやマラリアで多くの犠牲を出した。国頭地域での住民の死者は二万人にのぼるという推定もある。

検証16

米兵による犯罪

本島中部で激戦がおこなわれていた四月から五月にかけて、本部などの北部において捕えた男を処刑したり、女性に暴行をはたらくなどの米兵による犯罪が多発していた。その多くは海兵隊によるものと見られる。

本部では、捕まえた男たちにタバコを与えておきながら背後から射殺したり（県史10・五〇二頁）、捕まった住民の中で洋服を着て脚絆《きゃはん》を巻いていた一人の男が射殺されたこともあった（本部『町民の戦時体験記』一四九頁）。また本部で、米軍の中の「シビリアン」と呼ばれていた人物が、男を射殺したり、女性に暴行をはたらいたりして住民から恐れられていた（同一九八頁）。さらに本部の海岸の岩穴に隠れていた四人の男（いずれも四〇代）が連行されて射殺されたこともあった（同二二九頁）。

これも本部での出来事だが、照屋松助さんは、米兵が妻に暴行しようとしたのでやめさせようとしたら、銃を突きつけられ、原っぱに引き出されてそこで射殺されたという（県史10・四七三頁、本部『町民の戦時体験記』一八七頁）。

石川の山中では、妻や娘と一緒にいた一人の男と二〇歳くらいの男の二人が射殺された（北谷『戦時体験記録』二五九頁）。羽地の山中の小屋に隠れていた瀬良垣克夫さんは五月一日、やってきた米兵に父が射殺された（瀬良垣克夫『我が家の戦争記録』七頁）。

住民の証言をみると、本部半島などで、捕まえた住民の中から男を選んで処刑したケースが多かったようである。こうした軍人とみなされた男たちの処刑と同時に、米兵による女性への暴行も起きている。セア・ビビンズの『アメリカの一水兵の沖縄戦日記』によると、四月一一日に名護のある家で女性が強かんされて殺された跡を見た。また六月五日には米兵が赤ん坊を連れた女性を強かんしようとしていたが、人が来たために途中で逃げ出したのを上陸用舟艇の上から目撃している。戦後の九月一七日には二人の米兵が女性を強かんしているところに通りかかり、その米兵たちは逃げたことがあった。

ビビンズはこの日記の序において、「私に言わせてもらえるなら、白色人種が世界中で一番問題を起す人種であると思う。ところが、我々は自分達を文明人だと思い込んでいる。ドイツ人はガス室を設置し、多くの人々を殺したし、我々アメリカ人は多くの非戦闘員の上に原子爆弾を落としている」と述べている。

米軍用の慰安所が設けられたところもあった。本部の仲宗根で慰安所を経営していた人が区長に相談し、米軍の許可を得て「S屋」という慰安所を開設した。女性は五、六人でアメリカ兵が行列をつくっていたという。ただこの慰安所は数週間後にはなくなったという（宮里真厚『少国民のたたかい　乙羽岳燃ゆ』一〇五―一〇七頁）。米軍の上層部は、原則としてこうした慰安所のような施設は認めなかったので、一時的なものにとどまったと思われる。

北部におけるこうした残虐行為の多くは、第六海兵師団によるものと見られる。この第六海兵師団は、沖縄ではシュガーローフの戦闘に駆りだされて多数の戦死傷者を出しているが、戦後、日本占領のために八月三〇日に最初に横須賀・横浜地区に上陸してきた部隊で、同日、横須賀市内で二件の米兵による強かん事件があったことがわかっている。この二件について米軍の捜査報告書が残っているが、犯人は逮捕されないままで終わっている。海兵隊による性犯罪は、沖縄から本土へ、そして今日の沖縄や岩国へ、とつながっている。

▼日本の戦争責任資料センター研究事務局（林博史）「資料紹介　占領軍進駐直後の米兵による強かん事件捜査報告書」参照。

検証17

ハンセン病患者の沖縄戦

ハンセン病は、以前は「らい病」と呼ばれ、らい菌によって感染する病気で、皮膚の表面に症状が出るほか、知覚麻痺や運動麻痺、身体障害を起こす。ただ病原性が弱いので、感染力は弱く、感染しても抵抗力があれば発病しない。経済が発展し、食生活が豊かになると急速に減少するし、また戦後まもなくプロミンという特効薬が開発されて完治する病気になった。

一九四〇年時点で日本全国に一万五七六三人の患者がいたが、沖縄では一四五三人だった。有病率（人口比）では沖縄は本土の一八・五倍という高い比率を示していた（犀川一夫『ハンセン病政策の変遷』二〇二頁、二六五頁）。

一九三一年宮古島に県立宮古保養院（のち宮古南静園に）、三八年本部半島のすぐ側の屋我地《やがじ》島に臨時国立国頭愛楽園（五二年に沖縄愛楽園に）が設けられ、四一年七月に両者とも厚生省の管轄となり正式に国立となった。四三年一月末時点で県下のらい病患者は二つの療養所に収容されている者が七一八名、未収容者六二四名、計一三四二名となっている（『沖縄県史料　近代1』四一六―四二〇頁）。

日本軍が沖縄にやってくると、療養所に収容されていない患者を警戒し、収容を進めていった。九月に大規模な強制収容がおこなわれ、各地から乱暴なやり方で連行し収容された。野良仕事をしている時に有無を言わせずに連行するようなこともおこなわれ、手荷物の持参さえ許されなかった者も少なくなかったという。九月末には愛楽園の収容者は定員四五〇人の倍を超える九一三人に膨れ上がった。

沖縄においては、住民を根こそぎ動員する戦時体制の強化が、同時にハンセン病患者の隔離政策の徹底化を意味することとなった。

二つの療養所に収容された患者たちは自活を余儀なくされ、なおかつ壕堀りや食糧増産作業に駆りだされた。

四月二一日米軍が上陸してきたが、その前の砲爆撃によって六五棟のうち六二棟を失いほとんど灰燼《かいじん》に帰した。上陸してきた米軍にらい療養所であることを説明すると米軍は誤爆を陳謝した。その後、米軍が食糧や建設資材を提供して沖縄戦終結前には復興しはじめたという。防空壕などに避難していたために米軍の砲爆撃による死者は幸い一人だけで済んだが、長い壕生活や栄養失調、マラリアやアメーバ赤痢などによって、四月三七人、五月四七人、六月四三人、七月二二人もの死者を出した。愛楽園に保存されている「翼賛会日誌」によると、四四年九月から四五年末までの死者は二八九人にも達した（吉川由紀「ハンセン病患者の沖縄戦」)。それ以前の死亡率は年間で数パーセント(四二年二・三パーセント、四三年三・三パーセント、四四年六・二パーセント)であったのに比べると急増した(『ハンセン病政策の変遷』九七―九八頁)。

海軍第二七魚雷艇隊の中尉の日記によると、愛楽園に対して、六月三日に米三石(約四五〇キロ)、八日に米三石と七月までに二五石(三・七五トン)を出すように要求している。すでに米軍から食糧の提供を受けつつあった愛楽園から軍の食糧を出させようとしていた。しかしこの当時の愛楽園では依然として食糧難は深刻であった。この日記は、四月にスパイを殺害したことも記されている。なおこの中尉は六月一八日に戦死し、その日記が米軍に押収された。

宮古南静園でも、米軍の上陸はなかったが空襲によって施設は壊滅的に破壊され、職員は職場を放棄して避難したために患者たちは海岸付近の壕などに隠れたが、四〇〇人あまりの患者のうち一一〇人が飢えやマラリアなどによって死亡した。

戦前から、ハンセン病患者たちは強制的に隔離され、強制断種や強制堕胎《だたい》により、徐々に絶滅させていく政策がとられた。さらに戦時中、沖縄だけでなく各地のハンセン病療養所に強制収容された人たちが、飢えや病気などで多く犠牲になったことも明らかにされてきた。また日本の委任統治領であったパラオでは戦時中ハンセン病者を殺害したこと、さらに日本海軍が占領していたナウルでは、四三年七月に療養所に隔離されていた三九人の患者をボートで海上に連れ出し、大砲と銃で全員を殺害して海に沈めたことがわかっている(林博史「ナウルでのハンセン病患者の集団虐殺事件」)。

沖縄を占領した米軍は隔離政策を継続した。ハンセン病は戦後まもなく治療薬が開発され、「治る病気」になったが、日本本土では一九五三年に絶対隔離政策を継続する「らい予防法」が強い反対運動を抑えて制定された。ハンセン病患者の隔離政策が、日本において否定されるのはようやく一九九六年のことだった。

二〇〇一年六月、ハンセン病療養所に収容されていた患者の沖縄戦での死亡者が「平和の礎」に刻銘された。宮古島の南静園で米軍機に右太ももを撃たれたが、ろくに治療を受けられず亡くなった方の名前が刻銘された。二〇〇四年からは、遺族の申請だけでなく、療養所自治会による申請でも刻銘が可能になり、〇六年までに愛楽園と南静園あわせて三八二人が自治会申請分として刻銘された。愛楽園関係では〇九年までに三一七名（うち自治会申請二八七名）、南静園関係では一〇一名（うち自治会申請分一〇〇名）が刻銘されている（吉川由紀氏の調査による）。

▼本項については、『沖縄県ハンセン病証言集』全三巻、吉川由紀「ハンセン病患者の沖縄戦」、森川恭剛『ハンセン病差別被害の法的研究』参照。

検証18

障害者の沖縄戦

障害者の沖縄戦の体験についてはまだまだ知られていない。障害者の場合、健常者よりも悲惨な死に方をしたことも少なくなく、そのため遺族が証言をしない、あるいは語ったとしても公表することを拒む場合も少なくない。またろうあ者の場合、通常の聞き取りという方法ができないということもある。耳が聞こえないと、米軍機が飛んでいてもわからないので外を歩いていて、スパイだとみなされたり、そのために攻撃を受けて、まわりの人々からはあなたのせいで攻撃されたと非難されることになる。口をきけないと、日本兵から尋問された時にうまく答えられずスパイと疑われる。目が見えない場合、逃げる途中で放置されることもあったようだ。

たとえば本部国民学校校長であった照屋忠英さんは難聴者だったが、本部半島の伊豆味《いずみ》でスパイとして日本軍に殺された（県史10・四九二頁）。大城永三郎さんは耳の聞こえない聴覚障害者であるが、そのためにスパイだとして何度も疑われた（南風原『検証　6・23障害者の沖縄戦』一四—一五頁）。

第三二軍司令部に勤務していた浜川昌也さんの証言によると、米軍が上陸してまもなく「英語を話す沖縄人二世が多数米本土から送られ、沖縄本島に潜入してスパイ活動に従事しているとか、あるいは水源地にはスパイが毒物を投入しているとか」いう話が流れた。炊事場付近の水源地付近に不審な人物がいるということで確かめたが、「精神障害者」と判断し追い返した。ところがそれに対して司令部の坂口大尉から「何故連行して来なかったか。このような不審者はたとえ精神障害者でも射殺すべきであり、歩哨の取った処置は適切ではなかった」と怒られた。また軍司令部で精神異常をきたした一八、九歳の女性をスパイ容疑で処刑したことがあった（浜川昌也『私の沖縄戦記』一〇一—一〇二頁）。

警察官だった山川泰邦さんによると、四月はじめに兵隊がスパイだとして数人の男と三人の女を連れてきて、「厳重に取り調べ、処刑してほしい」と警察に引き渡した。しかし警察が取り調べてみると精神病者だったので釈放したという（山川泰邦『秘録沖縄戦記』二九一頁）。軍司令部の将校たち自身が率先して、精神障害を負った者をスパイとして処刑していたことがわかる。

四月の中ごろ、「佐敷《さしき》の女性が精神に異常をきたしてたき火をしてるのを、日本軍はスパイ容疑で捕まえ縄で縛り、きゅうすで鼻に水を差込んだり、四、五人がかりで銃口で胸や腹などを突いたりして残酷な取り調べを」しているのを目撃した少年がいる。その女性は松に縛り付けられていたが、後に銃殺されたと聞いたそうである。その人は「五十九年過ぎた今日でもあの暴虐を忘れることはできない」と語っている（玉城6・七〇四頁）。

中部戦線にいた船舶工兵第二六連隊で、四月一五日に四〇歳ほどの男をスパイとして捕まえた。目撃した兵士の証言によると、連隊本部の壕の中で「天井の梁に背が付く程に吊り上げられていた。余程叩かれたと見えて、顔面は無残に赤黒く腫れ上がり喘《あえ》いでいた」という。ところがまもなく年とった母親が訴えてきたので、その男が「知能の低い聾唖《ろうあ》者」だとわかって釈放した（野村正起『船工26の沖縄戦』九九―一〇〇頁）。もし母親の気付くのが遅れていたならば、拷問で殺されていてもおかしくなかった。

他にも今帰仁《なきじん》村で、ろうあで精神に異常をきたしていた五〇代の女性が、兵士から質問されても答えることができず、スパイとみなされ、松の木にくくりつけられて半死半生の目にあわされ、小屋に監禁されている時に死亡した（県史10・五二〇頁）。

南部で、白い着物を着ていた女性が、まわりの人が押さえつけていたにもかかわらず、木の下から飛び出していった。歯を出して笑っており精神異常をきたしていたようだったが、日本兵は「敵機に合図した、スパイじゃ」と射殺してしまった（真尾悦子『いくさ世を生きて』一四七―一四八頁）。工業学校の生徒だった柴引清徳さんが摩文仁にいたとき、ノイローゼになった友人がフラフラ出て行き三日後に戻ってきたがスパイ容疑で銃殺された（沖縄県労働組合協議会『日本軍を告発する』二六頁）。

当時の警察官の証言を見ても、精神に異常をきたしていたとしか思えない人を日本軍がスパイとして捕まえてきて、処刑したり、拷問を加えて縛り付けたまま放置し死なせてしまうことがしばしばあった。日本軍によってスパイとして捕えられても弁明することができず、処刑された人も多かったに違いない。

沖縄戦の体験の中で精神障害を負った人も少なくないと思われるが、その実情はかならずしもはっきりとわかっていない。沖縄戦の際、米軍は野戦病院を設け、そこに沖縄の住民も収容したが、金武《きん》村宜野座や羽地村真喜屋などに精神科が設置されていた。そこには沖縄戦の中で精神障害を負った人々が収容されていたという。

「心の傷」や「トラウマ」、さらにそれが深刻化しさまざまなストレス障害を引き起こすPTSD（心的外傷後ストレス障害）ということが日本社会で一部ではあれ、知られるようになるのが一九八〇年代以降、一般化するのは阪神淡路大震災のあった九五年以降であることを考えると、長い間、そうした人々は放置されていたことが多いと見られる。もちろん身体に障害を負った人も少なくないだろう。

なお米軍の場合（海軍を除く陸軍と海兵隊）、五月末までの時点で、戦死・行方不明四八七三名、負傷者二万一一七一名、計二万六〇四四名であるが、戦闘神経症の患者は、一万四〇七七名にのぼっていた（『沖縄　日米最後の戦闘』四一九頁）。その中には短期間の治療で復帰できた者も少なくないと見られるが、それにしても多い。戦闘神経症にかかる理由の多くは、日本軍による砲撃だったという。沖縄戦の時の日本軍の砲兵部隊は、アジア太平洋戦争の中ではもっとも豊富な大砲と弾薬を有していたことが一因であった。しかし米軍の砲爆撃は日本軍をはるかに上回っていたことを考えると、日本兵や沖縄の人々の精神に与えたダメージの大きさは想像もつかない。

沖縄戦ではないが、東京都の精神病院松沢病院のデータによると、四五年では入院患者計一一六九人のうち四七八人、四〇・九パーセントもが死亡している。四四年でも死亡率は三一パーセントである。三六、七年時点では五パーセント台だったのに比べ異常な高さである。これは空襲などによるものではなく、食糧難による栄養失調とそれによる病気が原因である（塚崎直樹編『声なき虐殺』二二五頁）。戦場で負傷して送り返された兵士が収容される傷痍軍人療養所であった国立武蔵療養所（東京）では、四五年の在所者二三九人に対し一六〇人が死亡している。これも食糧難が原因だった（秋元波留夫・清水寛『忘れられた歴史はくり返す』一四頁）。戦闘そのものによらなくても、なんらかのハンディキャップを負った人々がこうして殺されていく戦争の実態を見落としてはならないだろう。

▼本項については、謝花直美「沈黙の声　沖縄戦の精神障害者」、加藤健「聞き書き　沖縄戦を生き抜いたろう者」参照。

第3章

沖縄戦のなかの人々

1　日本軍の南部撤退と組織的抵抗の終了

牛島軍司令官らは五月二七日に首里を脱出し、三〇日未明、摩文仁に到着した。

首里の西側、現在の那覇空港を含む小禄地区には沖縄方面根拠地隊司令官大田實少将以下約一万名の海軍部隊がいた。司令部は豊《と》見城《みぐすく》の高台の地下壕にあった。第三二軍は海軍部隊の撤退を六月二日以降と考えていたが、誤解した海軍は五月二六日に撤退してしまった。そのため第三二軍から小禄に戻るよう命令されて小禄に戻ったが、最初の撤退の際に持って行けない重火器は破壊していた。こうしたこともあり、一万名といっても、小銃は各隊の三分の一しかなく、槍を持っていた者もいた。手榴弾と爆雷による斬り込みしか残されていなかったといえる。

六月四日に米軍は小禄飛行場に上陸し、海軍部隊と本格的な戦闘に入った。六日一六時五三分に大田司令官から日本本土に対して生き残っている部隊の人数が電報で報告されている（米軍による暗号解読電報、林博史「暗号史料にみる沖縄戦の諸相」）。これによると将校三四七名、兵六七五八名、配属された民間人二九九五名、計一万一〇〇名、さらに任務に就いていない者が一〇〇〇名（負傷者などか？）とある。ここには約三〇〇〇人の民間人が動員されていたことがわかる。その後、大田司令官は一三日に自決、小禄の戦闘は一〇日ほどで終了した。

六日夜、大田司令官は海軍次官宛に「沖縄県民斯《か》く戦へり　県民に対し後世特別の御高配を賜らんことを」との電報を送った。県民が軍のために献身的な犠牲を惜しまなかったので、それへの「御高配」を求めるものだった。しかし沖縄の民間人三〇〇〇名を動員し斬り込みなど死を強いたことも忘れてはならない。

また四月七日に大田司令官より指揮下の各部隊に発せられた電報では「日本人のような服装」をした「多数のスパイ」を捕えたので、スパイに対し「厳重な警戒が必要である」と警告を促している。

沖縄海軍根拠地隊司令部通信隊の特殊無線通信兵の証言によると、スパイだとして二四、五歳の女性に拷問を加えたうえに電気を通し殺したこと、三〇歳くらいの男を逆さ吊りして拷問を加え竹槍で突いて殺したことなど、日本軍が訓練中に三人の沖縄の住民を殺したと証言している（創価学会青年部反戦出版委員会『沖縄戦――痛恨の日々』五六―五七頁）。また海軍航空隊員の証言によると、五月に海軍部隊がスパイ狩りをおこない捕まえた一人を拷問により殺し、また別の機会に一人を射殺したことがあったという（那覇3-7・五八二頁）。海軍部隊もまた沖縄住民を虐殺し、多数を死に追いやったことも指摘しておかなければならない。

南部へ撤退した日本軍は、与座岳と八重瀬岳で抵抗を試みた。この時点で兵力は三万名程度と見積もられているが、本来の戦闘要員は消耗し、未訓練の後方要員や現地召集者が多かった。六月六日ごろから米軍による攻勢が始まった。この戦いは、「ジャップ・ハンティング（日本兵狩り）」と呼ばれるような、米軍による一方的な殺戮戦でしかなかった。

一一日に米軍は第三二軍に対して降伏勧告をおこなったが無駄に終わり、翌日から攻撃が再開された。一六日から一七日にかけて、与座岳と八重瀬岳の防衛線が突破された。この時、前線の視察に来た米第一〇軍司令官バックナー中将が戦死するが、大勢には影響はなかった。

一八日に牛島軍司令官は参謀本部に訣別電を送り、一九日には指揮下の部隊に対して「爾今各部隊は各局地における生存者中の上級者之を指揮し最後迄敢闘し悠久の大義に生くべし」と軍命令を出した。この時点で第三二軍としての組織的な戦闘は終わった。二〇日には第二四師団長も「最後の一兵に至るまで敵に出血を強要すべし　苟《いやしく》も敵の虜囚となり恥を受くる勿《なか》れ」と訓示した。第三二軍もその指揮下の部隊も、将兵たちに対して、決して降伏することなく死ぬまで戦いつづけよと命令したのである。

六月二三日（最近では二二日説が有力であるが）未明、牛島軍司令官と長参謀長が自決、軍司令部は消滅した。その後も戦闘は続き、米軍が沖縄作戦の終了を宣言したのは七月二日だった。しかし、地下の壕（ガマ）などに潜んでいる部隊も多く、八月二九日に歩兵第三二連隊の連隊長ら三〇〇名が、九月四日には同連隊第二大隊二〇〇名が投降している。宮古八重山の部隊が正式に降伏調印式をおこなったのは九月七日のことだった。

これですべて戦争が終わったわけではなかった。その後もガマに隠れていた兵士や住民たちが出てきた。伊江島では二人の将兵がガマを隠れ家にして逃亡生活を続け、島民の働きかけに応じてガマを出たのが、四七年八月のことだった。夜はガマから出ることはあっても昼間はガマに隠れていたので、日光にあたったのは二年四カ月ぶりだった（伊江・一一七―一二六頁）。
この南部撤退によって、ガマに避難していた住民たちが日本軍から追い出されたり食糧を強奪されたりした。あるいはガマにとどまることができたとしても、泣く子どもを殺されたり、投降しようとして殺されたりした。また南部に避難していた多くの住民が戦闘に巻き込まれて犠牲になった。住民の犠牲の多数はこの南部撤退後に生じている。もし日本軍が首里にとどまっていたならば、住民の多くは助かっていただろう。たとえば激戦地であった中部の浦添市（当時は浦添村）では住民の戦死者の五四パーセントが南部撤退後に生じている（浦添5・三一六頁）。南部の糸満市では、軍人・軍属と一般住民をあわせた県内戦没者のうち、六月以降に亡くなった方が約七〇パーセントになる（糸満下・二九頁）。北部では長期化にともなう飢えやマラリアによる死者が多いので、戦闘が早く終わっていれば犠牲の多くは防ぐことができたはずである。

検証19

傷病兵の殺害

南風原《はえばる》町の黄金森という丘の中腹に「南風原陸軍病院壕趾」という碑が立っている。これは一九五三年に南風原村が建てたもので、そこには「重傷患者二千余名自決の地」と刻まれている。ひめゆり学徒隊がここに配属されていたことから有名であり、麓《ふもと》には南風原文化センターがある。

この病院は正式には第三二軍直属の「沖縄陸軍病院」で当初は那覇にあったが、一〇・一〇空襲の後、南風原国民学校に移転し、その側にある黄金森に三〇あまりの横穴を掘って病院壕とした。三月末に沖縄師範学校女子部と県立第一高等女学校の生徒二二二人と教師一八人が看護補助要員として配属された。第一から第三外科が設置されて負傷兵の治療にあたったが、軍の命令により五月二五日ごろから南部へ撤退を開始した。現在のひめゆりの塔が建っているガマが第三外科壕であり、米軍の攻撃により多くの犠牲を出した所である。

南風原からの撤退の際に、青酸カリをミルクに入れて重傷者に飲ませるなどの処置が取られた。青酸カリは組織的に配布されたようだが、壕によってはその命令を実行しなかった軍医や衛生兵もいた。正確な記録が残されていないので推測するしかないが、撤退前の時点で収容されていた負傷者はあわせて二〇〇〇名以下、動けずに放置された重傷患者は、最近の研究では五百数十名ほどと推定されているので、ここで日本軍によって殺されたのは数百人と見られる（古賀徳子「沖縄陸軍病院における青酸カリ配布の実態」）。

南風原陸軍病院以外にも多数の野戦病院があり、さらに野戦病院にも運び込まれていない重傷者は膨大にいたと見られる。南部の具志頭《ぐしかみ》での出来事であるが、負傷兵たちがいる小屋に「とにかく捕まったらいかんからやってこい」と命令されて手榴弾を投げ込んで殺した兵士の証言がある（読谷下・三七五頁）。部隊と一緒に後退できない重傷者の殺害は、日本軍の場合、一般的に見られたことだった。

したがって南部撤退にあたって殺された、あるいは手榴弾などでの自決を強要された重傷者は一万名を超える可能性もあるが、実数はわからない。いずれにせよ南部撤退という方針そのものが膨大な犠牲をともなうものだった。

第三二軍司令部に勤務していた浜川昌也さんによると、南部で六月一九日にある大尉から「負傷者及び病人に対し自決を命」ぜられ、さらに彼は自決のできない者、拒否する者を射殺してこいと命じられたという（『私の沖縄戦記』一九〇頁）。動けない負傷者を殺すことは最後まで実行されていた。

こうした措置は決して沖縄の日本軍だけの行為ではなく、日本軍全体でなされていたことである。

2　日本軍による残虐行為

日本軍による住民虐殺

沖縄戦の中で、日本軍によるさまざまな残虐行為が沖縄住民に対してなされた。このことは沖縄戦を語る際に欠かすことのできない大きな特徴である。

直接日本軍が手をくだしたケースとしては、食糧提供や壕（ガマ）の提供を渋った者、軍民雑居の壕内で泣く乳幼児（日本兵に強制されて肉親が乳幼児を殺害した場合も）、米軍に投降しようとした者や米軍に保護された者、米軍に食糧をもらった者、山中などの避難民に投降を呼びかけた者、避難するガマを探してさまよっていた者、投降を促す米軍のビラを持っていた者、日本兵からの尋問に答えられなかったろうあ者・精神錯乱者など、さまざまな理由で日本軍による住民虐殺がおこなわれた。その多くはスパイなどという名目で処刑された。

具体的な例を見てみると、沖縄出身の兵士が属する部隊が、首里から津嘉山《つかざん》へ移動の途中、ある沖縄人が兵隊に「兵隊さんはどこにさがる〔退却する〕んですか」と聞いたところ、その兵士からいきなり軍刀で背中から斬り捨てられた（上勢頭・四二一頁）。

大里村で家族を探して壕をのぞいてまわっていた七〇歳くらいの人がスパイとして捕まった。その人は方言しか話せず、壕の入口の木に縛り付けられ、後で銃殺された（東風平・一三五―一三六頁）。

南風原に「一九四五年五月二二日　日兵逆殺《ママ》」という碑があった。この時にすでに七三歳になっていた新垣弓太郎さん夫婦らが避難していた壕に日本軍がやってきて、追い出そうとした。彼が拒否したところ日本兵が発砲、そのため妻のタガ子さんが殺された。この碑は六一年に建てられたという（佐木隆三『証言記録沖縄住民虐殺』五四―五八頁）。

鉄血勤皇隊員だった宮城邦彦さんは、投降しようとする人を日本兵が背後から撃つのを三、四回目撃した。あるとき家族で出て行こうとした人たちに日本兵が機関銃を浴びせたことがあった（宜野湾3・二一七頁）。

保田ツルさんは、日本兵から壕を追い出されたり、食糧を渡さないと手榴弾を投げると脅されて奪われたりしながらも南部に逃げていった。米兵の呼びかけに応じて海岸から岩場を上に向かっていったが、その避難民の列に日本兵が発砲してきて女性が一人殺された（糸満下・八一一―八一三頁）。

南部で六月末、投降しようとした住民二人を「貴様は何をしているか、敵にばらす気か」と将校が叫びながら軍刀で斬り殺したこともあった（長田紀春・具志八重『閃光の中で』一三二頁）。

海に飛び込んで投降しようとする日本兵を射殺したケース（中城4・八六頁）、投降しようとふんどしで沖に向かって歩いていく日本兵三人を射殺したケース（県史10・一〇五〇頁）、海で投降しようとする朝鮮人を銃撃したケース（県史9・八八五頁）など投降する日本兵・朝鮮人軍夫を射殺した現場を見ていた人も多い。

伊江島で壕から赤ん坊を抱いて出ようとする女性に対して、二人の日本兵が銃剣で赤ん坊を刺殺し、抱いていた母親も銃剣で殴られて倒れた。その母親の手には抱いていた赤ん坊の服だけが残っていた。それを目撃していた阿波根昌鴻さんは、その赤ん坊の服を大事に保存し、現在、伊江島の「命《ぬち》どぅ宝《たから》の家」に展示されている。

投降しようとするのではなく、米軍の方向へ歩いているだけの住民を殺害したケースもある。南部の真栄里《まえざと》で母子二人があぜ道を糸満のほうへ歩いていくのが見えた。それを日本兵が「撃て、米軍の捕虜にさせるな」と言って狙撃し一人が倒れた。もう一人が助け起こそうとするのをさらに銃撃した（糸満下・二八八頁）。

あるいは米軍のビラを持っていたために殺されたケースもある。たとえば前里（真栄里か？）部落で一六歳くらいの少女が米軍の宣伝ビラを持っていたためにスパイとして捕まって拷問され殺された（『沖縄戦――痛恨の日々』一〇〇頁）。

大宜味村の元巡査だった知名定一さんは米軍に保護され、それから山に隠れている住民に下山をすすめたところ日本兵からスパイとして刺殺された（県史10・五七六頁）。

知念半島に設けられた久手堅収容所で、七月一九日事務所の倉庫になっていた新垣ヨシさんの家を日本兵が襲撃した。手榴弾を投げ込み、銃撃しながら乱入し「捕虜になって、それでも日本国民か」と食糧を奪って逃げた。死んだ者はいなかったが三人が重傷を負った（知念3・一九六―一九七頁）。北部の大宜味村渡野喜屋での虐殺はすでに紹介した（一〇四頁参照）。

壕内で日本兵が乳幼児を殺したり、あるいは親などに殺させたりした例は多い。子どもを殺せと言われて壕を出て行った人もいた。しかし米軍が迫ってきている場合、壕から出ることすら許されないこともあった。

山城《やまぐすく》の壕では、住民が避難しているところに日本軍が入り込んできた。そして食糧を供出させられた。さらにある日、子どもがいたら爆雷をかけられるからといって、日本軍が三歳以下はこちらで処理すると言った。人々はこの壕から出ようと相談したが隊長の中尉は「君たちがスパイやるから」と言って出させなかった。そして五人の子どもを注射で殺した。その中には仲門光利さんの弟と姪も含まれていた。その翌日、「住民が生きているのは君たちだけだから、アメリカに捕えられて戦車に轢《ひ》かれるよりは、われわれが処分してやろう」と言われた。つまり大人たちも殺されようとしたのである。幸いその時に米軍が壕に爆雷を投げ込んだおかげで、住民は逃げ出すことができた（県史9・九〇九頁、糸満下・七八八頁）。

第二四師団の野戦病院の看護婦だった譜久山ハルさんによると、サトイモや砂糖を病院に売りに来た二人のおじいさんを、軍医が「スパイ」だといって捕まえ、兵が殺したという（行田稔彦『生と死・いのちの証言　沖縄戦』三六七頁）。

半ば公開処刑のようなこともおこなわれていた。師範学校の鉄血勤皇隊の一員だった人の証言によると、五月はじめごろ、第三二軍の坑道口に三〇歳くらいの女性が連れてこられた。憲兵が「スパイをしたら上原トミのようになるぞ」「スパイをこれから処刑する」と言って、近くの電柱にひざまずいた姿勢で縛り付けた。「壕内にいた朝鮮人従軍慰安婦四、五人、日の丸鉢巻を締めてトミさんの前に立った。手には四〇センチの銃剣が光っている」。憲兵の「次」「次」との命令でその慰安婦たちが代わる代わる銃剣をトミさんに突き刺した。次に縄を切ってトミさんを座らせ、将校が日本刀を上段から振り下ろして首を切り落とした。そうするとそれを見ていた兵隊や鉄血勤皇隊員らが土の塊や石をトミさんに投げつけたという（玉城6・七六〇―七六一頁）。

これと同じ出来事かどうか、よくわからないが、第三二軍の高級参謀だった八原博通大佐の回想記によると、戦闘開始後間もない時に司令部勤務の女性が来て「今女スパイが捕えられ、皆に殺されています。首里郊外で懐中電灯を持って、敵に合い図していたからだそうです。軍の命令（?）で司令部将兵から女に至るまで、竹槍で一突きずつ突いています。敵愾心を旺盛にするためだそうです。高級参謀殿はどうなさいますか」と訊いたという。彼によると、スパイ事件はときどきあったが「これまで真犯人はついぞ捕えられたことはなかった」と疑問を呈している（八原博通『沖縄決戦』一八六―一八七頁）。

精神障害者や戦場で精神異常をきたした人たちも犠牲になったことはすでに紹介した。

日本軍によって死に追いやられたケース

日本軍が直接手にかけたわけではないが、日本軍によって間接的に殺されたといえるケース、言い換えると日本軍によって死に追いやられたケースも少なくない。

壕（ガマ）から追い出されたり、投降を許されないために逃げまどう中を米軍の砲爆撃で死亡した者、軍民混在で壕内に隠れている所に米軍が出て来いと呼びかけるが日本軍は投降を拒否、そのため攻撃を受けて死亡した者、軍はいず住民だけだったが捕まることへの恐怖から出て行かず攻撃され死亡した者、軍による強制退去や食糧強奪のための餓死、栄養失調死、マラリア死、などが挙げられる。米軍に保護されることを許されず追い詰められた中で起きた「集団自決」もこの中のひとつである。

これらのいくつかは直接的には米軍の攻撃による犠牲者ではあるが、日本軍の迫害行為がきっかけとなったものであり、日本軍による強制死、あるいは間接的に日本軍に殺されたケースといえるだろう。こうした犠牲者はきわめて多かったと推定される。宮古八重山諸島で飢えやマラリアによって多くの犠牲を出したケースも、日本軍の存在がそれを引き起こしたのである。

住民虐殺以外に、日本軍による住民に対する残虐行為として頻発したのは、食糧の強奪や壕からの追い出しである。

北部では米軍から食糧をもらっていた住民から、お前たちはスパイだといって脅して食糧を強奪したことが多かった（たとえば県史10・四九三頁、五六六頁）。「我々は、あんた方の為に戦っているのだから、食糧を出しなさい。あんた方は食べなくてもいい」と言って食糧を全部巻き上げていった（『北谷町民の戦時体験記録集』第一集、三三頁）。あるいは食糧を出すことを拒否すると「きさまらは国賊か。天皇の使者である軍人に協力できないというのか」と脅されて奪われたり、食糧提供を拒否して殺されたケースもあった（那覇2中6・一二九―一三一頁）。

松田貞子さんは軍属として召集され読谷飛行場で勤務し、兵隊たちと一緒に北部の山中に逃げた。山中の避難民たちは夜になると山を下りて食事を作ることを知っていた日本兵は、炊事している近くに行って空砲を撃ち、米軍が来たと思って逃げたところを松田さんらに食糧を奪ってこさせた（読谷村『平和の炎』3・五二一―三頁)。

日本軍による壕からの住民追い出しは中部から南部にかけて頻発した。

西原の壕にいた城間英吉さんは南部から来た日本軍に壕から追い出された。その時「君たちはみんな死んでもいい、兵隊は一人でも死んだらどうするか、君たちの戦争ではないか、きかなければ殺すぞ」と日本刀を抜くので、あきらめて壕を出た(県史9・四九八頁)

大城秀雄さんは南部の真壁《まかべ》村新垣の壕にいたが、日本兵が壕から出ろと言った。壕提供を拒否すると手榴弾を投げ込まれ、叔母の片足が吹き飛ばされた。そこで仕方なく壕を出た(糸満下・六四八頁)。

壕から追い出す時に住民が出て行こうとしないと暴力を振るうこともあった。真栄里の国吉真孝さんのところに隣のおばあさんが助けを求めてきた。日本兵が来て「貴様はこの壕から出ないとすぐ撃つぞ」と脅迫したというのだった。その日本兵は「〔おばあさんの〕髪を摑まえて引きずり出し」本当に撃とうとするので、彼はおばあさんを逃がしたという(県史9・八七五頁)。

殿内スミさんがいた壕では、ガマから住民を追い出そうとして日本兵が「ぐずぐずしている者は、棒で、だれかれかまわずなぐりつけました。年老いた老人をなぐったときには、なんてひどいことをするんだと情なく思いました」。彼女はその後移動した山城でまた壕追い出しにあった。「その時には『血も涙もない鬼みたいな奴だ。いままで日本兵のために尽くしたのに。住民を何だと思っているのか』と口惜しくてなりませんでした」と言っている(創価学会青年部反戦出版委員会『打ち砕かれしうるま島』二二一―二二二頁)。

翁長良義さんは南部で日本兵が「われわれ日本人が琉球土人のために犬死する必要があるか」と大声

で言って住民を壕から追い出すのを目撃した（『日本軍を告発する』七一頁）。

南部の米須《こめす》で、日本兵が銃を突き付けて「俺たちは沖縄を守りに来た。俺たちが戦死したら目的は達成されない。おまえらが壕から出て戦いなさい」と壕から追い出された南風原の人もいた（南風原『新川が語る沖縄戦』一八頁）。

壕から追い出す時に住民が持っていた食糧も奪った。米須の山城ヨシさんは、日本兵から「兵隊というものは最後まで残って戦わなければいけない、壕から出て行け、出て行って住民なんか艦砲に当れ」と言われた。さらに「鰹節とお米を少し持って出ようとしたら、これも、君たちが食べるもんではない、兵隊が食べるものだ、君たちはそのまま出て行け」と食糧を奪われた。これまで兵隊にご飯や砂糖を分け与えてきたのに裏切られた思いであったという（県史9・九三九頁）。

玉城勇さんの証言によると、玉城村のある壕では、六月になってからと見られるが、将校が来て「只今から、軍の命令を発表する、皆んなよく聞け、二時間以内に、一人残らず、この壕から、撤退せよ、さもないと殺されても責任はもてない。但し、食糧品は置いていくように」と傲慢な口調で命令し、住民たちは壕から追い出され、食糧も奪われた。その後、移った別の壕にも軍人二人が来て手榴弾を振り上げ「我が日本軍は勝ち戦をしている。もうすこしの辛抱だ、ところで、若い女はおらんか、居ったら出て来なさい」と言った。そうすると「狂った一人の寡婦が立ち上がり、私達家族を指差し」たため、毛布をかぶって隠れていた姉二人がみつかり、家族は必死になって抵抗したが一番上の姉は手首を掴まれ、そのまま壕外へ連れ去られた。そのとき姉が「『オカー、オトー』と叫んだあの声が今でも脳裏にしかとこびりついている」という（玉城6・四〇〇―四〇二頁）。

日本軍の一員であった小木曾郁男さんは、軍の壕に住民を入れないことに対して、「この島に上陸以来、私は、彼等の無類の善意と、軍隊への献身的な協力ぶりを、身にしみて感じていた。住民の示したあの厚意に、軍はこんな冷酷な仕打ちでしか返すことができないのか、私は歯がみする思いであったが、どうにもなることではなかった」と振り返っている（小木曾郁男・川邊一外『ああ沖縄』八七頁）。

日本軍の中での沖縄出身兵への差別、虐待、沖縄人に対する差別や侮辱についても人々は見聞していた。正規兵で重砲兵であった仲村春賢さんは「初年兵であるがゆえに、さらに沖縄人ということで大変こき使われた。〔中略〕飯当番を沖縄人だけがさせられたこともあり、いじわるとしか思えなかった」と振り返っている（宜野湾3・一四五頁）。

浦添の部隊についていた真喜志清子さんによると、彼女たちの壕の入口の衛兵は、沖縄の初年兵がやっていた。その初年兵は「お前たちの国じゃないか、お前たちの島じゃないか、だからしっかり見張れよ。僕たちには関係ない」と言われていたので、彼女は「悔しい思いをしました」という（浦添5・一二八頁）。

比嘉康進さんは、兵隊が防衛隊員に対して「きさまらは沖縄人で知人も大勢いるはずだから住民から食糧を取って喰え」と言って、自分たちだけで食糧を食べ、防衛隊員にはやらなかったのを見ている（那覇2中6・二〇〇頁）。

差別された沖縄出身兵が脱走することも少なくなかった。一八歳で召集されたコバシガワ・セイキチさんは、沖縄兵たちを馬鹿にした兵士と、相互に平手打ちをさせられた後、便所に行くと言って四月二三日夜に脱走し、その未明に米軍に捕まった（米軍の尋問調書より）。

四月二六日に米軍の捕虜になったトヤノ・ヒデオさんの場合、脱走した理由は明確ではないがひとつには他の日本兵から沖縄人だとしてひどく扱われたこと、食糧もあまり与えられなかったことがあった。病院で米軍から尋問されている間、泣きながら、「日本兵たちはひどい。やつらを打ち負かしてほしい」とくりかえしていたと尋問調書には書かれている。

この二人は正規兵のケースであるが、防衛召集された兵士でも本土兵からの差別や虐待への反発から脱走したケースは多い（多数の具体例は、『沖縄戦と民衆』7章参照）。

こうした日本軍による残虐行為は人々の日本軍に対する認識を大きく変えていった。「一番怖かったのは、友軍の兵隊でしたよ」（県史9・七九七頁）という意識は沖縄戦が進むほど広く共有されていった。

摩文仁で、背後から日本兵が撃ってき、泣く赤ん坊を日本兵が射殺したのを見ていた宇久照子さんは「アメリカ兵は日本兵に対してうって来るのであって、民間人と分ればうたなかったものですから無差別にうって来る友軍の兵隊の方がアメリカ兵よりも恐い存在でした」と語っている（県史10・一〇四九頁）。

本部町で、自分たちの食糧を強奪されたりした饒平名ウトさんたち（同姓同名の二人の証言）は「私たちは、戦争の直前までずっと遠くの辺名地《へなち》へ壕掘りに狩り出されたし、また茅や野菜などを供出したりして、友軍のためにあれほどつくしたのに、主人たちも従軍して頑張ったのに、あんな仕打ちを受けることは考えてもみなかった」「私たちにとっては、本当にアメリカーよりもこのような友軍のほうがはるかに恐かった」という（本部『町民の戦時体験記』二二〇―二二一頁）。

「日本軍が敗けたと聞いても、自分たちもさんざん苦しめられていたから、敗けて当たり前としか思わなかったです」（糸満下・一七五頁）という人も出ていた。

五月の末ごろ、兼城《かねぐすく》村の役場の壕に来た浦崎純さんは、中年の男女の一群が弾薬輸送班として集められている中で、一人の男が警官に食ってかかっているのを見た。その男の潮平部落で昨夜、日本軍が日本刀や銃を突きつけて住民を壕から追い出したために、逃げ場のなくなった人々が艦砲射撃によって犠牲になったという。彼は「我々がこうして、命を賭けて勝利の日まで頑張っているのに、罪のない親、兄弟を殺した兵隊にはもう協力できない」と叫んでいた。そう叫んでいた男も軍と警察の動員の前には従わざるを得なかったようだ（『消えた沖縄県』一五七頁）。

当時一一歳だった大城勇一さんは南部に逃げていた時のことについて、「当時の教育では、捕虜になることは最大の恥であったし、米軍への恐怖感もあった。しかし、呼びかけに応じて捕虜になった人もいるといううわさが流れた。私も上空からまかれる宣伝ビラを読んで、ひょっとして捕虜になっても殺されないのではないかと思っていた。家族みんなで相談した結果、時期をみて捕虜になろうと決めた。ところが、それを聞きつけたらしい日本兵がすごい形相でやってきて、『沖縄人はみんなスパイだ、お前らが捕虜に出ていくときは、後ろから手榴弾で撃ち殺してやる』と脅した。このとき私は、こいつらは一体何人の住民を殺しているのかと激しい怒りを感じた。こんな敗残兵に撃ち殺されてたまるかと、私達は投降する意思を固めた」。そして家族で米兵に投降した（南風原『照屋が語る沖縄戦』七四頁）。

沖縄戦が始まる前、日本兵に親切にしていた住民は少なくなかった。上官から何かあるとすぐに殴られ、ろくに食糧を与えられずにお腹をすかしている下級兵士を見て、兵隊にとられていた夫や父、あるいは息子のことを思い出したからである。夫を防衛隊にとられていた天願春さんは「お腹をすかしている兵隊をみるとかわいそうで、兵隊の世話をしていれば、防衛隊にいっている夫のためにもなるだろうと、豚も飼いながら毎日イモを掘ってきて、兵隊たちのまかないをやっていた」という（具志川5・四頁）。末吉敏さんは、食糧供出のために「家族すら満足には食べられない状態だったが、それでも兵隊が来たら、『自分の子供も兵隊に行っている。明日の分はどうにかなるから、分けてあげよう』と両親はいつも言っていた」と語っている（北谷『戦時体験記録』八頁）。こうした人々をも日本軍は裏切っていった。

沖縄戦そのものが「国体護持」すなわち天皇制を守るための戦いだった。軍隊は「天皇の軍隊」であり、上官の命令は天皇の命令として絶対視された。住民に対しては下級の兵士の言うことでも「天皇の命令」として強制されていった。将兵が生き延びるために住民から食糧を奪い、避難場所を奪うことも当然視されるような軍隊だった。神聖なる「天皇の軍隊」が負けるはずがなく、劣勢に追い込まれているのは、住民の中にスパイがいるからだと責任は住民に転嫁された。「沖縄の人は皆スパイだ」と将兵から言われたという証言はたくさんある（『糸満市における沖縄戦の体験記集』一三〇頁）。独立歩兵第一五大隊に徴用されていた大城政英さんの証言では、住民が次々にスパイとして疑われ、銃殺されたこともあったので「どうして沖縄人をスパイ、スパイと言って殺すのか」と訊くと「沖縄人はみんなスパイだから殺せという命令が上から出ているんだ」といわれた（浦添5・一九五頁）。護郷隊の例でいえば、山中の陣地が米軍に攻撃されると「敵の奴に、我が秘密陣地が分る筈がない。きっとスパイが案内したに違いない」（『護郷隊』五五頁）と隊員たちは憤慨していたという。

沖縄の住民がスパイをしているという話は、軍司令部や部隊本部などでも語られ、また軍が組織的に通達しており、沖縄の人々をスパイ視することは沖縄のいたるところで起きたことだった。
日本軍が不利になるとスパイのせいにするのは、沖縄戦だけのことではない。四二年にシンガポールを攻略した時にも、英軍の砲撃によって損害を受けると、近くの住民がスパイとして手引きをしていると疑い、付近の避難壕に隠れている住民を連行し虐殺したケースがいくつかある（『シンガポール華僑粛清』）。沖縄の住民がスパイをしているといううわさは本土や台湾でも流れていた。神国日本の皇軍が負けるはずがないと思い込んでいる者たちにとって、日本軍が負けるのは、内部にスパイがいるからとしか考えられなかったのかもしれない。物事を客観的に冷静に見ることができなくなった――そのような理性を麻痺させる教育訓練を徹底しておこなってきた――日本軍はその矛先を沖縄の人々に向けていったのである。沖縄戦におけるこうした残虐行為は、一部の兵士による例外的な出来事ではなく、絶対的な天皇を担ぐ「天皇の軍隊」である日本軍そのものの体質が生み出したものと言うべきだろう。

検証20

久米島での住民虐殺

久米島には、海軍通信隊（隊長・鹿山正兵曹長）約三〇名が島北部の宇江岳で通信業務にあたっていた。米軍が上陸したのは六月二六日だが、その直後から終戦後の八月二〇日にいたるまでに、計二〇人の島民が日本軍によって虐殺された。

久米島に上陸した米軍の報告書によると、米軍は上陸に先立って偵察隊を一三日夜中に上陸させ、情報をとるために三人を捕まえた。一人は抵抗したので射殺して海に捨て、二人を沖合いの駆逐艦に連行した。その一人は方言を話すのでうまく尋問ができず、一六歳の少年から、島の情報を得た。少年は、兵曹長に率いられた五〇人くらいの日本兵が山にいること、島民は、米軍が上陸してくれば降伏するつもりだと米軍の尋問に答えた。他にも島民一人を捕まえて情報をとっていた。

また本島で捕虜になり、米軍に対して上陸に先立つ艦砲射撃をやめるように頼んで、一緒に島に戻ってきた仲村渠《なかんだかり》明勇さんもいた。

米軍はこうした情報から、日本軍が上陸に対して攻撃をかけてくる可能性は少ないと判断し、予定より小規模の部隊で上陸作戦を実施することに決定した。こうして二六日第七海兵連隊A中隊など九〇〇名あまりが抵抗をうけることなく上陸した。その少年や仲村渠さんは、無意味な戦闘を避けさせて島の人々を救ったのだった。

かれらが連行されたことは日本軍にも連絡され、かれらが戻ってくればただちに報告連行するように区長らに命令していた。米軍は上陸とともに少年らを家に帰したが、すぐに日本軍に出頭しなかった。そのため二九日、区長と警防班長、少年とその両親、少年と一緒に連行された成年男性の家族、計九名が日本軍に銃剣で刺殺されたうえ、家に火をつけて焼きはらわれた。

その前に、上陸した米軍に捕まり、山中の日本軍に降伏勧告状を届けさせられた郵便局員もスパイとして銃殺された。

仲村渠さんは、島に残っていた妻と一歳の子どもと再会したが、この一家三人は八月一八日に日本軍によって虐殺された。さらに朝鮮人男性と沖縄女性の夫婦と五人の子どもたち（一〇歳から下）全員も八月二〇日に虐殺された。夫婦は日用雑貨の行商をしており、米軍との関係を疑われたようである。

米軍の資料では、日本軍が住民を「脅迫」して食糧を集めていること、幾人かの島民に対して「脅迫」、その他暴力的な活動を試みている証拠がいくつかあると記している（七月一六日付）。この「脅迫」と訳した言葉の原文は terrorize・terrorization であり、言い換えると、日本軍がテロをおこなっているということである。日本軍は、米軍上陸前に敵の宣伝ビラを「拾得私有し居る者は敵側（スパイ）と見做し銃殺す」という命令を警防団長に出しており、まさにテロによる恐怖政治をおこなっていた。

久米島の具志川村農業会長だった吉浜智改さんの日記があるが、彼は日本軍の横暴な物資徴発に抵抗しただけでなく、米軍への「無抵抗を主張」したため、日本軍に狙われて、逃げ隠れしなければならなくなった。その日記では、鹿山兵曹長を「鬼畜の如き」と厳しく非難している。

久米島の日本軍は通信隊であったので、八月一五日の敗戦も知っていながら、敗戦後にこうした残虐行為をくりかえしていた。さらにこの鹿山兵曹長は、九月七日降伏式をおこない、生還したのである。

▼米軍の報告書については、『沖縄タイムス』二〇〇三年五月一二日、久米島事件については、大田昌秀『総史沖縄戦』一九〇―一九八頁を参照。

3　戦場の人々——生きることを選んだ人々

沖縄戦の中で多くの沖縄の人々が亡くなっているが、決して自ら死を選んだわけではない。むしろ生きようとして努力しながらも戦場で亡くなった。と同時にその中で米軍の呼びかけに応じて投降して助かった人々も少なくない。人々は何を考え、どのように行動したのだろうか。

米軍上陸地点の読谷村渡具知《とぐち》のウガン山東のガマでは、四月一日に米兵が来て「デテコイ」というので、ハワイ帰りの比嘉蒲さんが「ヘルプミー」と言って外に出た。その比嘉さんは、その後通訳として避難民の保護にあたったという（読谷上・二〇九頁）。

同じ読谷村の古堅《ふるけん》では、比謝川《ひじゃがわ》沿いのガマに避難していたが、ハワイ帰りの二人（六三歳と五五歳）が英語ができたので、米軍に助けを求めて保護された。その後、その二人は米軍のパスをもって住民に投降を呼びかけた（読谷上・二二六頁）。

読谷村喜名《きな》の住民たちと一緒にナガサクの壕に避難していた新垣正市さんの話では、米兵がガマの外に来たとき、自決したほうがいいという声があがったが、新垣さんは、「私は死にませんよ。八幡製鉄所でアメリカ兵たちと仕事をしていたから、死なないでください」と説得して、四月三日に投降した。彼は、八幡製鉄所で働いたことがあり、そこで米兵捕虜と一緒に寮生活をし、米兵とも親しくなり「アメリカ人も同じ人間だということのほうが実感だった」という（読谷下・五一五頁）。投降したところ、日系二世の通訳兵が母の知り合いだったことがわかったという。

このガマについては、別の人の証言では、すでに米軍に捕まっていた同じ字のおじいが「皆出てきなさい、降参しましょう、詫びしましょう」「一等国民にはかないませんよー、さあー、降参しましょう」と呼びかけたという。中にはスパイと騒ぐ人たちもいたが、投降した（読谷下・四九六頁）。四月二日のことという。

一〇〇〇人が集団投降して助かったシムクガマのことはすでに紹介した（八〇頁参照）。中部東海岸の具志川のアラフチガマには多くの住民が避難していた。そこに四月早々、三名の米兵が泳いでくるのが見えた。青年たちはその米兵を殺そうと相談するが、ハワイ帰りのおじいさんが、「あんたたちは何を話しているか、敵は三名じゃないよ、うしろには何十人といるんだよ」と言ってやめさせ、「私がアメリカーたちと話をするからあんたたちは待っておきなさい」と一人で外へ出て米兵と話をした。そのおじいさんが、「アメリカーに私たちを殺すのかと英語で聞いたら、アメリカーは殺すことはしない、食べ物も着物もあるから」と言って、みんなを説得してガマを出た（具志川5・一九六頁、二二九頁）。具志川の他のガマでも、ハワイ帰りのおじいさんが手をあげて出て行って米兵と話をし、ガマの中から住民を出して助かった。そのおじいさんは通訳をして、他のガマに隠れている住民も助け出した（具志川5・一七六頁）。

金武のトッピナの壕で米軍の二世兵士が呼びかけたので、おじいさんたちが「どうせ、年だから殺されてもいいさ」といって先に出た。ただ部落まで歩いたが、またガマに戻ってしまったので、英語ができるハワイ帰りのおじいさんが「もう戦争に負けているんだから、逃げないで捕虜になったほうがいい」と一生懸命に説得し部落に戻ったという。それは四月はじめのことだった。捕虜になると「友軍に殺されるはずよ」と言われていたこともあった（金武2・一一〇―一一一頁）。

人々が収容所に収容されはじめたころ、「日本が勝ったら、収容所にいる者は全員処刑になる」といううわさが流れ、収容所を抜け出して山へ逃げ戻った人たちもいた（金武2・一四九頁）。事実、収容されてから日本軍に殺された人もいたので、こうした日本軍の姿勢が住民の犠牲を大きくしたといえる。

玉城村のある家族は、父が防衛隊に召集されていたが、その父が召集で出て行くときに、「この戦争に勝ち目はないので、近くまで米兵が攻めてきても絶対に壕から逃げないこと。たとえ捕えられても、決して米兵は殺すことをしないから」と言って出て行った。父は六月はじめに部隊で糧秣運搬を命じられた際、「隊員を解散させて家族の元に帰し、自らも家族を一目見てから帰隊しようとして、私たちの壕に立ち寄った」。そして父が隊に帰ろうとするのを祖父が引き止めたので父はとどまった。言うならば戦線離脱である。そして米兵が来たとき、祖父が先頭になって出て、また父は片言の英語で「自分は学校の先生であり、兵隊ではない」と言ったという（玉城6・七七五―七七六頁）。

玉城村のカーントーガマに隠れていた人々は、隣の壕の当山伊三郎さんから「外には出るな。戦争は兵隊がやるのでお前達はここにいておれ」と言われたので、そのままとどまっていた。そうすると、ペルー帰りでスペイン語ができた当山さんが通訳で米兵と一緒に来て、「皆ここから出なさい、米兵は殺さないから」と呼びかけたので壕を出た（玉城6・四六二頁）。

農林学校の生徒だった中城村の新垣秀雄さんの小学校の同級生はハワイ帰りだったが、スパイと疑われるので、ハワイ帰りであることを隠していた。村の後ろの山の岩陰に避難していたとき、その母もハワイ帰りだったので、みんなから「ここにいる人は皆民間の住民で、軍人ではないから攻撃しないでくれ」と米軍に話をしてきてほしいと頼まれ、米軍のところに行き、助かった。新垣さんの一族は墓に避難していたところ、四月二日ごろ米兵が来た。父が祖父に「一番の年寄りだから、外に出て米兵におじぎをしてごらんなさい。どうなるかわからないけれど、年寄りには何もしないかも知れないから」と言うと、祖父は「先に撃たれるなら年寄りの自分からでよい」と外に出て、手を合わせた。こうして一族は出て助かった（新垣秀雄『ヌチドタカラ』四一—四四頁）。

日本軍がいないので早期に米軍支配下に入った地域では、米軍に保護された人たちの中から、米軍は住民を捕まえても残虐なことはしないとわかり、まだ隠れている住民に出てくるように呼びかける役割を引き受けた人も少なくない。

ガマに避難していたとき、人々に投降しようと呼びかけた人はどういう人だったのか。多かったのがハワイやアメリカ、あるいは南米からの移民帰りである。八幡製鉄所で米兵捕虜と知り合いだったという人もいるが、共通しているのは普通のアメリカ人と個人的に接触していることである。そういう体験があれば、残忍な「鬼畜」という宣伝を鵜呑みにはしない。またアメリカ社会を知っていると、あれほど豊かな国と戦争しても負ける、これは無謀な戦争だと思っている人もいた。日本軍や政府による宣伝を鵜呑みにせず、相対化して見ることができたことが重要である。

他にクリスチャンがそうだったケースもある。中城村島袋の村会議員だった喜納昌盛さんは、アメリカは紳士の国だから住民を殺さないと人々を説得し、区長と一緒に先頭に立って投降した（県史9・一三七—一四〇頁）。彼は北部への疎開に反対し、区民たちは字にとどまり、四月三日には投降して保護された。島袋には民間人の収容所が設けられるが、ここでは六月一八日に島袋教会ができ、日曜礼拝がおこなわれるようになった。沖縄の戦後最初の教会といわれている。

中国戦線などで従軍経験のある者でも、その中には、何も抵抗しない民間人には危害を加えないはずだと考えた人たちもいた。北谷のカーラバターの壕で、米兵が来たときに竹槍を持とうとした者に対して「大変だよ、竹ヤリなんか持っていたら、全員撃ち殺される。絶対に持つな」と止め、壕から出て保護されている（北谷『戦時体験記録』八六頁）。

与那覇吉秋さんは、読谷のシムクガマにいたが、ガマの入口のほうから「武器になる物を持って外に出よう」と伝えられてきたとき、中国帰りだった父は「刃物などは置いて行ったほうがよい。すでに上陸しているのだから、無駄な抵抗はやめておとなしく出ていこう。向こうの言うことを聞こう」とガマの奥から入口に向かって伝えていった（読谷下・七六二頁）。先述のようにこのガマではハワイ帰りの人が米軍と交渉して住民をみんな外に出して助かっているが、他にもこういう人たちの冷静な判断と行動があったことがわかる。

具志川の知念宗光さんは、中国に五年間従軍して戻り、警防団長をしていた。公民館の広場で竹槍訓練もした。しかし米軍が上陸するとわかってから、日本軍から渡されていた鉄砲と手榴弾二個、弾一八〇発、竹槍一〇〇本など全部を川に投げ込んだ。そして家族らでナガヒジの壕に避難した。そこには八〇人ほどの住民がいたが、米兵の呼びかけに彼が「最初に手をあげて出ていった」。「避難民を殺すことはしないと思っていた」からである。その後は米兵と一緒に隠れている人に投降を呼びかけてまわった（具志川5・二五八頁）。

それまで兵士として従軍経験のある人の場合、中国人などにおこなった残虐行為から米軍にも同じようにされると考えた者が多かったが、他方で、まったく無抵抗の住民はむやみには殺さないと考えた者もいた。その元兵士のいた部隊が中国などでどういうふるまいをしていたのか、あるいは見聞したのか、という体験の違いが反映しているのだろうか。

北谷では、ガマの外から米兵が「カマーン、カマーン」と呼ぶので、自分が呼ばれていると勘違いした「カマ」さんが出て行ったところ、米兵が「オーケー、オーケー」というので、「ウケーメー（粥）」と言っていると思い、米兵に捕まったケースがある。「カマーン」というのは言うまでもなく「出て来い come on」のことである（上勢頭・四二八頁）。

老人たちが人々を救ったケースも少なくない。普天間国民学校教師だった安和芳子さんの証言によると、日本兵が手榴弾を二個もってきて、彼女と長男の嫁に敵が来たら自決するように使い方を教えてくれた。しかし、七七歳の祖父に「ご先祖様にすがって命を守っていただくようにするんであって、こんな物はすぐに遠くへ捨ててきなさい」と怒られた。その後、米兵が出て来いと呼びかけたのに対して、年寄りから出て助かった（浦添5・一六二―一六三頁）。

自決しようとするのをおしとどめ、自分たち年寄りは死んでもかまわないと先頭になってガマを出て行き、そのおかげで人々が助かったケースがある。年配者の場合、学校教育をほとんど受けていなかった人も多いので、逆に日本軍や学校の宣伝が浸透していなかった。

こうした例とは逆に、小さな子どもが人々を救ったケースもある。摩文仁村米須のカミントゥガマは「集団自決」によって二二家族五八人が亡くなったガマだが、大屋キミさんの家族は、自決の覚悟をした時、兄の長女が「お父さん、生きた方がいいよ」としきりに言うので考え直して、外に出て助かった。「米軍の捕虜になったら男は戦車に引かれ、女は慰み者にされると友軍から教えられていました。が、何されるか分らないけれど、とにかく出てみることにしたのです。その子はまだ学校に行っていませんでしたが、この幼な子に私たちは助けられたわけです」と語っている（石原ゼミナール・戦争体験記録研究会『大学生の沖縄戦記録』二〇二—二〇四頁、米須・四六七—四七〇頁、糸満下・八七三頁、沖縄タイムス社『挑まれる沖縄戦』三一二—三一六頁）。皇民化教育を受ける前の子どもの言葉によって、自決を思いとどまった例は他にもいくつもある。

他にも冷静に状況を判断し、人々を救った人も決して少なくなかった。

読谷村の上原進助さんと豊子さんの兄妹の場合、父が兵隊にとられた時「この戦は負けるから、私も、隙があったら逃げてくるからね。子供達を、一分でもいいから、長く生かしておいてくれよ」と母に言いつけていた。母はその言葉を思い出し、米兵が来た時「出よう」と言って助かった。ただその父は戦死して戻ってこなかったため、どうしてそのように考えるようになったのかはわからないが、賢明な判断だった（読谷上・四八〇—四八三頁）。

翁長維行さんの父は、一万坪のサトウキビ畑をもっていたというが、日本軍が漢口を陥落させたのでお祝いをしている時、父はそれには出ずに畑仕事にでかけた。なぜかというと「人の命と代えてお祝いはできないだろう。あんた、本当に自分の子どもを向こうにやって死んだ場合、向こうが陥落したからといってお祝いできるか」と言ったという。父は「人の命ほど尊いものはない、大臣の命も大将の命も、天皇の命もみな同じだ、命には変りはないといつもいっていました。人の命より尊いものはないから戦争は絶対やってはいけないといって、また、アメリカと日本とでは物量が違うから、この戦争は絶対にかなわないともいっていました。昔は精神だけで戦争はできたかもしれないが、これからの戦争はそうはいかないと。もう飛行機の世の中だから、飛行機を多く生産するところにはかなわない。日本がひとつ造れば、アメリカは一〇〇〇は造るよ」、「戦争をしないということも、忠義だ」と言っていたという

(具志川5・三九七—三九八頁)。こういう人もいたことがわかる。

また多くの人は、米軍に捕まると残忍な扱いを受けて殺されるという日本軍や政府の宣伝に脅えていたが、自決する決断もできないまま捕まったケース、どうせ死ぬなら真っ暗なガマの中ではなく、太陽の下で死んだほうがましだと考えてガマから出て助かったケースも少なくない。

読谷村の比嘉シズさんの場合、「アメリカーにいたずらされるより、死んだほうがいい」と言うと、義姉が「出て行けば、どうにかなる。ティーダウガリカラ(太陽を見てから)死んでもいいじゃないか。早く子供をおんぶして」と言ったので、外に出て助かった(読谷上・四八六頁)。

伊波正保さんは、六月一九日米兵からのデテコイという呼びかけに「出て行っても殺されると思っていたんですが、死ぬなら皆一緒にと思って白い布を棒につけて出ていき」、助かった(『大学生の沖縄戦記録』四六—四七頁)。

壕追い出しを何度も経験し南部に逃げてきた知花静さんは「敗け戦ということは誰の目にも明らかであった。そんな時、怖いと思ったのは友軍のほうであった。やけくそになった兵隊は誰かまわず発砲したり、住民を壕から追い出して食糧を盗ったりした。妹のトシも友軍の機銃で腰をやられた。〔中略〕私たちは、このアダンの葉の下に隠れていても死ぬ程おそろしいめにあうし、あの船の中で射殺されるか、海に投げこまれるか知らないが、同じ死ぬのなら出て行って殺されよう、これも自分の運命だと考え、降参旗を持って、金城のおばあさんと一緒にアダンのしげみから出て行った」という(宜野湾3・四〇—四一頁)。

平安名常安さんは、家族で南部へ逃げたが食糧もなくなり「このような状態が続けば死を見るのは明らかであった。どうせ死ぬなら捕虜になろう。いくらなんでも女、子どもは殺しはしないだろうと思った。私は男だし若かったので、殺されることは覚悟していた。だが、最悪の場合でも女、子どもだけは何としても助けたいと思った」という（宜野湾3・一七四頁）。

このように、米軍に殺されることを覚悟して出て行って助かったケースがたくさんあったと思われる。ただこうした場合でも、もしかすると米軍は殺さないかもしれないという期待がなかったとは言えないだろう。少しでも生きる望みがあるほうに賭けたことが正解だったのである。

また沖縄戦が進んでいく中で、米軍は捕まえた住民を殺さない、むしろ食糧をもらい保護されているという情報が伝わってきた。日本軍は、かれらはスパイだとし、捕まえれば処刑すると脅したため、収容所に収容されながらも日本軍に殺されるのを恐れて、また山に逃げる人たちもいた。しかし、そうした米軍の情報が伝えられると、米軍上陸当初に慶良間や本島中部でいくつか見られたような「集団自決」は起こらなくなった。日本軍や政府の宣伝が脳裏に叩き込まれてはいたが、もしかすると助かるかもしれないという望みが、米軍に投降するという選択をおこなう大きな要因となった。

同時に、沖縄戦の中で、軍による住民迫害がくりかえされ、住民の日本軍に対する信頼が崩壊しつつあった。そのことも日本軍への不信を募らせ、米軍に保護されることへの拒絶感を減らしていった。

死の強制に抗した日本兵

次に日本兵の行動について見てみよう。

日本軍の将兵による沖縄の住民に対するさまざまな残虐行為や迫害、差別についてはすでに紹介した。

日本軍の姿勢は、住民を利用できるだけ利用するが、その生命と安全は無視し、米軍に保護されるよりは死を強制するというものだった。日本軍内部においても、同じように将兵たちは捕虜になることが許されず死を強制された。しかし一人ひとりの将兵がすべてそうだったというわけではない。

玉城村の山入端宏正さんは喜屋武岬まで逃げてきた時、ある少尉が民間人に乾麺包《かんめんぽう》（乾パンのこと）と水を与え、「君達民間人は手を上げて、出て行きなさい」と言ったので、彼ら五人は捕虜になることにした。六月二四日ごろのことだった。ただ七人ほどの兵隊は手榴弾で自決してしまった（玉城6・三一三―三一四頁）。

具志川の徳田初子さんは、ある兵隊から「内緒だけど、沖縄にきたら最後です、どこにもいくところがない、もうこっちで最後」、「この戦争でもし米軍が上陸したときには、私たちがここから出て、あっちこっちの壕にいくことになる。住民は兵隊が助けてくれると思っているはずだが、そうではない。敵と戦うから防空壕に入った民間人を出してでも戦わないといけない。これだけは覚えておきなさい。兵隊についてくるな、ついてきたら命を捨てることになる」と言われたという（具志川5・九二頁）。

中城村出身でアメリカにわたり、米軍の通訳として沖縄に来た比嘉太郎さんの証言によると、軍人と民間人がいたある壕に入って中尉を説得した。その中尉は「わたしは覚悟しておりますが、この人たちの生命は確かに保障してくれますか」というので保障することを約束し、自決しようとする中尉を説得してそこにいた軍人五人も一緒にガマから出したことがあるという（比嘉太郎『ある二世の轍』三二八―三三三頁）。

南部で、家族で自決しようとしていると、壕の奥にいた日本兵に「あんたたち、アメリカ兵は決して住民を殺すことはしないから、安心して出て行きなさい」と手榴弾や銃を取り上げられ、壕を出て助かったという証言（『糸満市における沖縄戦の体験記集』七七頁）、日本兵に「おばさん、民間人は死なさないから、もう出るほうがいいですよ」とすすめられたこと（中城4・三一七頁）、兵から、避難民だけでも助かりなさいと投降をすすめられたこと（県史9・九〇五頁）、日本兵から、あなたは大勢の子どもを連れているので手を上げて出なさいとすすめられたので投降して助かった例（県史9・六八一頁）など、住民に対して投降するようにすすめた日本兵の話は少なくない。

投降する日本兵（米軍撮影，沖縄県公文書館提供）

特設警備第二二三中隊に女子看護班として入っていた翁長安子さん（一高女二年）の場合、南部で六月二一日に解散になった時、永岡隊長は「君たちは死んではいけないよ。捕虜になって、君たちは生きて、将来、次の日本を背負わないといけないから、死んではいけないよ。はずかしめを受けるとかいろいろ言われているが、自分は同じ宗教を歩む者として、（キリスト教徒の米兵が）絶対そういう強姦などということはありえないから、捕虜になってもいいんだよ。〔中略〕私は軍人だし、部下をたくさん死なせたから責任をとらないといけない。だが、君たちは、若いし生き延びて将来の日本をつくってくれ」と諭した。中隊長の永岡大尉は、職業軍人ではなく一中の教師でもあり安国寺の住職でもあったので、捕虜になっても生きよと言ったのかもしれないが、まもなく外から米兵が「出て来い」と呼びかけたので、彼女たちは壕を出て助かった。ただ永岡隊長は自決したようだ（石原昌家『証言・沖縄戦』一〇二頁）。

ひめゆり学徒隊に参加していた石垣節さん（師範本科一年）は九人で逃げているとき、持っていた二つの手榴弾で死のうかと話をしていると、それを聞いていた兵士が「学生さん。滅私奉公の時代は過ぎたんだよ。貴方なんかが死んだら、この沖縄どうなるか」「自分らは兵隊だが、手榴弾もないんだ。女学生がこんなのを持つのはよくないよ。乾パンがあるから、手榴弾と交換してくれないか」と言って、手榴弾を取り上げてから「投降しなさい」とすすめた。彼女たちは「そんなこと出来ません」と頑張ったが結局、投降することにした（『公式ガイドブック　ひめゆり平和祈念資料館』一二六―一二七頁、石垣『市民の戦時・戦後体験記録』第三集、七八頁）。

沖縄出身の防衛隊員が、本土出身の将兵から、逃げて生き延びるように言われたケースがいくつもある。たとえば、玉城の海上挺進隊の合羽兵長は五月三〇日ごろ南部に下がるとき、防衛隊員に「もう玉砕だから、あなた方沖縄の人は生き残りなさい」と言ったという（知念3・二二八頁）。

歩兵第八九連隊小泉中隊に防衛隊員として配属されていた永田三郎さんは、五月末に与座岳に撤退、そこで斬り込み命令を受けるが、相沢班長は命令を無視して防衛隊員七人に「家族と面会して来い」と言って逃がしてくれた（琉球新報社『証言沖縄戦』二一九―二二二頁）。

慶良間では朝鮮人軍夫への差別迫害がなされたが、その一方、慶留間島の水上勤務隊小隊長永田少尉は、朝鮮人軍夫に対して、われわれは死ぬが、朝鮮人は米軍に捕まったら「ノー、ジャパニーズ、コリアン」と叫べと言ったという(海野福寿・権丙卓『恨』一九四頁)。また座間味島の安藤伍長は、自分たちは死んでしまうが、「半島の人たちは米軍に捕まったら『アイ、コリア』と言えば助けてくれるだろう」と言ったという(同二〇三頁)。

日本軍の将兵の中には、追い詰められた土壇場において、自分は死ぬしかないが、沖縄の民間人や防衛隊員、朝鮮人までも道連れにするのは忍びなく思い、彼らには捕虜になっても生き延びるように諭した者も少なくない。そのことによって生きることができた人々もいた。

投降を呼びかける日本兵捕虜（沖縄県公文書館提供）

城間期一さんは一中の生徒だったが、召集され、そこで金本上等兵と出会う。金本上等兵が朝鮮人として他の兵隊から差別されるのを見て、「日本人の醜さを見せられた思いがした」。また軍による住民の壕からの追い出しを何回か見た。南部で金本と二人になったとき、金本は「俺たちはもう十分過ぎる程お国のために戦ってきたんだ。戦争はもう終わったんだ。命を粗末にするのではない。死ぬなんて考えるな。さあ手榴弾をよこせ」と手榴弾を取り上げた。金本は「俺は今日限り日本人であることをやめる」と言って、翌朝、二人は民間人の服に着替えたところを米兵に取り囲まれて捕虜になって助かった(西原・三二七―三三二頁)。正規兵として召集されていた朝鮮人が、最後の最後に日本人であることをやめ、生きることを選択したのである。

ただしこうした言動を日本軍の将兵が公然とおこなえたわけではない。その状況を見ると、一部の人にこっそりと話したか、あるいは最終盤の南部で日本軍組織が解体してバラバラになった状況のもとで将兵たちが一人の人間としてふるまえるようになった時に、しかも自らは死を覚悟した状況の中で、話されたことである。日本軍の軍紀が維持され、組織が機能している状況下では、こういうことを話した将兵はスパイ、非国民として処刑されてしまう。日本軍が組織として機能している時には、住民たちが外からの米軍の呼びかけに応じて出て行くことも許されず、出て行こうとすると日本軍に殺された。

つまり日本軍という組織は、そうした人間としての良心や冷静な判断を抑圧し、将兵や住民の犠牲のうえに戦争を遂行しようとしていた組織だった。その組織が解体してはじめて、将兵や住民たちは自分の考えに基づいて行動できるようになったのである。

したがって、こうした良心的な日本軍将兵がいたことをもって日本軍はよいことをしたと評価することは間違いであり、そうした良心を抑圧していた日本軍こそが徹底して批判されなければならない。もちろん日本軍の中には、人間的にもひどい将兵が多かったことも否定できないが、将兵の人権や人間性を抑圧し、その非人間性を促進増長させたのが日本軍の体質でもあった。

沖縄戦の中で、ぎりぎりのところで、日本軍の組織的抑圧から逃れ、自らの頭で考え行動し、生き延びようとした人々が次々と生まれていった。日本国家は軍も行政も、住民を守ってくれるどころかただ利用して犠牲にするだけでしかなく、自らとその家族の命は自らが守るしかなかった。こうした体験を経た沖縄の人々は、お上の言うことにそのまま従うような民衆ではなくなっていったのである。戦後の米軍の圧制に抗して、自らの尊厳を取り戻そうとする運動の主体が、沖縄戦の経験を通じて育まれていったのである。

検証21

移民と沖縄

沖縄からの海外移民は、一八九九年に二七人がハワイに向かったのが始まりである。その後、太平洋戦争が始まるまで移民は継続した。一九四〇年時点での海外在留者数は、広島県七万二四八四人、熊本県六万五三七八人、次いで沖縄県出身者が五万七二八三人と第三位だが、現住人口比では、沖縄は九・九七パーセントと第一位であり、熊本四・七八パーセント、広島三・八八パーセントを大きく引き離していた。主な移民先は、ブラジル、ハワイ、ペルー、フィリピン、アルゼンチンなどとなっている。

移民先から郷里への送金額は一九三〇年代中ごろには毎年二〇〇万円台にのぼり、三三年の数字では、一人あたりの送金額の平均は約一〇〇円、帰国する際に持ってきた場合は一人当たり約一〇〇〇円にのぼる。この年の送金総額二〇八万円は、県の歳入総額五四九万円の三八パーセントに相当する。また全農家の一戸あたりの年額粗収入が三〇〇円内外にすぎず、比較的めぐまれていた町村役場の書記の年収が四百数十円（一九四〇年）だったことを考えると、決して少なくない（安仁屋政昭「移民政策」『沖縄戦

研究I』一一四頁、県史7・二八―三二頁参照)。

移民に行った人すべてが成功したわけではないが、移民先で失敗すれば帰ってくることさえもできなくなるので、移民から帰ってくる人にはそれなりに成功したケースが多いと見られる。だから戻ってきてから土地を買い家を建てた人も多いし、村役場に勤めた人も少なくない。移民先でさまざまな知識も得て、帰ってきてから地域で指導者になっていくケースも見られる。

彼らは移民先でアメリカ人やアメリカ社会を知っていることが多く、この戦争は負けると予測したり、アメリカ人は宣伝されているような鬼畜ではないことも知っており、近親者にはそう言っていた。そのため移民帰りは、警察や軍隊からはアメリカのスパイとして危険視されることになった。すでに紹介したように、移民帰りの人はすでに太平洋戦争が始まってから警察に要注意人物としてマークされていたが、さらに日本軍からも取り締まりの対象にされた。

沖縄戦の中でガマなど住民が隠れている所に米軍が来た時、英語やスペイン語で米兵と話をして住民を助けてくれるように交渉し、また住民に外に出るように説得した者の中には移民帰りが多かった。外国社会やそこの人々を知っていること、あるいは外国語を理解できること、そうしたことが、国内向けの軍や政府の宣伝の嘘を見抜き、人々の生命を救ったのである。このことは異なった文化を知ることの大切さを考えさせてくれる。

沖縄からの移民は、戦後も続いた。米軍基地の建設によって土地を奪われた人々がたくさんおり、生活していけなくなったからだ。それは一九七二年に日本に復帰するころまで続いた。今日では海外に在住している沖縄系の人々(二世、三世などを含む)は約三四万人と推定され、ブラジル、アメリカ、ペルー、アルゼンチンの順に多い。沖縄の市町村の歴史編纂においても「移民編」が次々に刊行されており、その苦難の体験が記録されるようになってきている。

検証22

防衛隊

沖縄では一般に「防衛隊」「防衛隊員」と言われているが、これは正式の名称ではない。陸軍の場合、陸軍防衛召集規則に従って軍人として召集された人たちをこのように呼んでいるだけで、通常の部隊に配属されたのであり、そのような隊があるわけではない。ただ中には、特設警備中隊や特設警備工兵隊のようにほとんどが防衛召集者から成り立っている部隊もあった。

沖縄での防衛召集は四四年からおこなわれているが、徹底した大規模な召集は、四五年三月上旬である。戦後になって琉球政府社会局援護課調査係がまとめた「防衛召集概況一覧表」という資料がある。この一覧表の数字はきわめて不十分な資料でしかないが、この資料を手がかりにして見てみよう。沖縄本島と渡嘉敷・座間味において防衛召集された者の総計は二万二二二二名となっているが、三月六日付の召集者だけで一万四〇〇〇人前後にのぼっており、この時の防衛召集の多さが特徴的である。

この数字には宮古八重山や奄美の防衛召集、四四年一〇月以前のもの、海軍の防衛召集などが含まれていないので、二万二〇〇〇人という数字は少なすぎるように思われる。

なお海軍は四四年四月二一日に海軍在郷軍人の防衛召集規則を制定しており、それに基づいて防衛召集をおこなったようである。その人数は数千人規模と思われるがよくわからない。ただ与えられた役割は、陸軍の防衛隊と同じようなものだった。

防衛召集の対象は、一七歳から四五歳までの男子であるが、実際には軍から要求された人数をそろえるために一三歳ぐらいから六〇歳ぐらいまで召集され、病人も例外ではなかった。肩の骨を折っていながら召集され、竹槍訓練もさせられた例すらあった。すでに一九歳以上の青年は現役兵として召集されていたので、一七〜一八歳の青年と三〇代・四〇代ばかりであった。その職業も議員、教師、公務員、新聞記者、酒屋や食堂などの店主や店員、大工、農民、漁夫などさまざまな職業が集まっており、銃を持ったことがないだけでなく、軍事訓練を受けたことがない者も多かった。

軍服も与えられた者と与えられなかった者がいたし、小銃は一部にしか渡されなかった。雨の時には雨具がないので、「みのかさ」を付けて作業したことから「みのかさ部隊」と呼ばれることもあった(石垣正二『みのかさ部隊戦記』四〇頁)。

防衛隊員にまず与えられた任務は、労務者としての作業だった。まさに苦力《クーリー》部隊であった。連日、飛行場建設や陣地建設などの土木作業に従事した。

沖縄戦が始まると、防衛隊の活動範囲は一挙に広がった。前線への弾薬や物資の運搬、食糧の徴発、炊事と食糧の前線への運搬、水汲み、負傷兵の後送や死体の処理、さらには地雷埋めや砲弾詰め、伝令などさまざまな仕事が与えられた。地元出身の防衛隊員は地の利に明るいということで、日本軍の夜間斬り込みの案内役にもさせられた。

壕から海岸へレールを敷いて、夜になるとそこから特攻艇を海に引っ張りだして出撃させ、艇が帰ってくると急いで壕に上げる、という仕事を与えられた者たちもいた。

戦闘要員でなくてもこれらの任務はきわめて危険なもので、しばしば米軍の砲爆撃の犠牲になった。たとえば、炊事や水汲み、食糧の運搬といっても砲火の中でおこなわなければならず、壕内に隠れている日本兵のために自らの身を危険にさらす作業であった。

さらに戦況が逼迫《ひっぱく》してくると、爆雷を抱えての戦車への特攻攻撃や夜襲にも駆りだされた。

防衛隊員で生き残った人たちの証言記録を見て目をひくのは、いわゆる戦線離脱（軍からの脱走）がきわめて多く、また上官の命令の拒否や本土出身の正規兵への反抗なども見られることである。また自らすすんで米軍に投降したケースも多かった。

もちろん今日われわれが証言を聞くことができるのは生き延びることができた人たちだけなので、脱走したような人の比率が実際よりもかなり高くなるのは十分に予測できる。だが学徒隊の生存者の場合にはこうした事例がほとんど見られないことをみても、学徒隊とは違う防衛隊の特徴といってよい。

少なくない防衛隊員たちが脱走したことの理由としては、第一に日本軍による沖縄県民（防衛隊員や沖縄出身兵、一般住民など）への差別や横暴に対する反発である。軍の中で差別迫害を受け、こんな日本兵たちとはとても一緒に死ねないと考えた。第二の理由は、家族（妻子）への心配である。年齢的に見ても家族持ちが多かった。第三に戦争の行方についての冷静な認識、米軍（兵士）に対する理解、が挙げられる。その背景にある体験としてひとつは、兵士としての中国戦線の経験である。「中国での戦争と比べて、日米両軍の弾の撃ち具合から全く相手にできない戦闘だと判断」（浦添5・四九頁）した人の例など、中国での戦闘経験から負け戦であることを理解した者たちがいた（福地曠昭『防衛隊』七六頁、一一七頁、参照）。もうひとつは、移民経験である。また社会経験も積んで、社会の建て前と本音、建て前の裏にある嘘もわかるようになっていた。かれらは建て前を純粋に信じ込んでいた一〇代の青年たちとはかなり違っていた。第四に、防衛隊員の中には、自分たちは軍人ではないという意識があった。通常の軍隊への召集は赤紙によるが、防衛召集は青紙でなされており、また軍事訓練を受けた経験もない者も多く、軍人という意識が希薄な者が多かった。

米軍の報告書によると、防衛隊には約二万人が召集され、うち戦死傷者は約五〇パーセント、脱走者は二〇パーセントと見積もっている。二割が脱走したというのは、実態からそれほど外れていないように思われる。

沖縄出身兵たち、とくに三〇代、四〇代の防衛隊員たちが日本軍の上官たちからよく言われていたことは、もし脱走すれば家族を皆殺しにするという脅しだった。お国のために命を捧げることは名誉なことだというようなものでは抑えがきかなかった。敗北を前にしていた日本軍が、その組織を維持するためにはそうした脅迫と強制に依存するしかない状況が生まれていたのである。

脱走したり捕虜になったりすると、残された家族が警察などから迫害されるだけではなく、非国民の家族として地域の人々から侮蔑、嘲笑、村八分など迫害を受けることへの恐れが、多くの日本兵を束縛していたことも忘れてはならない。米軍に捕えられると殺されるということだけでなく、家族が非国民として迫害されると脅され信じ込まされていたのは、沖縄の防衛隊員も本土の日本兵も同じである。

防衛隊員たちの行動を見ると、かならずしも皇民化教育や軍の玉砕思想が浸透しておらず、生き延びようという意志を感じることができる。だから日本軍は、逃げたら家族を皆殺しにすると脅して、脱走を思いとどまらせようとしたのだろう。

▼防衛隊員たちの行動の詳細については、林博史『沖縄戦と民衆』7章を参照。

検証23

戦場の学徒隊

女子学徒たちは看護婦の補助として、男子学徒たちは防衛召集によって軍人として動員された。沖縄戦というとひめゆり女子学徒隊が有名で、修学旅行でも観光バスツアーでも、ひめゆりの塔にはかならずといってよいほど立ち寄る。彼女たちは健気にも負傷兵の看護に努め戦火の中で倒れた、沖縄戦の悲劇の象徴とされている。しかし彼女たちはなぜ死んだのか。沖縄陸軍病院に動員されたひめゆり学徒の死者は一三六人にのぼる。そのうち実際に治療にあたっていた（ほとんど治療とも言えないものだったが）南風原にいた五月下旬までの死者は一一人にとどまっていた。南部に撤退し壕に潜んでいた六月一八日の解散までの時期の死者を加えても計一九人である。つまり死者の八割以上は解散以降に生じている。彼女たちが属していたのは病院だったのだから、壕の入口に赤十字あるいは白旗を掲げていれば助かっていた可能性が高い。

師範学校女子部と県立第一高等女学校の生徒からなるひめゆり学徒隊の場合、とくに前者は将来の教師として、つまり軍国主義教育を実践すべき模範として、疎開することは非国民であるかのように学校から非難され、動員された。そして第三二軍直轄の陸軍病院に動員されたことも犠牲を大きくした一因だった。

ただ他の学校の状況はかならずしも同じではなかった。たとえば、積徳高等女学校の四年生たちが配属されていた第二四師団第二野戦病院では、解散の時に小池勇助軍医少佐が、「捕虜になった場合は、従軍看護婦といわず、女学生だと答えなさい」「決して死んではいけない。必ず生きて親元に帰りなさい」と強く諭した。もう一人の軍医大尉は「〔アメリカは〕女尊男卑の国だから、女・子どもには決して手荒なことはしない。安心して行きなさい」と励ました。おかげで女生徒たちは自決せず多くが生き延びることができた（山川泰邦『秘録沖縄戦記』一三七頁、沖縄県退職教職員の会婦人部『ぶっそうげの花ゆれて』第二集、一八〇頁、二五五―二六〇頁）。

男子学徒は、鉄血勤皇隊や通信隊に動員された。通信隊といっても、有線が切れると砲爆撃の中を点検に行かされたり、さらに無線も使えなくなると伝令として戦場を走らされたりして、多くの犠牲を出した。

師範学校男子部と県立第一中学の場合、動員は徹底していたといえる。一中（現在の首里高校）の校長は「徹底した軍国主義者」だった。しかし二中（現在の那覇高校）の場合、那覇の校舎が一〇・一〇空襲で焼けてしまい、学徒隊の配属を決める際に、学校の配属将校だった高山中尉は、北部で仮校舎を

「白梅の乙女たち」の像（那覇市内松山公園）

積徳高等女学校の碑（那覇市内大典寺）

設け授業を再開する予定であるとして本部半島の宇土部隊への配属を主張し、そのようになった。しかし実際には生徒たちは那覇周辺の者が多く、北部にいる者は少なく、結果として動員数は少なかった。これは生徒たちを動員することに消極的だった高山中尉の深慮遠謀だった。通信隊に動員された者に犠牲が多かったので、二中の死亡者も少なくないが、こうした配慮が鉄血勤皇隊の犠牲を減らすことになった。

県立農林学校の場合でも、鉄血勤皇隊は北部で二手に分かれ、ひとつのグループは戦闘に参加して多くの犠牲を出したが、教師が引率したもうひとつのグループは途中、食糧もなくなり、教師の判断で解散して生徒たちを親元に帰らせた。

公然と軍や戦争を批判することはできなかったが、その中でも、少しでも生徒たちの命を救おうとした人々がいたのである。しかしそれにしても、軍と県、学校は、強引に生徒たちを動員し、男子生徒は軍人として戦闘に駆りだし、女子生徒たちは使うだけ使って最後は戦場に放りだした。戦争そのものがかれら彼女らの犠牲を生み出したのではない。かれらを利用できるだけ利用し、その将来を考えようとしなかった、当時の軍や政府、

表 2　学徒隊の動員・死亡者数

	学徒				教職員		死亡者合計	学徒の主な配属先
	動員された学徒	死亡者数	死亡者（入隊者）	死亡者（その他）	死亡者（学徒隊）	死亡者（その他）		
沖縄師範学校男子部	386	226	64		9	10	309	第 32 軍司令部，第 2 野戦築城隊
県立第 1 中学校	254	171		75	10	7	263	第 5 砲兵司令部，野戦重砲兵第 1 連隊，電信第 36 連隊
県立第 2 中学校	270	115		71		9	195	第 62 師団通信隊，独混第 44 旅団第 2 歩兵隊
県立第 3 中学校	363	42	35	11			88	独混第 44 旅団第 2 歩兵隊，同通信隊，第 3 遊撃隊
那覇市立商工学校	117	114	4	39			157	独立混成第 44 旅団通信隊，独立混成第 15 連隊
県立工業学校	134	150		8	7		165	第 5 砲兵司令部，輜重兵第 24 連隊
県立農林学校	130	23	64	37	1	5	130	第 44 飛行場大隊
県立水産学校	48	31	5	22	1	7	66	第 4 遊撃隊，第 32 軍通信隊
私立開南中学校	81	70		112		4	186	第 24 師団通信隊，歩兵第 32 連隊，第 24 師団司令部
県立宮古中学校	300						0	独立混成第 59 旅団
県立八重山中学校	100						0	独立混成第 45 旅団
県立八重山農学校	100						0	独立混成第 45 旅団
男子学徒　計	2,283	942	172	375	28	42	1,559	
沖縄師範学校女子部	157	81		27	5	2	115	沖縄陸軍病院
県立第 1 高等女学校	65	42		53	8	1	104	沖縄陸軍病院
県立第 2 高等女学校	56	22		36		8	66	第 24 師団第 1 野戦病院
県立第 3 高等女学校	10	1		1			2	沖縄陸軍病院名護分室
私立積徳高等女学校	25	3		25		5	33	第 24 師団第 2 野戦病院
県立首里高等女学校	61	33		22			55	第 62 師団野戦病院
私立昭和高等女学校	31	9		49		4	62	第 62 師団野戦病院
県立宮古高等女学校	40						0	第 28 師団野戦病院
県立八重山高等女学校	60	1					1	第 28 師団野戦病院
県立八重山農学校	16	1					1	第 28 師団野戦病院
女子学徒　計	521	193		213	13	20	439	
男女　合計	2,804	1,135	172	588	41	62	1,998	

出典：ひめゆり平和祈念資料館『「沖縄戦の全学徒たち」展　報告書』85 頁，93–112 頁，より作成。

県、学校の指導者たちが生み出した犠牲である。鉄血勤皇隊として一四歳以上を召集しようとした時、もし県知事をはじめとする県や学校幹部が抵抗し踏みとどまっていたならば、状況は少しは変わっていたのではないだろうか。

犠牲を生み出した要因は何か、誰（組織とその主要な人物）に責任があるのか、なぜそうしたのか、なぜそれを止められなかったのか、など理由を徹底的に明らかにし責任の所在も明確にしなければ、二度と同じことをくりかえさないために政治社会を改革することにはつながらない。戦争だったのだから、という言い訳は、その要因をそのまま残すだけでしかない。戦争責任をとるということは、言葉で謝るだけではなく、同じ過ちをくりかえさないように政治社会を作りなおすことではないだろうか。

検証24

米軍の心理戦

沖縄攻略作戦の実施にあたって、米軍にとって大きな問題のひとつが数十万人にのぼる沖縄県民の扱いだった。それまでは本来の日本領ではない日本軍の占領地あるいは委任統治領（サイパンなど）での戦闘だったが、はじめて沖縄県という日本の領土の一角に進攻することになったからである。

心理作戦の目的は、敵の抵抗（意志）を弱め、さらには敵軍の投降を促し、戦闘を早く終わらせ、多くの命（とくに味方の）を救うことである。軍事的に勝利することが前提であるが、敵が最後まで抵抗すると戦闘が長引き、味方の損害も増えてしまう。それを避けるとともに捕虜をとることを通じて、その後の作戦のために有益な情報を得ることもできる。

敵軍は決して一枚岩ではないので、働きかける相手に応じた宣伝内容が工夫された。同じ日本軍でも、朝鮮人兵士や朝鮮人労務者には、日本や日本兵からの差別や迫害を挙げて離反を促す、沖縄人には、同じように日本からの差別や日本人とは異なることを挙げるなどの研究分析がおこなわれた。日本兵であっても、投降を促す要素を研究し、たとえば「捕虜」という言葉は使わない、天皇への批判・揶揄《やゆ》は避けるなど工夫がされた。

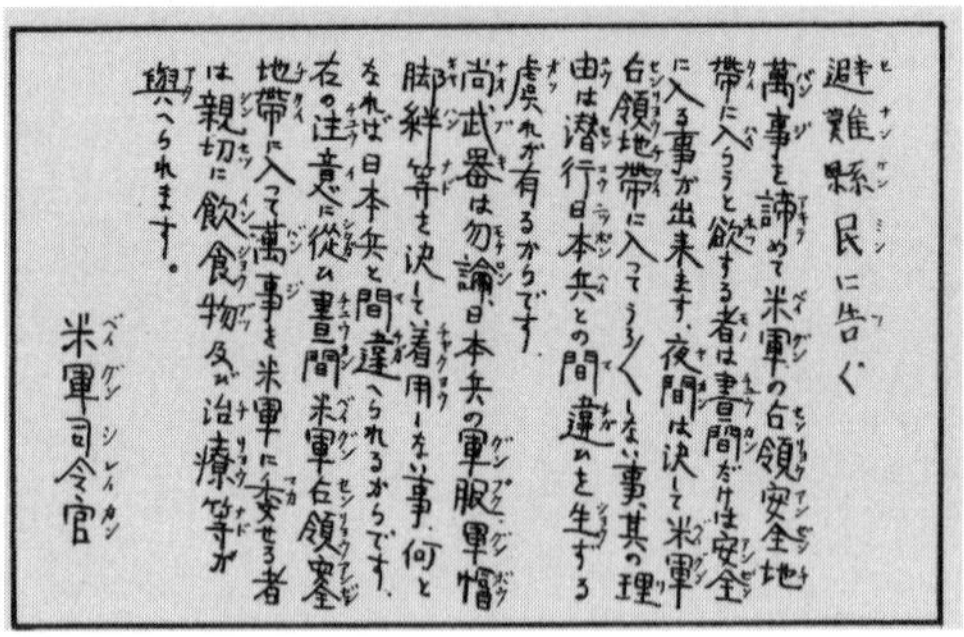

投降を呼びかける米軍の二つのビラ

米軍は沖縄にやってくる時点で五七〇万枚のビラを用意していた。さらに沖縄に来てからも多くのビラが印刷された。

米軍の心理作戦は三月二五日から開始された。この日から四月一七日までに飛行機から五〇〇〇万枚のリーフレットを沖縄本島と伊江島に落とした。この宣伝リーフレットの作成にあたっては次のような点が留意された。第一に、すぐに投降を引き出さなくても離反と敗北主義の種をまき、敵の戦意を弱めること、第二に、住民に対してかれらは決して虐待されないことを知らせてその信頼を得ること、など後に直接投降勧告する際の条件を作ろうとするものだった。

四月九日からは心理作戦部隊が上陸して作業を開始した。一二の新聞、二三種のリーフレットを作成し、あわせて三〇〇万枚を飛行機あるいは大砲で敵陣にばらまいた。

本格的なキャンペーンは米軍の勝利が明確になった六月一二日から開始した。日本兵一人あたり一五枚の投降リーフレットをまいて投降を促した。この沖縄戦の最終盤では、米軍の働きかけに対して、大量の住民が投降してきた。五月末の時点で米軍が抑留した住民は約一五万人だったが、一二日以降急増し、一九日には二〇万人を超え、六月末には二八万五〇〇〇人と五月末の二倍近くにのぼった。捕虜も五月末の三一七名（朝鮮人労務者も含めると九四四名）から、二〇日の一日だけで九七七名、二一日には一〇一五名と、六月末には計七四〇一名（同一万七四〇名）になった。捕虜の比率は、それまでの太平洋諸島での戦闘に比べても非常に高かった。

米軍がまとめた心理作戦の総括によると、日本兵が投降することを妨げる要因として四点を指摘している。第一に米軍によって残酷に扱われるのではないかという恐れ、第二に投降しようとすると日本軍によって撃たれるかもしれないこと、第三に米軍に近づいていった時に投降しようとすることがわからない米兵に撃たれるかもしれないこと、第四に面目を失うこと、である。とくに四点目は突破するのに一番難しい問題だと考え、宣伝ビラや投降の呼びかけにあたっては「投降」とか「捕虜」という言葉は慎重に避けられた。

米軍は沖縄に来る前に、たくさんの日本の民間人がいたサイパンで、人々の意識分析をおこなっていた。サイパンで捕えた民間人に対する意識調査では、「捕えられた時にどのように感じましたか」という質問に対して、「恥ずかしかった」七九人に対して、「怖かった」が三四八人（その他一〇五人）と大きく上回っていることなどから、「民間人が投降することを妨げている理由は、愛国的な熱情よりは恐怖である」という分析をおこなっている（林博史「サイパンで保護された日本民間人の意識分析」）。

沖縄戦においても住民が日本軍と一緒に米軍に立ち向かってくることを恐れていたが、米軍の軍政報告書では、予想していた日本人の「狂信主義」はほとんどない、全般的に住民は狂信的というよりも受動的であり、命令を無条件で受け入れることに慣れているというような分析をおこなっている。恐怖心は、米軍が住民を保護することによって取り去ることができたのである。沖縄の人々の実際の意識と行動を見ると、こうした米軍の分析はかなり正確だったといえる。

たとえば、三月二六日に米軍は慶留間島に上陸するが、その日の午後五時現在の陣中日誌の記述の中で、「住民たちは、殺されないことがわかると、人間的な扱いに好意的な反応を示し、協力的になってきている」と記している。米軍上陸後、一日にして住民の対応が変わってきていることがうかがわれる。

慶良間に上陸した米軍の報告書には、住民の中には「山に逃げて、自決したものもいたが、戦闘が終結し親切な扱いを施されると、喜んで戻ってきた。短期間に、かれらは物分かり良く、協力的で満足するようになり、恐怖は感謝の念に変わった。幾人かは、捕えられないように家族を殺したことを率直に後悔し、多くの者が山に戻って他の民間人に真実を話し、かれらもまた生きて家に帰れるようにしたいと頼んできた」と記されている。

捕虜になることは恥辱であると信じ込んでいれば、米軍が親切にしたとしてもその意識は消えないはずだろう。教育は一部の層には浸透していたかもしれないが、多数の住民に捕虜にならずに死ぬように強いたもっとも強力な材料は、やはり恐怖心であったといってよい。

心理作戦のための文書では、沖縄人は日本人とは違うという点が強調されている。これは沖縄人と日本人との間にある「亀裂」を利用し、沖縄の人々が日本軍に協力せず、米軍に帰順するように促すためであった。しかしその見方は、その後、沖縄を日本から切り離し、米軍支配を継続する根拠として使われることになる。

宣教師の子どもとして日本で生まれ一三歳まで日本で過ごし、後に海軍軍医将校として沖縄に来たスタンレー・ベネットは、四五年五月四日の日記の中で、沖縄をグアムと同様にアメリカが統治すべきだという「個人的な見解」を記し、「沖縄住民も、日本軍のもとにあるより、その方が幸せだろうし、フィリピンで行ったように住民を正しく扱えば、彼らは忠誠を尽くすと思う」と書いている（スタンレー・ベネット『戦場から送り続けた手紙』一二六頁）。占領地で住民たちの世話をする中で、沖縄の人々が「日本軍より、ここ〔米軍病院〕の方が自分たちをずっと大切に扱ってくれる」と語ったことも記している（同一〇四頁）。心理作戦の一定の成功が、米軍統治の継続の根拠とされていく経緯がわかる。

確かに日本軍に比べれば、米軍のほうがよかったといえるかもしれないが、米軍が専制的な支配者として臨もうとした時、沖縄の人々はそれを従順に受け入れるような存在ではなくなっていたのである。

第4章

離島の沖縄戦

1　宮古八重山諸島

米軍が上陸してこなかった宮古八重山諸島ではどうだったのだろうか。米軍は、沖縄作戦の第三期作戦として宮古島の占領を予定していたが、沖縄本島と伊江島で必要な飛行場を建設確保できる見通しがついたために、四月の段階で宮古作戦を放棄した。そのためこれらの島々には、英米の機動部隊による空襲だけで上陸はなかった。

八重山諸島の石垣島では、一九四三年に軍が海軍平得《ひらえ》飛行場建設（現在の石垣飛行場はその一部）のため九〇町（約九〇ヘクタール）あまりの土地を、翌年には陸軍白保飛行場建設（現在、石垣空港建設の計画があり反対運動が起こっている地域）のため約七〇町の土地を有無を言わせず没収した。その補償金は軍が一方的に決めた安い値段で、しかもその額の八割は証書が渡されただけで残りの二割も強制的に預金させられ、結局手許には何も入らなかった（石垣市史『市民の戦時・戦後体験記録』第四集、一二六―一二七頁）。

宮良栄昌さんが畑の収穫のために二、三日工事を待ってくれと頼んだら「軍は日本刀をガチャガチャならしながら威嚇し、あげくのはては蹴る殴るなどの暴行を加え半殺しにした。そのような暴行をうけたのは十数人ぐらいいた。みんなの集まっている面前でそのようなことを平気でした」という（県史10・五四頁）。

これらの飛行場建設には八重山の各島からも人々が徴用で動員されてきた。徴用された住民は、朝五時に起きて作業の準備をおこない、朝八時から夕方六時まで、ツルハシを使っての地ならしやモッコでの土砂運びなどの重労働をさせられたが、食事は小さなにぎりめしが二個、それが朝、昼、晩とも同じもの、という程度しか出されなかった。作業の開始時刻に遅れると監督にメッタ打ちに殴られ、仕事を少しでも休む者は怒鳴られたり、暴行をうけることもあった。動員された人たちは一日平均二〇〇〇人を超えていたと言われているが、さらにここには朝鮮人労働者約六〇〇人も動員されてきていた（県史10・四六―五三頁、一〇頁）。

中学生や小学生までも授業をやめて飛行場建設に動員された。平得飛行場のそばの大浜国民学校（小学校）の児童は、勤労奉仕隊として飛行場の整地、草刈り、道路の改修などに駆りだされ、そのうえ校舎は軍に取り上げられてしまった。

そのほか住民は、牛や豚などの家畜を軍に取られ、米もほとんど軍に供出させられた。小浜島では田一反（一〇アール）から五俵とれるがそのうちの四俵を軍に取られ、イモなどを作ろうとしても、一日中軍の作業に使われているため農作業もままならず、自分たちの食物を確保することも厳しい状況に追いこまれた（県史10・五一頁）。日本兵は、家畜や畑の作物を盗んだり、建物に使ってある木の板などを勝手にはがして持っていったり、略奪をくりかえした。

宮古島では、「一農民を城辺《ぐすくべ》国民学校の角の電柱にしばりつけ、その上に『国賊』と貼紙をはっていた。軍令の食糧調達で割り当て量の野菜を提出しなかったということで住民への見せしめであった。一日中しばられ、さらし者にされていても誰も文句をいうのがいなかった」という（福地曠昭『防衛隊』三三二頁）。軍の横暴を批判した宮古警察署の新城署長に対して、軍の中で「新城署長切るべし」との声があがり、結局、署長は本島に転任を余儀なくされたこともあった（県史10・二四六頁）。

宮古島では将校たちが、自分の愛人にするために女学校の生徒などを出すよう島の有力者に要求した。中には軍人の子どもを生み、戦後一人でその子を育てた女性もいたという（川名紀美『女も戦争を担った』）。ある島民は、「一番しゃくにさわったのは私の中隊長が女をつれていたことです。〔中略〕兵舎の近くに中隊長専用の茅ぶきがあって、そこに中隊長の女とその母親と妹というのが一緒に住んでいました」と語っている（県史10・三八二頁）。

こうした状況の中で沖縄戦が始まると、八重山、宮古では米軍は上陸しなかったとはいえ、外部との連絡を断たれ、悲惨な状況が生まれた。八重山では人口約三万一〇〇〇人のところに約一万人の日本軍が、宮古では人口約六万人に対して約三万人の日本軍が駐留し、それだけでも食糧事情は厳しくなったが、さらに飛行場などのため大量の農地を潰され、軍によって酷使され、食糧も奪われた住民のあいだに飢えとともにマラリアが猛威をふるった。

八重山全体で一万六〇〇〇人あまり（人口の五三パーセント）がマラリアにかかり、三六〇〇人あまり（一一パーセント）が死亡した。中でも飛行場建設のため移転を余儀なくされた平得では、人口七〇三人中六一三人（八七パーセント）がマラリアにかかり、二六四人（三八パーセント）もの人が死亡した。白保でも一二五五人中一一八四人（九四パーセント）がかかり一六九人（一三パーセント）が死亡している。爆撃など戦闘による戦死者が一七九人にとどまっていることを考えると、日本軍の行為が住民にきわめて大きな犠牲を生み出したことがわかる。このことは宮古でも同じである（県史10・一五―一八頁）。

宮古島にいた海軍部隊の食糧事情がわかる史料がある。四五年四月一六日に宮古島警備隊から佐世保通信隊と沖縄根拠地隊司令官に打電された電報では、四月一五日現在の在庫量として「米　一四五日分二六三六人向け、乾パン六〇日分、その他の食糧三〇日分」とある。その一カ月後の五月二一日には二六三二人用の食糧在庫として「米　一〇八日分、副食一二八日分」と報告している。同時にこの島では陸海軍あわせて三万三〇〇〇人が自給する必要があり、弾薬と食糧、とりわけ米と塩をわれわれに輸送してもらうことが何よりも必要であると訴えている。

四月一五日の時点で米一四五日分、すなわち約五カ月分を貯えていたということである。沖縄守備隊である第三二軍は食糧六カ月分を貯えておくように県に求めていたが、海軍はほぼそれだけの米を貯蔵していたわけである。宮古島の陸軍の食糧状況がわからないが、宮古の住民が飢えとマラリアで苦しめられていたことはよく知られている。

別の暗号解読電報によると、奄美大島の海軍部隊も五月一日時点で、隊員四五〇〇人のために食糧四～五カ月分を保管していると報告しており、宮古とほぼ同じ量の食糧を貯蔵していたことがわかる（林博史「暗号史料にみる沖縄戦の諸相」）。

八重山諸島や宮古島などのように米軍が上陸しなかった島々でも、大量の日本軍が駐留したところでは、日本軍の横暴な徴発・動員・強制疎開と、それに続く飢えとマラリアによって、住民に大きな犠牲が出たのである。

検証25

波照間島——飢えとマラリア

マラリア被害がとりわけひどかったのが、人が住んでいる島としては日本の最南端にある八重山諸島の波照間島《はてるま》だった。波照間には日本軍はいなかったが、一九四五年のはじめに陸軍中野学校出身の離島工作員酒井喜代輔軍曹が、山下虎雄と名のって青年学校の指導員として送りこまれてきた。

彼は島の青年を集めて秘密戦の訓練をおこなっていたが、三月下旬に突然、村長ら村の指導者に対して、全島民は西表島に疎開せよ、という命令を出した。これは石垣島にあった第四五旅団司令部の命令であるという。これに対して、米軍はすでに慶良間に上陸しており、波照間に上陸するおそれはないし、しかも波照間にはマラリアはないが西表島はマラリア地帯であり、かえって危険であるという反対の声も出された。しかし山下は日本刀をふりまわして、疎開の命令に反対するものは斬る、牛馬も皆殺し、家も焼き払い、井戸には毒を入れる、と島民を脅迫した。そのため島民は疎開を余儀なくされ、十分な準備もできないまま、四月から全島民が西表島に移った。

当時波照間島には、牛七〇〇頭あまり、馬約一三〇頭、豚約三五〇頭、山羊六〇〇頭近くがいたが、これらの家畜は米軍の手に入らないようすべて殺せと命令された。島民はその一部を自分たちの食糧として持っていったが、残りの大部分は屠殺《とさつ》され、石垣島の日本軍が乾操肉にして持ち去った。

波照間島民たちは、西表島の南側、つまり波照間に面した南風見《はえみ》海岸で集団生活をおこなうことになったが、ここで山下は一部の島民を手下にして暴君のようにふるまい、島民に対し何かあるごとに竹棒で暴行を加えた。山下は衛生のためにと小学生らに蠅を捕まえさせていた。ところが、その集めた数が少ないと、山下の手下である一教師が竹棒で体罰を加えた。小学四年生の女の子が、その体罰がもとで死に、他に二人の児童も同じように体罰がもとで死んだ。

こうした中で、食糧も欠乏し身体も弱ってきたうえ、南風見はハマダラ蚊の発生しやすいところであったこともあって、マラリアが急速に広まっていった。マラリアは四〇度近くの高熱と震えをくりかえし身体は衰弱し、ついには死に至る病気である。耐えかねた島民たちは、七月末に山下には黙って代表を石垣島の旅団司令部に送り、帰島の許可を得ることができ、ようやく八月に波照間に引きあげてきた。

しかし波照間では、殺された家畜が異臭を放ち、家や田畑は荒れはて、ソテツやイモ、野草などでかろうじて食いつないだ。だがマラリアの猛威は翌年に入るまで続き、多くの生命が失われた。

結局、強制疎開させられた島民一二七五人のうち、マラリアにかかった人は一二五九人（九九パーセント）、マラリアで死んだ人は四六一人（三六パーセント）にものぼった。マラリア患者を出さなかった家はなく、またほとんどの家から死者を出した。この犠牲者の比率の高さは、沖縄本島中南部の激戦地に匹敵するものである。

日本軍は、波照間だけでなく、八重山の新城《あらぐすく》島と鳩間島でも同じように西表島に強制疎開をさせ、それぞれ五六パーセント、九三パーセントの島民がマラリアにかかり、九パーセント、一〇パーセントが亡くなっている（県史10・一六頁）。

日本軍が、日本軍のいないこれらの島の島民を強制疎開させた理由は、はっきりとは断定できないが、ひとつには軍の食糧を確保するという理由が考えられる。事実、疎開に連れていけない多くの家畜が軍のものになった。もうひとつは、島民が米軍に保護されると米軍に協力して日本軍の配置をもらしてしまう、という危惧があったと考えられる。これは住民をスパイ視するものであり、日本軍が、住民の投降を許さず、自決を強要したり殺害したりしたことと共通する性格の問題である。

▼本項の詳細は、石原ゼミナール・戦争体験記録研究会『もうひとつの沖縄戦』参照。

検証26

石垣島事件——沖縄と戦犯裁判

沖縄が舞台となった事件で、戦後、連合軍による戦犯裁判になったケースとして有名なのが石垣島事件である。一九四五年四月一五日、米英艦隊の艦載機による空襲を受けていた石垣島で米軍機が撃墜され、三名の搭乗員が日本軍の捕虜になった。その夜、海軍石垣島警備隊司令の井上乙彦大佐は三名を処刑することに決定し、大尉と少尉が一人ずつ日本刀で首をはね、残り一人に対して中尉が銃剣で刺したうえで、約四〇人の部下に銃剣で順番に刺突させた。

敗戦後、警備隊は、米兵の死体を掘り起こして火葬し灰は海に捨て、さらに撃ち落とした米軍機の数に見合うだけの十字架を建て、米兵の戦死者を手厚く弔ったかのように装った。

しかし日本軍関係者と思われる者からＧＨＱへ送られた手紙によってこの事件が発覚した。そこから捜査が始まり、井上大佐を筆頭に将校一一名、下士官八名、水兵二七名、計四六名もが起訴される裁判となった。この裁判は米陸軍の第八軍によって横浜（現在の横浜地方裁判所）でおこなわれた（本項は、横浜裁判の記録による）。

判決は、死刑四一名、重労働二〇年と五年が各一名、無罪二名というきわめて厳しいもので（一名は途中で免訴）、これほど大量の死刑判決は、ＢＣ級戦犯裁判においてもきわめて珍しい。

裁判終了後、第八軍法務部での検討の結果、死刑判決が確認されたのは一〇人に減り、他は減刑あるいは無罪となった。その理由は、水兵は上官の命令には無条件で服従しなければならないように訓練され、命令に従わない場合はその場で処刑されるかもしれないということが考慮されたからである。こうして命令に従っただけの下級水兵は五年に減刑された。

死刑の最終確認については第八軍だけでなく、さらにその上のマッカーサー司令部（ＧＨＱ）の承認が必要であることから同司令部で再度審査がおこなわれ死刑は七人に減らされた。捕虜の処刑を命令した司令とその副長、兵士たちに先んじて日本刀あるいは銃剣で刺殺した三人の将校、他に下士官二名である。一九五〇年四月七日にスガモプリズンで七人の死刑が執行された。これがスガモプリズンでおこなわれた最後の死刑となった。

死刑になった中で学徒兵として知られている田口泰正少尉の場合、部下に対して搭乗員への復讐と憎しみを駆り立てて刺殺を促し、また自らも処刑に自発的に参加したと認定された。学徒兵といえども将校であり、命令に従っただけという言い訳は通用しなかった。

この裁判の被告の中に沖縄出身者は八人いる。一人が一等水兵（陸軍の一等兵に相当）で後は全員二等水兵だった。一人が無罪になり、他の七人は死刑判決を受けたが全員禁固刑に減刑された（林博史『BC級戦犯裁判』七一―九頁）。

ところで、在日米大使館より琉球米民政府に送られた電報によると、日本が独立を回復した後の一九五三年一月時点で、巣鴨刑務所で服役していた戦犯七八九名のうち、沖縄出身者は一七名と報告されている。この一七名の中でいくつかのケースを見ると、ミンダナオ島に駐留していた憲兵曹長はゲリラ（住民か?）処刑の罪により米軍マニラ裁判で終身刑に、インド洋のアンダマン島にいた民間人は、働かせていた労務者を虐待致死させた罪で英軍のシンガポール裁判で終身刑になっている。

この一七名以外の沖縄出身の戦犯について少し紹介すると、マレー半島のクアラリピスで警察官をしていた人物は三人の中国人を虐待致死したことが英軍クアラルンプール裁判で認定されて絞首刑となった。またアンダマン島にいた海軍兵長はインド人労務者に暴行を加え死なせたために英軍シンガポール裁判で絞首刑になっている。

沖縄の出身者も徴兵あるいは志願して軍に入り、侵略戦争に参加していたので、その中から戦犯が出たのも不思議ではない。「中国大陸から帰ってきた在郷軍人の人たちから、日本軍が、支那人を『チャンコロ』と呼んで、大変ひどいことをしてきた話をきいて、軍隊というのは、非常に恐ろしいもんだと思っていました」（県史10・八四八頁）という証言があるように、沖縄から海外に行った兵士たちもそうした行為に加わっていた。沖縄戦の前提には、そうしたことがあったのである。

検証27

イギリス軍と沖縄戦

「平和の礎」にはイギリス人八二名が刻銘されている（二〇〇九年六月二三日現在）。なぜイギリス人が沖縄戦で戦死しているのだろうか。

四四年九月にカナダのケベックで開催された米英首脳会談の席で、チャーチル英首相がルーズベルト米大統領に、イギリス艦隊の一部を太平洋に派遣し米艦隊の指揮下に入れたいと提案、それを米大統領が受け入れた。イギリスは、極東の植民地を日本軍に奪われていたが、それを奪回するためにも対日戦で一定の役割を果たし発言権を確保しようとした。米海軍はその提案に否定的だったようだが、イギリス側が補給を自前でおこなうこととして提案を認めた。イギリスは一一月、新たに太平洋艦隊を編成し太平洋に派遣、オーストラリアのシドニーで準備を整えたうえで北上した。

沖縄作戦を担当した米海軍は、中部太平洋機動部隊（スプールアンス海軍大将）で、その下に第五〇と第五一機動部隊があった。英機動部隊（ローリングス海軍中将）は第五〇機動部隊の指揮下に入り、第五七任務部隊となった。第五〇機動部隊に属した米第五八任務部隊（高速空母機動部隊）は、空母一〇隻、軽空母六隻、戦艦八隻などからなる強力な機動部隊で、九州の日本軍航空基地の攻撃や戦艦大和の撃沈など沖縄作戦を支援した。

沖縄攻略作戦を直接担当したのは第五一機動部隊（ターナー海軍中将）で、これは合同遠征部隊として上陸部隊である第一〇軍や上陸支援部隊なども含んでいた。この第五一機動部隊は、護衛空母一八隻、戦艦一〇隻、巡洋艦一二隻、駆逐艦八二隻を含め計一二〇五隻の艦船からなる大部隊で、カロリン諸島のウルシーやガダルカナル、レイテ、サイパンなどから三月二三日までに沖縄方面に集結してきた。

英艦隊は、インドミタブルなど四隻の空母（艦載機二百数十機）、戦艦二隻、巡洋艦五隻、駆逐艦一一隻（オーストラリア海軍の二隻を含む）と補給艦などからなる艦隊だった。空母ヴィクトリアスと戦艦キング・ジョージ五世は四一年五月にドイツの戦艦ビスマルクを撃沈した攻撃に参加するなど、ヨーロッパでの戦闘を重ねてきた艦船が集結した。

英機動部隊は先島《さきしま》諸島（宮古諸島と八重山諸島）を無力化する任務が与えられ、三月二六日から、それらの日本軍飛行場などへ空襲をおこなった。四月二〇日の攻撃の後、補給のためにレイテに行き、その後、戻ってきて五月四日から二五日まで作戦をおこなった。その間、台湾への空襲もおこなっている。ただ英機動部隊は、二日間の攻撃をおこなうと少し下がって補給を受けるというくりかえしで、米艦隊に比べて補給体制に問題があった。約二カ月間の作戦で九五八トンの爆弾を落とし、戦艦などが二〇〇トンの砲弾を撃ち込んだ。航空機の作戦による損失は九八機、他に主に着艦時の事故などで六二機を失った。また空母四隻などに特攻機が命中して損害を受けたが沈没はしていない。こうした中で最初に述べた戦死者が出たのである。

英機動部隊は一度シドニーに戻った後、六月末に出航して米第三艦隊の指揮下に入り、七月中旬より、東京地区や瀬戸内海、大阪地区などの空襲、日立や浜松への艦砲射撃に参加した。千葉で撃墜されて日本軍の捕虜になった英軍機の搭乗員が敗戦時に処刑され、それにかかわった連隊長と師団参謀、連隊の将校の三人が、イギリスが香港でおこなった戦犯裁判にかけられ、前二者は死刑、残り一人は一五年の禁固刑に処せられている。

終戦後の八月二七日には戦艦キング・ジョージ五世は東京湾の入口に停泊、九月二日にミズーリ号でおこなわれた日本の降伏調印式には英太平洋艦隊司令長官ブルース・フレイザー海軍大将がイギリス政府を代表して調印した。

▼本項については、英海軍の公刊戦史『海での戦争　一九三九年―一九四五年』（*The War at Sea, 1939–1945*）参照（英文のみ）。

2　他の島々

これまで紹介していなかった他の島々について見てみよう。それらは、米軍が上陸した島と上陸しなかった島に分けられる。前者でも四月の段階で米軍が来た島と、沖縄戦の帰趨が決まった六月になってから来た島がある。

早い時期に米軍が上陸してきた島であるが、渡嘉敷島の東にある前島では、渡嘉敷島から来た日本軍に対して、島の国民学校分校長が自分が責任をもって島民を預かると約束し、日本軍には引き取ってもらった。そして米軍が上陸してくると、島民をまとめて集団で投降したので島民から犠牲は出なかった。

沖縄本島の東側、勝連半島の先にある島々には四月早々に米軍が来るが、浜比嘉島《はまひが》では、移民帰りの老人が米軍と話をして住民はまとまって投降した。平安座《へんざ》島の警防団長は移民帰りで英語ができたので、米軍と英語で話をして集団で投降した。彼は、米軍と一緒に隣の宮城《みやぎ》島に行って、島民に投降を呼びかけた。宮城島では、一度、日本軍がきて偽装大砲を作っていったが、こんな物があると攻撃されるだけだと考えた島民たちが破壊してしまった。そこに隣島の警防団長が投降を呼びかけてきたので応じたのだった。伊計《いけい》島でも住民たちはまとまって米軍に保護された。この島には、島出身の兵一五、六人だけが配備されていたが、本島に移動せよとの命令を受け、宮城島まで移動したところで米軍が上陸してきた。かれらは、自分たちが斬り込みをすると米軍を刺激して住民を巻き添えにするからと考え、武器を捨てて伊計島に逃げ帰り、元の住民に戻った。

これらの島では島出身兵がいただけで、基本的に日本軍はいなかったので、移民帰りが主導権を握って住民は集団で投降して保護された。

沖縄本島の周辺の他の島々には六月になってから米軍がやってきた。

慶良間列島の北方にある粟国《あぐに》島では、島の幹部の間で米軍が上陸してきたらどうするか、玉砕すべきという主張と、白旗を掲げて投降すべきだと主張の間で激論があった。結局、米軍上陸前の砲爆撃によって犠牲が出たが、「集団自決」は起きなかった。日本軍がいなかったので、投降しようと公然と主張できたことが大きな要因だろう。

沖縄本島の北にある伊平屋《いへや》島と伊是名《いぜな》島には、中野学校出身の特務機関員が教員として一名ずつ配置されていた。両島とも村幹部たちは、米軍が来たら白旗を掲げて降伏することをあらかじめ決めていた。特務機関員は住民に紛れて情報収集や後方かく乱をはかる任務をもっていたので、住民がみんな死んでしまうと困ると判断してそのように指導したのではないかと思われる。しかし特務機関員や流れ着いた敗残兵によってスパイ容疑での住民虐殺が起きている（以上の島々についての詳細は、『沖縄戦と民衆』５章参照）。

伊平屋島のそばにある野甫《のほ》島では、米軍が上陸する時に艦砲射撃がおこなわれなかったというが、同島出身の喜屋武隆徳さんの証言によると、それはタマキ・トクモリという人が米軍に「日本軍はいないので攻撃しないでほしい」と頼んだからだという（『沖縄タイムス』二〇〇九年六月一九日）。

小さな孤島ともいえる島々では、一様に飢えに苦しめられた。那覇の北西五四・五キロにある渡名喜《となき》島は周囲約八キロの小さな孤島で、カツオ漁と養豚が中心で、ふつうはイモを主食とし、米は移入していた。この島では、本島との連絡船を空襲で失い、連絡がとだえた。そのため米の配給が来なくなり、いつ米軍機に襲われるかわからないので、海に出て魚をとることもできず、毎日ソテツを食べるようになったが、その毒にあたってしばしば中毒死した。老人たちからは栄養失調で亡くなる人が続いた。戦争についての情報はいっさい入ってこず、九月半ばに米軍がやってきて、戦争がすでに終わったことを島民はようやく知った。沖縄戦が終わってから二カ月以上、日本が無条件降伏してから一カ月もたってからであった（県史10・六七五―六八二頁）。沖縄戦はこうした形で戦闘のない島々にも惨禍をもたらしたのである。餓死あるいは飢えによる身体の衰弱による病死などは、沖縄本島北部の山中に逃げた住民にも多かった。沖縄戦の中で数万人の住民がこうした理由で犠牲になった。

離島におけるこうした経験は、戦争の惨禍が決して狭い意味での戦場にとどまらないことを示している。一般に戦争というと、戦闘による死傷者、あるいは軍隊による住民虐殺や都市への空襲のような直接の殺戮が問題になる。それは当然のことなのだが、直接の軍事行動にはよらない犠牲もきわめて大きいことにも留意しなければならない。戦闘そのもの、あるいは戦闘態勢を作る中で、民政が犠牲にされる。経済活動が止まり、食糧や医薬品その他の供給がなくなり、衛生環境が一気に悪化し、飢えが広がり、身体が弱り、赤痢やマラリアなど疫病が起こる。

軍隊の場合でも、二〇世紀になるまでは、戦闘による戦死者に比べて戦病死者の割合がかなり多い。日清戦争の場合、日本軍兵卒の戦死・戦傷死者一一九九名、病死一万七五七名と病死のほうが圧倒的に多い（大江志乃夫『徴兵制』九一頁）。日露戦争では戦闘死六万三一名、病死二万一四二四名と逆転しているが、病死も少なくない（原田敬一『国民軍の神話』二〇三頁、なおデータによって人数が違うのでひとつの目安である）。軍隊についてはその後、補給など後方支援体制の充実や医療の進歩などによって戦死に対する戦病死の比率は減っていくが、民間人は放置される。なお捕虜になることを許さなかった日本軍の場合は、餓死・病死あるいは強制された自決がきわめて多いのが特徴である。

たとえば都市部の例だが、日本軍の占領下に置かれたシンガポールでは詳細な人口統計があるので戦争前と比較すると、四二年から四五年の四年間であわせて六万数千人の死亡が増加している。多くが赤痢やマラリア、ベリベリ（脚気）、熱病、小児性ひきつけなどである。日本軍による華僑粛清（虐殺）の犠牲者が五、六〇〇〇人から数万人と言われているが、それ以上の人々が戦争とそれにともなう日本軍支配の犠牲になっている（『シンガポール華僑粛清』一六六―一六八頁）。

戦争がもたらすこうした側面をもっと見なければならないのではないだろうか。

第5章

戦後の出発

1 収容所

米軍が占領した地域を統治するための軍政は、第一〇軍が担当し、軍政本部が置かれ、さらにその下に分遣隊が置かれた。戦闘部隊に同行して住民の収容・保護にあたる分遣隊（Aチーム一五人とBチーム二七人を標準）、住民を収容するキャンプを設営し運営する分遣隊（Cチーム、三六人を標準）、さらに地区レベルで軍政を担当する分遣隊（Dチーム、八二人）などいくつかのレベルの分遣隊が編成された。地区レベルの分遣隊は六万から一〇万人の民間人を統治することが想定されていた。これに二〇の診療所（一診療所あたりベッド二五、スタッフ七人）と六の病院（ベッド五〇〇、スタッフ一七三人）や補給トラック部隊、憲兵隊、通訳なども加わることになっていた。また日本人の食生活を考慮して、米、小麦粉、干し魚、食用油、大豆、砂糖などがパックされた民間人用のレーション七万食を準備していた（県史資料編14）。

米軍は慶良間列島に上陸するとただちに日本政府の行政権と司法権を停止する布告「米国海軍軍政府布告第一号」をニミッツの名前で公布し軍政を開始した。四月一日に軍政本部の先発隊も本島に上陸し、分遣隊も次々に上陸して業務を開始した。

島袋収容所（現在の沖縄市）を運営した軍政分遣隊C-2チーム（隊長ヤング少佐）の報告書を見よう。C-2は四月二日朝八時に上陸、四日に島袋に収容所を設置した。島袋に到着した時にはすでに約二〇〇人の民間人が集落におり、その日のうちに二、三〇〇〇人の民間人が収容された。集落を収容所として活用していたことがわかる。五日には収容者は約六〇〇〇人になった。かれらのための食糧探しをおこない、米俵や小麦粉、干し魚など貯えているのを見つけたり、畑から野菜などを収穫して確保した。一〇日段階で、男一〇〇〇人、女三〇〇〇人、子ども四〇〇〇人、計八〇〇〇人になっている。ここではまもなく約一万一〇〇〇人を収容、収容者の中から労働部隊を作って食糧探しや家屋の建設その他をおこなわせている。この島袋収容所は、七月はじめに宜野座村福山と惣慶に移転し、C-2チームのスタッフも次々に転任、八月三一日をもってチームは解散し、任務を終了した。

師団に配属され、戦闘部隊とともに住民たちを収容していったAチームとBチームは、上陸地点などの北谷、読谷などにとりあえずの収容センターを設置し、そこからCチームが設置する収容所に移していった。伊江島の住民は五月末に慶良間列島に移された。また中部の収容所の住民の多くは、沖縄戦が事実上終了した後、七月から八月にかけて宜野座や金武、名護など北部に集中させられた。この地域に当時の沖縄本島住民の約三分の二にあたる二〇万人が集められた。これは日本本土進攻作戦のために中南部や伊江島を利用しようとして住民を排除したからである。

これらの住民は、残っていた家屋に詰め込まれたが、それだけでは収容できず、テントや掘立小屋での生活を強いられた。狭い地域に多くの住民が詰め込まれたために、水の確保やトイレも深刻な問題になり、また食糧も足りなかった。とくに沖縄戦の末期、六月に収容された人々は、二～三カ月に及ぶ逃避生活のために心身ともに衰弱しており、負傷者や病人も多く、せっかく生きて保護されながらも、飢えや怪我、マラリアなどの病気で、収容所の中で次々に亡くなっていった。

　宜野座の米軍野戦病院にはそうした人々が入院し、治療を受けていたが、亡くなった人たちは近くの集団埋葬地に葬られた。多い日には三二、三体を埋葬したこともあったというが、多くは子どもや老人たちだった。宜野座村古知屋の共同墓地に埋葬された人の名簿によると、その出身地は沖縄本島中南部の各地にわたっている。四五年中の死亡者四二七人のうち（子どもは六月三一日、大人は八月三一日以降）、一〇歳以下の子どもが四八人、六一歳以上が二三二人と過半数を占めている。（宜野座2・六三五頁、八一〇頁）

楚辺村の収容所に収容された住民（沖縄県公文書館提供）

　中部の浦添村の住民の死者をみると、収容所における死者は三一二人であり、沖縄戦で亡くなった村民の九・八パーセントにのぼっている。そのうち二四三人は、六月二四日以降に死亡している（浦添5・三一六頁）。

　なお捕虜は、金武町の屋嘉《やか》捕虜収容所を中心に収容された。この収容所は四月か五月から設営が始まり、捕虜が収容されはじめ、七月には完成した。最大時、約一万人が収容されていた。日本・沖縄・朝鮮の兵士たちが別々に収容され、精神異常をきたした捕虜を収容する区画もあったという。家族を殺された沖縄出身者や、仲間を殺されたり虐待された朝鮮人軍夫らが、責任ある日本軍将校や下士官にリンチを加えることもあった。沖縄出身の捕虜約三〇〇〇人は、六月から七月にかけてハワイに送られ、四六年一〇月ごろから順次送り返された。朝鮮人の捕虜は四五年秋に朝鮮半島へ、日本本土の捕虜は四六年一〇月から翌年はじめまでに本土へ送還された（金武２・本編三五三―三五九頁、屋嘉・三五七―三五八頁）。

収容所の中でも働ける者は農作業や建設作業などに出ていたが、ここでの深刻な問題のひとつが、米兵による女性に対する強かんだった。しばしば米兵が女性を襲い、それを防ごうとした住民や民間警察官（CP）が殺された。この問題は収容所にいる間だけでなく、その後もずっと深刻な問題でありつづけている。

こうした収容所に入れられていた中南部の人々も、戦争が終わり、四五年秋以降、少しずつ郷里へ戻ることが許され、北部の人口は急激に減少した。だが戦争が終わったからと言っても、すぐに普通の生活に戻れたわけではなかった。たとえば、首里のすぐ南側の南風原では、北部の収容所から四五年一一月以降、一部の先遣隊が与那原《よなばる》に入り、四六年一月にようやく与那原に南風原村役所を設置、二月に南風原初等学校を開いたが、住民たちの南風原への帰還が許されたのは七月になってからだった。初等学校が南風原に移ったのは九月、村役所が戻ったのは一〇月、九州に疎開していた子どもたちが戻ってきたのは一〇月から一一月のことだった。元の村に戻るまでに沖縄戦集結から一年以上が経っていた（南風原『ゼロからの再建』七―九頁）。

しかし、とくに中部では、郷里が米軍によって接収されているために、元の集落のあった場所に戻ることができず、基地の周辺の狭い地域に押し込まれて住まざるを得ない状況に追いやられた。読谷村の場合は、四六年一一月時点で九五パーセント、五二年四月の平和条約発効の時点でも約八〇パーセントの土地が米軍に取られており、ほんのわずかな地域に村民は追いやられたし、宜野湾村では中心部に普天間飛行場が作られ、海岸地域も米軍が占領し、飛行場周辺の狭い地域に住まざるを得なかった。沖縄戦によって郷里を追われた人々の中には、いまだに戻ることができないままになっているケースも少なくない。

戦争が終わっても戦争の影響による被害はなくならなかった。そのひとつは不発弾である。沖縄戦では爆弾類約二〇万トンが使用されたが、うち一万トンほどが不発弾として残されたと推定されている。今日でもまだ二三〇〇トンほどが地中に眠ったままと推定されている。

統計が残っている限りでも、四六年から二〇〇九年一月までに不発弾の事故で七一〇人が死亡し、怪我人も一二八一人にのぼっている。ほとんどが復帰前であるが、復帰前は年平均七〇人以上が死傷していた。生活のためにスクラップとして集めている時や、中の火薬を抜き取ろうとして爆発したケースが多いが、四七年三月一一日に真和志小学校の教室近くで、子どもが遊んでいた不発弾が爆発し、児童八人が死亡し三五人以上が怪我をしたようなケースもあった（『沖縄タイムス』二〇〇九年六月一七日、一八日）。

ところで、米軍の上陸後、米軍支配下における最初の学校といってよいのが、四五年五月七日石川収容所内に開校された石川学園だった（現在の城前小学校）。当初の教職員二〇人、生徒七九〇人だった

（県史ビジュアル版3）。つまり中南部で激戦がおこなわれていた最中に、北部ではすでに新しい生活が始まっていたのである。教室もなく、外でおこなわれる青空教室で、教科書やノート、鉛筆もない中での授業が始まった。

また収容所内では暫定的に行政機関（市制）が設置され、四五年九月二〇日と二五日には一六市で市議会議員と市長の選挙がおこなわれた。この選挙は、二五歳以上のすべての男女が選挙権を有するものだった。ただ新聞に掲載された当選者のリストを見る限りでは女性の名前はない（『うるま新報』一九四五年九月二六日）。なお四八年二月の市町村議員選挙では、首里市でトップ当選するなど計四人の女性議員が誕生している（『うるま新報』一九四八年二月二〇日）。日本本土で女性参政権が認められたのは四五年一二月の衆議院選挙法改正によってであり、実際に女性が参加する選挙が実施されたのは四六年四月、県知事や市長などの選挙は四七年三月のことなので、日本の中で最初に女性が参政権を行使したのは沖縄だった。

沖縄は、日本からは捨て石にされて見捨てられ犠牲にされた。戦場では日本軍よりはまだ親切に見えた米軍も、日本軍・日本人と沖縄人を分断し、あくまでも沖縄戦を有利に導くためにある程度の保護を与えたにすぎなかった。米軍はあくまでも軍事戦略優先の組織であり、そのためには人々を排除して膨大な土地を強制的に取り上げて基地を確保した。そのことが多くの住民に犠牲をもたらすことになった。しかもいったん占領者となると沖縄の人々には圧制者として君臨しはじめた。米軍の演習による被害や事故、米兵による犯罪も多くが放置された。こうした中で、日本政府からも見捨てられた沖縄の人々は自分たちの力で自らの人権と生活のために闘いを始めることになる。

2　戦争終結と基地建設へ

戦争終結へ

沖縄を失った日本は本土に米軍を迎え撃つ、いわゆる本土決戦をおこなおうとした。政府は一九四五年六月二二日に国民義勇兵役法を制定し、一五歳から六〇歳の男子と一七歳から四〇歳の女子を国民義勇戦闘隊に編成し「一億特攻」を掲げて、国家（天皇）のために命を投げ出すことを求めた。

米軍はまず九州に上陸してくると考えられていた。九州の防衛を担当していた第一六方面軍は、住民の疎開を検討するが結局疎開計画を放棄した。そのための施設、食糧、輸送などを検討すると疎開は実行不可能なので、住民は最後まで軍隊とともに戦場にとどまって弾丸が飛んでくれば一時戦場で退避することに決めた。つまり住民は戦場に放置するということである。これは関東地方の防衛にあたっても同じだった。

さらに本土決戦にあたって遊撃（ゲリラ）戦をおこなう計画もあり、大本営陸軍部の『国内遊撃戦の参考』では「民心の動向」を偵察し、「変節者」には「断乎たる措置」（処刑）をとれと言っている。住民を根こそぎ動員しながら、生命や安全の確保は放棄し、裏切る者は容赦なく処刑せよというのが、日本軍の国民に対する姿勢だった。

本土決戦のために大量の日本軍が動員配備されたが（敗戦時、北海道と沖縄を除く本土の陸軍兵力二三七・二万人）、この日本軍は沖縄と同様さまざまな問題を引き起こしていた。

政府によって選ばれた民間有識者の報告書「行政査察員の感想に就て」（一九四五年七月）によると、「査察に随行して随員の等しく痛感せるは　軍、官、民の軋轢《あつれき》にして軍は戦局の逼迫と共に事毎に権柄的となり」と憂慮し、「本土決戦必至の戦局に鑑み全国各地に駐屯部隊激増の結果、〔略〕一、駐屯部隊に於て農民より農機具の借入使用、牛馬借上等の為著しく増産に障害を与へ居れり　一、陣地構築の為所有者に無断にて山林を伐採而《しか》も伐採せる木材を食糧と交換の用に供したり　一、駐屯軍に於て生必物資の無統制なる買上げ特にブローカーを使用不当なる闇値を以て買上を為し該地方の供出計画を混乱化せしめつつあり　等之等の事例は枚挙に暇なく斯《かか》る行動は地方民に与ふる影響甚大にして軍なるが故に表面不満云々せざるも軍に対する信頼感は漸次稀薄化し居るを観取せらるゝ状況にして之が抜本的解決を急速に為さざれば軍民離反を招来すること必至なり」と報告している。住民からは、「あれだから支那人にも嫌はれるのだ　戦争も敗けるのは無理はない等蔭口」が立っているとも報告されている（粟屋憲太郎・川島高峰『敗戦時全国治安情報』）。こうした日本軍のふるまいは、沖縄と同じといってもよい。

五月はじめの沖縄での第三二軍の総攻撃が失敗に終わり、沖縄で米軍に打撃を与える見込みがなくなってから、天皇は沖縄戦から本土決戦準備に関心を移した。しかしさまざまな情報を得た天皇は六月に入ると、本土決戦準備が進んでいないことを認識、戦争終結に向けて動き出した。六月二二日、沖縄本島南部で悲惨な掃討戦がおこなわれている中、天皇は戦争終結に向けた工作実施を指示した。しかしその後も戦争は続き、ようやく八月一〇日、広島と長崎に原爆が投下されソ連が参戦するという状況になって、御前会議において天皇は、本土決戦準備ができていない現状を指摘しもはや「戦争に勝つこと」はできないと発言し、ポツダム宣言受諾を決定した。

もし本土決戦がおこなわれていたならば、沖縄戦と同じような状況が生まれていただろう。しかし天皇をはじめ日本の支配者たちは、本土決戦は回避した。そこに沖縄への差別が示されていると言えるだろう。

ところで八月九日長崎に原爆を投下したＢ29は燃料が足りなくなり、帰路、読谷飛行場で燃料を補給してテニアン島に戻った。敗戦後、米軍受け入れの協議のためにフィリピンのマッカーサー司令部に行くため、参謀次長河辺虎四郎中将らの使節団は八月一九日に伊江島飛行場に到着、ここで米軍機に乗り換えてマニラに向かった。マニラから日本に向かったマッカーサーは二九日に読谷飛行場に立ち寄り、翌三〇日にそこから厚木に向かった。

東アジアにおける米軍の基地建設

アメリカは第二次世界大戦中より、世界的規模で、戦後をにらんだ基地計画の検討を始めていた。太平洋地域についていえば、四四年一月には統合参謀本部は、日本の委任統治領であったサイパンなどのマリアナ諸島を米国が保有する必要性を主張していた。ただしばらくは当面の戦争遂行が優先されて、この戦後基地計画の準備は進まなかった。

アメリカの統合参謀本部の中で戦後基地建設問題が本格的に議論されるようになるのは、四五年五月からだった。その検討の結果、四五年一〇月にＪＣＳ570／40「軍事基地とその権利の必要性に関する総合的検討」が作成された。この中で確保すべき基地を四つのレベルに分けているが、アジア太平洋地域ではハワイとならんでフィリピン、マリアナ、琉球などが最重要基地とされ、小笠原や中部太平洋のいくつかの島々が第二重要基地としてリストアップされている。

沖縄は、九月の段階では第二重要基地群に入れられていたが、陸軍航空隊や海軍の要求により最重要基地に格上げされた。だが沖縄をどのような形で確保するのかという問題は残されていた。なおこの時点では日本本土や朝鮮半島は基地を確保すべき地域には含まれていない。

沖縄については、米軍は軍事拠点として確保したいと考えていたが、国務省は沖縄を日本に返還することを主張し、米政府としての見解を統一できなかった。

沖縄では本土進攻作戦のための基地建設が戦争終結によってストップした後、四六年七月に沖縄工兵地区が編成されて陸軍と空軍のための基地建設計画が立てられた。しかし四七会計年度には予算がついたものの、四八年度は予算がつかず建設はストップ、さらに四八年秋から翌年夏にかけて三つの大きな台風によって総額九五〇〇万ドルにのぼる大きな被害を受けて深刻な状態にあった。

米本国で沖縄の将来設計が決まらない状況のもとで、沖縄に駐留する米軍は長期的な展望も方針もないままに置かれた。そのため沖縄は米軍内部からも「忘れられた島」「落伍者のはきだめ」などと自嘲的に呼ばれ、軍紀は乱れ米兵による犯罪も多かった。その後、四九年五月、国家安全保障会議はNSC13／3を承認し、北緯二九度以南の沖縄を「長期的に保持」すること、沖縄での軍事基地の拡充をおこなうことを決定した。そして一九五〇会計年度予算に五〇〇〇万ドルを超える基地建設予算を計上、一〇月にはシーツ准将を新しい琉球軍司令官兼軍政長官に任命し、基地建設を本格的に開始した。

日本本土については当初、米国務省などは日本を連合国の国際的管理下に置き、非武装化することを構想していた。マッカーサーも沖縄を軍事拠点として確保することを条件に日本の非武装化を考えていた。しかし冷戦の進行、とくに朝鮮半島の分断、中国での共産党政権の成立という情勢の変化の中で、日本を軍事拠点として確保する意思が米政府内で強まり、一九四八年一〇月、国家安全保障会議の決定ＮＳＣ13／２としてまとめられた。これは冷戦状況の中で日本の共産化を防止し政治的・経済的安定をはかることを主眼とするもので、対日政策の転換を示すものであった。

その後、日本、沖縄、フィリピンなど東アジア地域への政策の検討が始まり、四九年一二月、国家安全保障会議はＮＳＣ48「アジアに関する米国の立場」を承認した。ここで日本を含むこれらの地域を軍事的に確保する必要性が位置づけられた。そして朝鮮戦争勃発後の五〇年九月、ＮＳＣ60／１が採択され、そこでは「日本の必要と思われる場所に、必要と思われる期間、必要と思われる規模の軍隊を保持する権利」を認めさせることが決定された。これに基づいて、対日講和、日米安保条約締結へと進んでいくことになる。

五〇年六月に朝鮮戦争が勃発、海軍は横須賀を重視して沖縄から撤退しつつあったが、朝鮮戦争が始まるとあらためて沖縄の重要性が評価され、那覇海軍航空基地が再開された。ただ朝鮮戦争のために基地建設は遅れた。朝鮮戦争が一段落しはじめた五三年会計年度よりあらためて基地建設予算を増額し、基地建設を促進させた。これに関連して五二年一一月の布令第九一号「契約権」、翌五三年四月の布令第一〇九号「土地収用令」が出され、五三年には真和志村安謝《あじゃ》・銘刈《めかる》、小禄村具志で、五五年には伊江島真謝《まじゃ》、宜野湾村伊佐浜などで銃剣とブルドーザーによる暴力的な土地接収がおこなわれた。沖縄の人々の人権は完全に踏みにじられた。

朝鮮半島については、米軍はここからは撤退するつもりでいたが、朝鮮戦争の中で駐留する政策に転

普天間飛行場の建設工事（沖縄県公文書館提供）

換した。五〇年代前半に、アメリカは日本や韓国、台湾、フィリピン、オーストラリア・ニュージーランドなどと軍事同盟を結び、東アジアから太平洋地域に米軍基地網を張りめぐらせていった。しかし五〇年代に日本本土では基地反対運動が高揚し、さらに安保条約廃棄を主張する社会党が選挙のたびに躍進し、米軍基地への反発が日本国民の間で広がっていった。そこで、朝鮮戦争の終了後、アメリカは東アジアの米軍の再配置を検討し、その結果、日本本土からは地上戦闘部隊（陸軍と海兵隊）を撤退させて、韓国と沖縄に集中させることによって、日本国民の反発を和らげ、自民党政権を支えようとした。その結果、海兵隊が沖縄に移ってきたのである。金武のキャンプ・ハンセンや辺野古のキャンプ・シュワブ、北部訓練場、普天間飛行場などが海兵隊の基地として開設あるいは利用されるようになる。これにより、沖縄の米軍基地は五四年の一六二平方キロメートルから五八年には二六九平方キロメートルへと大幅に増加し、兵員も五〇年六月末の二万一二四八人から六〇年九月には三万七一四二人と一・五倍に増えた。その一方、日本本土の基地は六〇年には五二年の四分の一に減少したのである。

また日本本土への核兵器の配備が、日本世論の反対で難しくなると、核ミサイルなどの公然とした配備は沖縄と韓国に集中させた。五七年から使用開始したギンバル訓練場や瀬名波《せなは》通信基地などに核ミサイル・メースBが配備された。

もちろん沖縄の人々は、「島ぐるみ」闘争と呼ばれる、激しい基地反対運動をくり広げるが、アメリカはそれを押さえつけようとし、日本政府も米軍を後押しした。日本本土のために沖縄を犠牲にするという発想は一貫して継続していた。

その後、沖縄の運動の前に、もはやアメリカの軍事支配を継続できないと判断した日米両政府は沖縄の日本返還をおこなうが、基地負担を沖縄に過重に押しつける政策は今日に至るまで継続している。

▼本項についての詳細は、林博史「基地論」、林博史『戦後平和主義を問い直す』第二章、参照。

検証28

戦没者への追悼と援護法

沖縄戦の時に中北部に集められていた住民たちが、郷里あるいはその近くに帰ることが許されるようになったのは、四五年末から四六年にかけてだった。とくに南部では、まずあちこちに散乱している遺骨の収容から始めなければならなかった。四六年二月に南部米須海岸に作られた魂魄《こんぱく》の塔は、その最初のものといってよい。この付近には、真和志村（現在の那覇市）の人々が収容されたが、白骨が散乱していたためまず収集作業をおこない、三万五〇〇〇体にのぼる遺骨を集め、米軍からもらったセメント

魂魄の塔

ひめゆりの塔

などで作ったのがこの塔である。「魂魄」とあるだけで、とくに碑文はない。沖縄各地に他の都道府県出身者の碑があるのに対して沖縄県の塔というのはないので、ここが事実上の沖縄の塔となっている。

小さな石碑の「ひめゆりの塔」が建てられたのは四六年四月のことだった。他にも五〇年代までは地元の人たちによる碑がいくつか建てられるが、六〇年代になると本土の都道府県の碑が次々に建てられるようになる。それらの碑は、ほとんどが自分たちの県出身者がいかに勇敢に戦ったのかを賛美するもので、たとえば、「静岡の塔」（六六年、摩文仁）には、「遥かに祖国の安泰と繁栄を願いつつ沖縄をはじめ南方諸地域において」倒れた県出身者の「不滅の偉勲をたたえ」るという碑文が刻まれている。つまり沖縄は祖国には含まれず、しかも日本軍将兵の「偉勲」を称えるだけで、沖縄の人々の苦難にはまったく触れないという代物だった。嘉数高台に六四年に建てられた「京都の塔」だけが「沖縄住民」に

「哀惜」の念を示し、「再び戦争の悲しみが繰りかえされることのないよう」と平和の願いを刻んでいる。

そうした本土のエゴだけが主張され戦争を美化するような碑が乱立していることに対して、警鐘が鳴らされるようになるのは七〇年代終わりからだった。同時に観光バスのガイドが、軍人の戦闘を美化するような殉国美談のガイドをしていることも問題としてとりあげられた。そうした議論の積み重ねの中で、平和のための沖縄ガイドブック『歩く・みる・考える沖縄』が八六年に刊行され、さらにそこにかかわった人々が中心になり、「沖縄平和ガイドの会」を発足させた。この会は九四年に「沖縄平和ネットワーク」に改組され、平和ガイド活動をおこなっているが、他にも平和ガイドのグループがいくつも生まれて活動をおこなっている。

「検証30」で見るように八〇年代以降、沖縄戦について調査研究が進み、沖縄県民の間でその理解が広まるようになるが、九五年に元鉄血勤皇隊の一員であり沖縄戦研究者でもあった大田昌秀知事のもとで「平和の礎」が建設され、また二〇〇〇年にはその隣に新しい沖縄県平和祈念資料館も建てられた。新資料館については、大田知事の後の稲嶺恵一保守県政によって日本軍を弁護するような修正が監修委員会に無断でなされていたことがわかり、県民からの厳しい批判を受けて、元の展示内容に戻されるということがあった。

「平和の礎」は「世界の恒久平和を願い、国籍や軍人、民間人の区別なく、沖縄戦などで亡くなられたすべての人々の氏名を刻んだ記念碑」である。日本の戦争を美化・正当化する靖国神社が日本軍人のみを英霊として称えているのに対して、民間人も含めて、さらには敵味方の区別なく、すべての戦死者を追悼しようとする画期的な記念碑だった。ただ沖縄県民を犠牲にする作戦を指揮した牛島軍司令官や

平和の礎

県民を虐殺迫害した日本軍将兵と、沖縄県民、さらには強制連行された朝鮮人を同列に刻銘することに対して批判もある。そうした問題をどのように克服するのかは重要な課題として残されているが、ただこうした刻銘と追悼の方法を採用した「平和の礎」は沖縄の人々の平和への努力が生み出した貴重な財産だといってよいだろう。

ところで、戦没者の遺族への対応として、援護法、正式には、一九五二年に制定された戦傷病者戦没者遺族等援護法の問題がある。この法律は、当時まだ米軍支配下にあった沖縄にも適用がはかられ、五六、七年に沖縄の軍人・軍属や準軍属（一般住民で「戦闘参加（協力）者」として認定された者）の扱いが決められた。これで認定されると遺族給与金や障害年金が支給された。と同時に援護法の適用を受けた人の名簿が靖国神社に渡され、靖国神社に合祀される手続きになっていた。

ここで「戦闘協力者」と認定されるためには「軍

の要請により戦闘に協力し」たことを示さなければならない。そのため沖縄の遺族が、日本軍によって家族が殺されたと申し出ても拒否されることになる。

　そもそも日本政府は、国家がおこなった誤った戦争によって人々を死なせてしまったことへの償いとして補償をする責任がある。しかし日本政府は、誤った戦争であることを認めず、正当な戦争としてそれへの貢献に応じて援護をおこなうという措置をとった。この援護法には侵略戦争への反省が欠如している。日本政府は、いまだに日本の侵略戦争と戦争犯罪による被害者への償いをいっさいおこなっていないし、また国内での弾圧などによる被害者への謝罪と補償もおこなっていない。

　援護法や靖国神社とのつながりから、沖縄戦を「祖国防衛戦」とし美化する遺族の集まりが生まれている。これは日本本土でも同じことがいえる。

　戦没者の追悼のあり方は、その戦争への認識と不可分である。沖縄戦が沖縄の人々を捨て石にし、多くの犠牲を生み出したことを認め反省するような国の記念館も記念碑もない。そこに最大の問題がある。

検証29

アイヌと沖縄戦

　南部の糸満市（旧真壁村）真栄平《まえひら》集落の裏山に「南北の塔」が建っている。一九六六年に建てられたこの碑の右側には、アイヌの言葉「キムンウタリ」（山に住む同胞という意味）、左側には「真栄平区民」

南北の塔の前でのイチャルパ

南北の塔

と刻まれている。

　この真栄平集落は、沖縄戦によって九九六人の区民のうち五五三人（五六パーセント）もが亡くなった地である。戦闘が終わったとき、家のまわりや畑など周辺にはたくさんの白骨が散らばっており、それらを集めて納骨堂を建てた。

　一九六五年、この近くに駐屯していたことのある第二四師団の元兵士で、アイヌである弟子《てし》豊治《とよじ》さんがアイヌ民芸使節団の一員として訪問した。彼は水汲みなどで真栄平に来て区民にも知り合いがいたからである。そこで区民と話をして新たに碑を建てることになり、弟子さんも二五〇ドルを寄付し、翌年に建立されたのが「南北の塔」である。そういう点から真栄平区民の戦没者とアイヌの戦没者をともに弔う碑といえる。碑の両側に刻まれた言葉にそれは示されている。

　第二四師団は旭川で編成された部隊だったので、アイヌの人たちも兵士として召集され沖縄に連れて来られていた。沖縄戦で亡くなったアイヌ兵士の人数は、北海道アイヌ協会（旧ウタリ協会）の調査でわかっている限りで四三名という（竹内渉『北の風　南の風』三五頁）。しかしアイヌの人たちを追悼あるいは祈念する碑はないため、アイヌの人たちにとっては、沖縄戦で亡くなった同胞全体を追悼する碑と考えられ、この碑の前で、戦没者を追悼する儀式イチャルパがおこなわれている。

アイヌが沖縄に送られたのは、所属部隊が沖縄に配備されたという事情にすぎないが、アイヌの兵士たちは日本軍の中でも差別されていたので、本土から差別されていた沖縄の人たちと通じるものがあったようだ。住民たちが日本軍によって壕から追い出されそうになったとき、弟子さんが助けたこともあった。

その後、区民の一部から、「南北の塔」とアイヌとの関係を否定する動きもあったが、ともに沖縄戦で多くの犠牲を出し、平和を望む、真栄平の人々とアイヌの人々の友情の象徴として、この碑があるといえるだろう（安仁屋政昭『沖縄戦のはなし』）。

検証30

沖縄戦の認識・記憶と戦後沖縄

沖縄戦について、これまでどのように記録され、あるいは語られてきたのだろうか。過酷な戦争体験をした人たちは、すぐには語りはじめない。あまりにも生々しすぎて、思い出すだけでも苦しく辛くて、忘れてしまいたいからである。だから、沖縄戦についての本も沖縄戦の体験者ではない人々が書きはじめることになる。

ひめゆり学徒隊をとりあげた石野径一郎の小説『ひめゆりの塔』(一九四九年)もそうだったし、今井正監督の映画『ひめゆりの塔』(一九五三年)も本土で撮影されたものだった。その後、一九五〇年になって沖縄タイムスの記者たちによって、沖縄タイムス社『鉄の暴風』、ひめゆり学徒隊を引率し生き延びた教師だった仲宗根政善による『沖縄の悲劇——姫百合の塔をめぐる人々の手記』(一九五一年)、鉄血勤皇隊員で生き延びた大田昌秀の『沖縄健児隊』(一九五三年)が出される。これらは沖縄の人による貴重な記録だった。

だがその後はあまり目立つものがない。むしろ六〇年代になると、防衛庁防衛研修所戦史室『沖縄方面陸軍作戦』『沖縄方面海軍作戦』(一九六八年)のような戦史・戦記物がたくさん出てくる。ちょうど、摩文仁の丘に戦争を美化するような都道府県の碑が建設されていく、つまり靖国化が進行するのと並行している。沖縄では、米軍政の圧制への抵抗、ベトナム反戦運動、日本への復帰運動が高まっていた。ようやく六九年に沖縄の日本復帰が決まり、七二年五月に復帰することになるが、その中で基地のない平和な沖縄を願って日本復帰運動をしてきたのに、基地は残り、核兵器の撤去もあいまいにされること(一度は撤去するが、必要ならば再持ち込みができる密約がなされていた)がわかり、本土にまた裏切られたという思いが出てきた。

日本に復帰しようとしていた時期は、米軍の圧制が強調され、日本軍の問題は意識の後景に退いていたが、日本本土にまた裏切られたという思いとともに、以前にも裏切られた記憶が蘇ってきた。七二年に沖縄県労働組合協議会がまとめた『日本軍を告発する』はその代表的なものである。

また軍人本位で、沖縄の人々の体験が無視されている戦史を批判し、沖縄の民衆の視点で、人々の体験談を集めた『沖縄県史　第九巻　沖縄戦記録１』（一九七一年）と『沖縄県史　第一〇巻　沖縄戦記録２』（一九七四年）が刊行された。これは座談会や面談をしながら体験談を収集・記録したもので、沖縄の人々の沖縄戦体験が戦場だけでなくその準備過程や離島を含めて、これほど包括的にとりあげられたものはなかった。ようやく沖縄の人々の手による沖縄戦の記録が始まったといえるものだった。その後、沖縄の市町村でも自治体史の編纂が始まり、七〇年代には『那覇市史　資料編第二巻中の６　戦時記録』（一九七四年）、八〇年代に入ると『浦添市史　第五巻　戦争体験記録』（一九八四年）を皮切りに、県史を発展させ、地域住民の戦争体験と被害を詳細に調査したものが次々に刊行されていった。

八〇年代に入ると、本土との一体化、とくに基地を受け入れる見返りの補助金・開発（土建）行政が推進され、それが沖縄の保守勢力を支えることになる。また八七年の沖縄国体と関連して、日の丸・君が代の強制が一気に実施された。しかし他方で、本土並みを疑問視し、日本復帰を冷静に見つめなおし、沖縄の良さを再評価する動きが出てきた。沖縄的なものを否定し日本への一体化・同化を進めた結果が沖縄戦の悲劇であるという認識から、沖縄の言葉や文化を大切にしようという意識が生まれてくる。学校の中で沖縄口や三線《さんしん》が肯定的に扱われるようになり、喜納昌吉やりんけんバンドなど沖縄の音楽が全国に広がるようになった。もちろんその背景には沖縄観光をブームにしようという動きがあり、沖縄の人々の動きを非政治化し、基地問題からそらそうとする目論見《もくろみ》もあるので単純ではないことも認識しておく必要がある。

同時に、一九八二年の教科書問題は、沖縄戦の認識が問われた出来事であり、沖縄戦の調査研究が広がるきっかけになった。沖縄戦の中で沖縄の人々が日本軍によって虐殺されるなど犠牲にされたという厳然たる事実が、日本政府によって公然と否定され、またそうした事実が日本国民の中で共有されていないことが明らかになったからでもある。

チビチリガマの「集団自決」を掘り起こした下嶋哲朗『南風の吹く日』（一九八四年）、殉国美談に染まった各都道府県慰霊塔を検証した靖国神社国営化反対沖縄キリスト者連絡会『戦争賛美に異議あり』（一九八三年）などの仕事や戦跡観光への批判もなされた。強制連行された朝鮮人軍夫たちの証言を集め分析した海野福寿・権丙卓『恨　朝鮮人軍夫の沖縄戦』（一九八七年）や日本軍「慰安婦」として連れてこられた朝鮮人女性を描いた川田文子『赤瓦の家』（一九八七年）も出された。ひめゆりの殉国美談への批判は、ひめゆり同窓会による「ひめゆり平和祈念資料館」の開館につながった（一九八九年）。沖縄戦を継承しようとする文献、教育・文学・絵本やガイドブックなどが刊行されるようになり、本土の出版社からも『観光コースでない沖縄』（一九八三年）が出され、改訂を重ねて今日まで出版されつづけている。各自治体の市町村史には、かならず沖縄戦編（戦争編）が独立して刊行されるようになり、沖縄の人々の体験記・体験談が広く集められた。このころは戦後四〇年になり、ようやく自らの体験を話そうという人々が出てきたことが大きい。日本本土でも兵士だった人々が定年退職を迎え、ようやく人生を振り返って戦争体験を語りはじめたこととも共通する面がある。

今日でも一般に理解されている沖縄戦像が、この時期にほぼ定着したといえる。総括的な文献としては、大田昌秀『総史　沖縄戦』（一九八二年）、嶋津与志『沖縄戦を考える』（一九八三年）、大城将保『改訂版　沖縄戦』（一九八八年）などがある。筆者も参加した藤原彰編著『沖縄戦――国土が戦場になったとき』と藤原彰編著『沖縄戦と天皇制』（一九八七年）もその中のひとつである。「命こそ宝」という言葉が広く使われるようになるのもこの八〇年代である。こうした過程をへて、沖縄戦を体験した人々の記憶が体験していない世代にも継承されていくと同時に、当時の沖縄の人々が知らなかった、あるいは認識できなかった、沖縄の人々を犠牲にしていった仕組みと構造、国家や軍の指導者たちの問題が、認識できるようになっていった。なぜ自分たちがあんな目にあわされたのか、その理由が認識できるような調査研究が蓄積され、共有財産になっていったのが八〇年代だった（ひとたび共有財産になったとしても、時代状況は変わり世代も交代していくので、共有財産としつづける努力が必要であるが）。

九〇年代以降も市町村史の戦争編の刊行は継続し、字誌の戦争編の刊行もおこなわれるようになってきた。さらにマラリア問題、南風原陸軍病院、ハンセン病などさまざまな課題ごとの調査研究もおこなわれてきている。また米軍資料の収集も進みつつある。九五年に建立された「平和の礎」は、軍人と民間人や国籍の区別なく、沖縄戦で亡くなったすべての人を追悼し平和を願うという新しい戦没者追悼の碑として、沖縄の人々の営みが作り出したものと言えるだろう。

九五年の米兵による暴行事件をきっかけに高まった反基地運動は、基地軽減の願いを日米両政府によって辺野古への新基地建設へと歪められたが、一〇年以上にわたって基地建設を阻んできた。基地受け入れにともなう振興策（政府からの金）によって、また抵抗しても基地建設を強行されてしまうのではないかというあきらめもあって、一部の人々は口を封じられてきたが、二〇〇七年の教科書問題は、不本意ながらも基地を受け入れてきた人々も含めて日本政府の横暴への怒りが爆発したものといってよいだろう。

沖縄戦で沖縄の人々が日本軍の犠牲にされたことの認識が、その事実を否定しようとする日本政府が同時に基地を沖縄に押しつけてくることへの怒りと結びついたところに、県民ぐるみの運動が生まれたといえるのではないだろうか。

さらに二〇〇九年九月の民主党政権の発足と、二〇一〇年一月の名護市長選挙での、新基地建設反対を掲げる市長の誕生など新しい可能性が生まれ、基地を縮小せよとの声は、政治的立場の違いを越えて、沖縄全体の「島ぐるみ」の運動になってきている。

ここではかんたんなスケッチをおこなったが、沖縄戦への認識は戦後の沖縄の歩みと不可分であり、軍隊・基地をめぐる沖縄の苦悩が続く限り、沖縄戦はくりかえし問題にされつづけることになるだろう。

検証31

教科書検定問題

二〇〇七年三月三一日の新聞各紙は、「集団自決『軍の強制』削除」(東京新聞)、「『集団自決』軍関与を否定」(沖縄タイムス)、「『自決強制』を削除」(琉球新報)などという見出しで大きくとりあげた。文部科学省による高校日本史教科書の検定で、沖縄戦の中で日本軍によって住民が「集団自決」を「強制された」あるいは「追い込まれた」という記述が削除された。文科省はその理由として、日本軍の隊長が住民に対して自決命令を下したということは明らかでないと説明した。

沖縄県では県議会と四一市町村議会すべてで『集団自決』が日本軍による命令、強制、誘導などなしに起こりえなかったことは紛れもない事実」（座間味村議会）などと検定意見の撤回を求める意見書を採択した。九月二九日には主催者発表で一一万人を超える人々が集まった県民大会が開催され、検定意見撤回を決議した。その年末、沖縄の声に押された文科省は軍の関与を認めたが、検定意見撤回はあくまでも拒否し、日本軍による強制の記述はあくまでも認めないという検定を堅持した。そのためこの問題は依然として解決されないままになっている。

ところで、沖縄戦における住民の経験にかかわることが教科書に書かれるようになるのはそれほど古いことではない。一九八二年の検定ではアジアへの「侵略」を「進出」などに書き換えさせる検定が国際問題化し、いわゆる教科書問題が起きた。この時、高校教科書『日本史』（実教出版）の脚注において、江口圭一氏が日本軍による住民殺害について記述したところ検定意見がつき、結局、削除せざるを得なくなった。文部省（当時）は、『沖縄県史』は「体験談を集めたもので一級の資料ではない」などと沖縄県民の証言を頭から否定した。

この検定について沖縄県議会は全会一致で、「県民殺害は否定することのできない厳然たる事実」だとし、「同記述の回復」を求める意見書を採択した。その結果、文部省は譲歩せざるを得なくなり、その後は日本軍による住民殺害の記述が教科書に載るようになった。

しかし、翌年八三年の検定において、日本軍の住民殺害を記述した家永三郎氏が執筆した高校日本史教科書『新日本史』に対して、集団自決の人数のほうが多かったのだから、集団自決をまず書けとの検定意見がつけられた。それに承服できない家永三郎氏は裁判に訴えた。この第三次教科書訴訟では南京虐殺や七三一部隊などと並んで、沖縄戦における「集団自決」が争点となった。最高裁判決（九七年）

では家永側の敗訴となったが、「集団自決を記載する場合には、それを美化することのないよう適切な表現を加えることによって他の要因とは関係なしに県民が自発的に自殺したものとの誤解を避けることも可能」だという判断が下された。そうしたことから、「集団自決」は決して自発的に起きたものではなく日本軍による強制によるものであることがはっきりとわかるような記述がなされるようになっていったのである。

二〇〇七年の検定の背景には、大江健三郎氏の『沖縄ノート』などをめぐって二〇〇五年八月に大阪で提訴された訴訟がある。座間味島の元日本軍戦隊長と、渡嘉敷島の元戦隊長の弟が、軍命令がなかったのにあったと書いたのは名誉毀損だとして大江健三郎氏と岩波書店を相手取り、出版差し止めと損害賠償を求めて大阪地裁に提訴した。この原告側弁護団には、翌年に首相になった安倍晋三氏を担ぐグループが含まれていた。

この訴訟の背景には、「新しい歴史教科書をつくる会」や「自由主義史観研究会」などの歴史を改ざんし日本の戦争を正当化しようとする勢力の全面的な支援があった。だが二〇〇八年三月に大阪地裁、一〇月に大阪高裁で判決が下され、いずれも原告の主張はほぼ全面的に退けられた。

上記の検定がおこなわれたのは安倍内閣の時期であり、日本軍の正当化を通じて、憲法九条の改悪と戦争のできる国へと日本を変えようとする動きの一環であったといえる。

第6章

なぜこれほどまでに犠牲が生まれたのか

1　日本軍の戦争指導と軍人の被害

沖縄戦での日本軍人の死者は、本土出身者が六万六〇〇〇人、沖縄出身者が軍人・軍属を合わせて二万八〇〇〇人、計九万四〇〇〇人である。米軍の捕虜になった軍人が四五年六月末時点で七四〇一名、労務者で捕虜になった者が三三三九名である。沖縄出身者の場合、逃げて住民に紛れ込んだケースもあるが、日本軍のうち九割は戦死していると見てよい。沖縄戦は、太平洋戦争の各地での戦闘に比べれば捕虜になった比率が高い戦闘であるが、それにしても戦死率が非常に高い。米軍の場合、戦傷者が戦死者（行方不明を含む）の三倍ほどである。戦傷者のほうが多いのが普通なので、日本軍は戦傷者にも最後まで戦うか、自決を強要し、死なせたという点では際立っている。このことは、戦争一般に原因を求めることはできず、日本軍の側に問題があったことを意味している。

何よりも決定的だったのは、捕虜になることを許さない日本軍・日本国家の思想である。四一年一月に東条英機陸軍大臣によって布達された戦陣訓の中の「生きて虜囚《りよしゆう》の辱《はずかしめ》を受けず、死して罪禍の汚名を残すこと勿《なか》れ」という一句が有名である。これは天皇の裁可を得て、陸軍部内に示達した陸軍大臣の訓示である。

すでに三九年一〇月に制定された『作戦要務令　第三部』において、「死傷者は万難を排し敵手に委せざる如く勉むるを要す」と、負傷者であっても敵の捕虜にならないように処置することが定められていた。それまで「已むを得ず傷者を赤十字条約の保護に委する場合」というように、負傷兵が捕虜になることを想定した規定が以前の『陣中要務令』には含まれていたが、そうした記述はなくなった。

この『作戦要務令』は天皇が裁可し軍令として公布されたもので御名御璽《ぎょめいぎょじ》（天皇の署名と公印）がある。命令の格から言えばこちらのほうが戦陣訓よりはるかに上である。

沖縄戦において部隊や野戦病院が撤退する際に動けない重傷患者を殺害したのは、このように軍中央の方針、言い換えると天皇の命令であった。

沖縄戦が始まってまもなくの四月二〇日付で大本営陸軍部が配布した『国土決戦教令』では「第十一決戦間傷病者は後送せざるを本旨とす　負傷者に対する最大の戦友道は速かに敵を撃滅するに在るを銘肝し敵撃滅の一途に邁進するを要す　戦友の看護付添は之を認めず　戦闘間衛生部員は第一線に進出して治療に任ずべし」とある。それに続いて「第十二」では「戦闘中の部隊の後退は之を許さず」とされている。負傷兵は戦場に放置し、後退することなく戦えというもので、全将兵に「玉砕」を強いるものであった。

沖縄戦では、戦闘方法においても生還を許さない特攻攻撃（自殺攻撃）がおこなわれた。「挺身（進）斬込」とか「肉攻」と呼ばれたものがそれである。夜間に爆雷や手榴弾、槍により米軍陣地に突入したり、昼間は爆雷を抱え、あるいは背負って米軍戦車に突撃するなどの方法がとられた。

現役兵として一九歳で第二四師団歩兵第三二連隊に入隊したある沖縄出身兵士は、「箱爆雷といってね、六キロぐらいあるんだけど、これ胸にこう抱いてさ、戦車の下敷きになるんだよ。戦車のチェーン（キャタピラ）があるでしょ、あの下敷きになるんだ」とその方法について語っている（照屋清次さん、NHK「戦争証言」プロジェクト『証言記録　兵士たちの戦争（2）』一六三頁）。第三二軍からの報告をもとに大本営陸軍部がまとめた戦訓「沖縄作戦の教訓」（四五年六月二九日）の中で、「斬込班」は三〜五名がもっともよく、各人が槍と手榴弾二〜三発を持ち、各組で爆雷一〜二個を持つのがよいとされている。「小銃は重く不要」とあるので、手榴弾を投げ、爆雷を抱えて突っ込み、後は槍で戦えというものだった。生きて帰ってくることは想定されていない戦法としか言いようがない。また戦車に対する攻撃としては、第一に「爆薬肉攻の威力は大なり」と爆雷を抱えての自殺攻撃が奨励されている。

第六二師団輜重隊の史実資料によると、四四年一〇月の入隊兵でも「一部は帯剣のみにして小銃を支給すること能《あた》はさる」状況であり、四五年三月の入隊兵の場合、「三月二〇日頃に至り漸やく帯剣のみを支給し、銃は其の一部を支給したるに過ぎず」と振り返っている。後方部隊や防衛隊の場合、小銃さえも支給されないことが多かった。

三月になって南風原から防衛召集され野戦重砲隊に配属された翁長朝義さんの場合、支給された武器は竹槍一本に過ぎず、後になって手榴弾が二個ずつ支給された（翁長朝義『沖縄戦　一防衛隊員の手記』一三頁）。嘉手納飛行場に配属された喜友名朝敏さんの場合、渡されたのは、一五人の分隊に小銃二丁、弾丸二〇個、擲弾筒一丁とその弾二〜三発、石を割るときに使うハッパ（芋と呼ばれたダイナマイト）、一二、三人分の竹槍だった（上勢頭・四九六頁）。二月末に防衛召集され、兵站本部の中隊に配属された池宮城秀意さんの場合、三月下旬に全員に銃剣が支給され、四月はじめになって小隊一五〇人に対して小銃五〇丁が支給されたという。つまり三人に一丁だった（池宮城秀意『沖縄に生きて』四八頁）。

こうした急造の兵士たちが「肉攻」「斬込」、すなわち陸での特攻に駆りだされたのである。

第三二軍が軍中央に向けて五月に報告した「第三二軍沖縄戦訓集」の中の「第一線戦力補充要領」には、次のように書いている。

「1　歩兵戦力消耗するや概ね軍直轄部隊毎に防衛召集兵、任務終了せる後方航空地上勤務部隊の解隊兵力により之を補充す

2　砲兵、高射砲、重火器部隊等にして兵器消耗するや逐次之を歩兵化す

3　広範囲に亘《わた》り南部海岸方面守備の第三二軍警備隊をして防衛召集を実施せしむ（民家の洞窟に入り健康男子を捜索連行する）

4　之等を以て第一線戦力化の為には伝統ある歩兵大、中隊に混入するを要し独立編成を採るは不可なり

5　兵器無き者は簡単なる任務を持つ挺進斬込に使用することあり　本県人は鈍感なるを以て事前準備周到なる時は相当の効果あり

（6・7略）」

つまり歩兵部隊が消耗するにつれ、他の部隊の兵員を逐次歩兵化し、さらにそれだけでなく壕に避難している住民をも連行し兵士として補充していった。そして武器のない者は「挺進斬込」すなわち爆雷

などを抱えての自殺攻撃に駆りだしたことを「戦訓」として送っているのである。さらに沖縄人は「鈍感」だとまで付け加えている。

小銃さえもろくに渡されなかったかれらは、当初は弾薬や食糧などの運搬などに使われるが、その後は斬り込み攻撃にも投入された。地元出身者は斬り込み攻撃の案内にも使われた。かれらは爆雷を抱えての「肉攻」の訓練をやらされた。「沖縄戦訓集」の中には、「後方部隊には平時より本訓練（挺身斬込のこと）を行い、随時第一線配属準備するを要す」とある。

西原で防衛召集されて第六二師団に配属された野国昌象さんは、そこで手榴弾や竹槍の使い方を訓練され、さらに「竹で戦車の模型をつくりまして、一尺四方くらいの箱に弾が入っていましたよ。それを背中に負いまして、戦車に突っ込みます。そうすると戦車は引っくり返ります」という訓練をやらされた（県史9・六八四頁）。

伊江島で救護班として動員されていた古堅保子さんは、斬り込みに行った兵が重傷で戻ってくると「上官が『どうして死なかったんだ、どうして生きて帰ったんだ』と怒鳴りつけていたこと、また分隊長が重傷者を壕の外に出して自決を命じたこと、など、戦闘のむごたらしさ、日本軍の非人間的行為が強烈な印象として残っています」と回想している。彼女たちも兵隊と一緒に玉砕することになり手榴弾二個を与えられ、飛行場方面に斬り込みする班に入れられて出かけたが、途中、砲撃でバラバラになって助かった（県史10・六二七頁）。

確かに日本軍は攻勢に出ることは控えて時間稼ぎの戦法を採用したが、米軍の攻撃に対して挺身斬り込みや肉攻で対抗し、日々確実に自軍の兵力を減らしていった。陣地を撤退するときには、連れて行けない重傷者は捕虜にならないように自決を強要あるいは殺害していった。

ところで一九三一年から四五年までの十五年戦争における日本軍将兵の戦死者数は合計で約二三〇万人、そのうち、半数あるいは半数以上が餓死（飢えに基づく病死など広い意味での）だった（藤原彰『餓死した英霊たち』）。また戦闘での戦死者の中でも、通常の軍隊であれば軍として降伏しているような絶望的な状況になっても日本軍は投降を許さなかったため、しばしば最後の突撃をおこなって全滅の道、「玉砕」と美辞麗句で呼ばれる死を選ぶことを強いられた。突撃もできないような重傷者は「自決」を強要されるか、殺された。

戦死とされている将兵のうち、おそらく半数を大きく上回る将兵たちは、通常の戦闘での戦死者というよりは、日本軍によって死を強制されたのである。日本軍とは、「莫大な無駄死にを強制した軍隊、国民を守るどころかそれを犠牲にした軍隊」（藤原彰『日本軍事史』上、二八一頁）だった。そうした軍隊が、アジアの民衆に対しては、よりいっそう残虐な軍隊だったことは言うまでもない。

このように沖縄に送り込まれた将兵たちも被害者といえるのだが、しかし住民との関係では、明らかに軍人は強い立場にあり、しばしば住民たちの犠牲のうえに生き延びていたことも付け加えておかなければならない。

2　日本軍の作戦指導と住民被害

沖縄戦での一般住民の戦没者は、沖縄県の援護行政の資料によると約九万四〇〇〇人とされている。

これとは別に、先に紹介したように沖縄出身の軍人・軍属の戦没者が二万八〇〇〇人いるが、ここには軍人として召集された男子学徒や軍属扱いの女子学徒など、軍人というよりは民間人といってもよい人たちも含まれている。沖縄出身者の戦没者数は、この二つを合わせて約一二万二〇〇〇人とされている。しかし前者の九万四〇〇〇人という数字は人口統計からの大雑把な推定数にすぎない。もっと丁寧に推定すると沖縄出身者の戦没者は軍人・軍属と民間人を合わせて約一五万人にのぼるのではないかと見られている。いずれにせよ膨大な犠牲である。

本土防衛・国体護持のための軍事戦略のもと、軍の作戦が最優先され、住民の生命や安全が無視された沖縄戦の中で、沖縄の人々はどのようにして犠牲になったのか。それについて日本軍の側の問題を整理してみよう。

さかのぼって考えていくと、戦争の敗北がほぼ確定してからもずるずると戦争を引き延ばしたこと、アメリカやイギリスに戦争をしかけるという無謀な太平洋戦争を始めたこと、さらには中国に全面的な戦争をしかけたこと、など一九三〇年代以来のプロセスそのものが問題であるが、それらの点は後で触れることとする。

軍中央・天皇の戦争指導

沖縄戦そのものが、本土防衛、国体護持（天皇制維持）のために沖縄と沖縄住民を犠牲にする捨て石作戦であった。少しでも役に立つ住民は戦闘員や労働力として徹底して動員し、食糧などの調達も軍を優先した。軍の作戦においても沖縄の住民の生命や安全を守ろうとする意図はなかった。沖縄作戦の根幹が、沖縄の人々を犠牲にする思想に貫かれていたことが問題である。

軍中央と天皇にとっては国体護持が最優先課題であり、そのために米軍に一撃を与えてから講和にもっていきたいという意図で沖縄戦をおこなった。沖縄の人々の犠牲は眼中になかったと言うしかない。また特攻作戦を考え出し、将兵だけでなく民間人まで特攻に駆りだし、さらには捕虜になることを許さないだけでなく、民間人が敵に保護されることとさえも許さないというやり方を押し付けるなど、何重にも沖縄の人々に犠牲を強いるものだった。

第三二軍の作戦

第三二軍も大本営の作戦思想を忠実に実践した。とくに五月末に首里を放棄し南部撤退を決定したことはきわめて大きな犠牲を生み出した。この南部撤退の決定は、本土決戦準備の時間稼ぎのためであった。その結果、南部に避難していた住民を巻き添えにし、多大の犠牲を出した。住民虐殺や壕追い出し、食糧強奪などの事態が南部で頻発したことにも示されている。また戦闘の長期化により、北部に避難していた人々を含め多数の餓死・マラリア死が生まれた。沖縄戦における住民の戦没者の半数以上、あるいは三分の二以上は、南部撤退後に生じている。

さらに牛島満軍司令官は、六月一九日に「最後迄敢闘せよ」との命令を出して、自らは自決した。そのため、日本軍は組織的に降伏する機会を失い、戦闘が継続し住民被害も続くことになった。

沖縄戦の中で、日本軍による直接的な住民殺害、日本軍による間接的な住民殺害（実質的に日本軍によって死に追いやられたケース）が大規模に起きたことはすでに詳しく紹介した。

沖縄戦が引き起こしたものは他にもある。離島で海上交通が途絶えたための飢えと栄養失調、病気による死、食糧難によるソテツ中毒死（毒抜きに時間がかかるため、それを十分にせずに食べてしまった場合）、長い避難生活のために衰弱あるいは怪我をして米軍に収容されてからの死、疎開途中での米軍の潜水艦攻撃による死、日本軍と一体化した武器を持った住民（在郷軍人など）による住民虐殺（スパイとして見なされ）、など沖縄戦がなければ生じなかった犠牲がある。

もちろん死者だけが問題ではない。負傷や病気がその後もさまざまな障害を残すこともある。精神的ダメージをうけ、精神障害者となること、あるいはＰＴＳＤを抱え戦後も長く苦しむこともある。家や土地を失ったこと、あるいは郷里を米軍に取られ戻れなくなったことなど物的・精神的な打撃も小さくない。戦後も米軍が駐留しつづけ、しかも実弾演習などを人里近くでおこなっているため、砲撃の音・振動のたびに沖縄戦を思い出す人も少なくない。そうしたことから、米軍基地がありつづける限り、沖縄戦の被害はいまだに継続しているといえる。

検証32

昭和天皇と沖縄

沖縄戦は天皇制を維持するために沖縄の人々が犠牲にされた戦いだったが、昭和天皇個人とのかかわりも見逃せない。四五年二月、戦争の前途を憂慮する天皇は、重臣たち七人を順次呼びだして意見を聴取した。その中で一四日に元首相近衛文麿は、敗戦は「必至」であるとし国体（天皇制）を維持するためにすみやかに戦争の終結をはかることを上奏したのに対して、天皇は「もう一度戦果を挙げてからでないと中々話は難しいと思ふ」と戦争を継続し、一度米軍を叩いて戦果を挙げることを期待し、近衛の提案を斥けた。つまり一度戦果を挙げて、有利な条件（欠かせない条件は国体＝天皇制の維持である）で戦争を終わらせようという意図だった。沖縄戦はそのための戦闘として天皇は期待していたようだ。

米軍が沖縄に上陸してきた際に第三二軍は中南部に主陣地を構えて、米軍の上陸をほとんど無抵抗で許した。それにいらだった天皇の意を受けた大本営は天皇の「御軫念」（心配）を第三二軍に四月四日に打電し、そのため第三二軍は攻勢に出て失敗した。五月四日の第三二軍による攻勢に対しても天皇は「今回の攻勢は是非成功せしめたきもの」との言葉を送り攻勢を促したが、この作戦も失敗に終わった。天皇はそれまでにも「米軍をぴしゃりと叩く事はできないのか」「何んとか叩けないかね」とくりかえしており、それを沖縄戦に期待していた。この五月はじめの攻勢の失敗により第三二軍にもはや攻勢に出る余力がなくなると、これを境に天皇の沖縄への関心は失われ、本土決戦準備に向かっていく。その後、天皇は側近を九十九里浜などに派遣して本土決戦の準備状況を調べさせたが、その不十分なことに失望した。もはや米軍を叩くことが難しいと悟った六月二二日に、ようやく天皇は和平工作をおこなうように指示したのである（山田朗『昭和天皇の軍事思想と戦略』参照）。

戦後になり、日本国憲法が制定され第九条により日本が戦争と軍隊を放棄したことに危惧を抱いた天皇は、日本と天皇制の安全のために密かにアメリカと連絡をとった。四七年九月に天皇の側近である寺崎英成を通じてGHQの外交局長シーボルトに、「天皇は、アメリカが沖縄を含む琉球の他の島々を軍事占領しつづけることを希望している」こと、「長期の貸与」という形で占領を継続することなどを提案した。このことは米本国にも伝えられた。当時、米政府内では沖縄の軍事占領を継続したい軍部と、連合国の建て前から沖縄を返還すべきと主張していた国務省が対立していた時期である。その時に天皇は自らの安全のために沖縄を売り渡す提案をしていたのである。沖縄は天皇制を維持するために、ふたたび捨て石にされた。

天皇は、日本が独立を回復した後も、米軍が日本本土に駐留しつづけることを望んだ。連合軍による占領下、天皇はその働きかけをおこなっていた。共産主義から天皇制を守るために米軍駐留を望んだのである。それが日米安保条約だった。この条約は今日まで続いているが、その日米安保体制のもとで、もっとも深刻な基地負担を強いられているのが沖縄である。基地のない平和な沖縄をめざして日本への復帰運動をおこなったにもかかわらず、一九七二年の復帰後も基地を押しつけられている。日本全体の中での沖縄の基地負担の比率はむしろ増大し、米軍基地面積の七五パーセントが沖縄に集中している。

かつて独立国だった琉球王国が日本に併合されて沖縄県になったことを琉球処分と呼んでいるが、沖縄戦とその後の米軍への売り渡しを第二の琉球処分、さらに日本への復帰にもかかわらず基地を押し付けられているのを第三の琉球処分と言うことがある。もし今後、沖縄の人々の基地縮小・撤去の要求を拒んで、普天間基地のかわりに辺野古に巨大な海上基地が建設されるようなことがあれば、それは第四の琉球処分と呼ばれることになるだろう。沖縄への差別政策を改めるのは本土の市民の責任である。

3　多くの犠牲を生み出した責任

天皇ならびに軍中央・政府の責任

すでに見てきたように、沖縄の人々や多くの将兵を犠牲にして沖縄戦をおこなった、大元帥である天皇、陸海軍の中央部の責任は大きい。二〇万人を超える沖縄県民と本土出身者を死なせた責任は、かれらにあるといってよい。

沖縄の人々をこれほどまでに組織的大規模に迫害し殺したことは、戦時国際法（国際人道法）でいう「人道に対する罪」に当てはまる行為である。狭い意味での戦争犯罪は、「通例の戦争犯罪」あるいは「戦争の法規慣例に対する違反」といわれ、敵国民に対する残虐行為が処罰の対象となる。しかし、沖縄県民ならびに朝鮮人に対する、沖縄戦での日本軍の行為は、自国民に対する行為である。朝鮮人も日本の植民地だったので日本国籍だからである。したがって沖縄戦での行為は「通例の戦争犯罪」にはあたらないが、自国民に対する残虐行為も対象に含める「人道に対する罪」であれば適用できる。朝鮮人の強制連行・強制労働や、かれらへの残虐行為、朝鮮人女性を日本軍「慰安婦」にしたことは、当時の戦時国際法に照らして「人道に対する罪」として裁くことができた。

しかし責任ある者たちは誰も処罰されることなく、被害者に対する謝罪も補償もなされないままに放置されている。

行政の責任

天皇と軍に大きな責任があることは言うまでもないが、人々を犠牲にした責任はかれらだけにはとどまらない。地方行政を担当していた内務省、沖縄県、市町村役場、警察、学校などの行政・教育機関の役割も大きい。

四三年七月より沖縄県知事を務めていた泉守紀《しゅき》知事は日本軍に非協力的であり、そのため更迭されて四五年一月末に島田叡知事が着任した。その一週間後の二月七日、長参謀長が県庁を訪問し、米機動部隊が一五日ごろには沖縄に来攻する公算が大きいとの情報をもたらし、県に対して、六ヵ月分の住民用食糧を確保すること、老幼婦女子の北部への緊急退避を早急に開始すること、の二点を要請した。県は平常業務を停止、人口移動（県外への疎開と北部への避難）と食糧関係の業務に力を集中することにした。平時行政から戦時行政への転換である。県は一〇日に中南部の市町村長や学校長らを集めて緊急会議を開き、三月中に一〇万人を北部へ移すよう指示した。

県外疎開や北部への避難についての軍の考え方は、先に紹介したように「邪魔者は去れ」というものだった。老人や女性、子どもたちだけで食糧もない北部の山岳地帯に避難することは躊躇せざるを得なかったが、男手が一緒に避難しようとすると「戦列離脱者」として取り締まりの対象にされた。荒井退造警察部長は「非該当者の立退及び疎開は明らかに戦列離脱であり厳重取締りを要する」（『沖縄新報』四五年二月二一日）と警告を発していた。警察や地方事務所、勤労動員署では逃げてきたと認められた者を発見すればその場で徴用し労務に就かせることにした（『沖縄新報』四五年二月二四日）。

県はある程度は北部での受け入れ態勢をつくろうとはしたが、基本的に役に立たない者を放り出す棄民政策に協力した。北部への避難者は約八万人と見られているが、沖縄戦の中で約二万人が飢えやマラリアなどによって犠牲になったと推定されている。

島田知事が着任してからは軍と県の関係は改善された。しかしそれは県が軍に全面的に協力するということであって、住民を守ることを意味しなかった。米軍の上陸が迫ると知事以下は首里に移動し、まもなく首里の南側の真和志村繁多川の那覇警察署の壕に移り、ここに五月末までとどまることになった。

四月二七日に開かれた市町村長会議についてはすでに紹介したが、そこで県は住民にも竹槍やカマなどを持って戦えと扇動していた。この時の知事の訓示においても、一方で避難する多数の県民の世話に注意を促しているが、同時に毎日のように出ている犠牲は「暴虐な米獣のため」だとし「これを思いわれわれは本当の意味での敵愾心を燃やし米兵と顔を合はす時がきたら必ず打殺さう」と述べている（浦崎純『消えた沖縄県』一三二頁）。

当時、毎日新聞那覇支局長で知事のそばにいた野村勇三さんは、島田知事が「軍は県民も玉砕だ、などといっているが、私はなんとしても県民を守らねばならない」と強く言っており、軍司令官にも要請したようだと述べている（島田叡氏事蹟顕彰会『沖縄の島守』六〇頁）。また浦崎人口課長によれば、軍が首里を放棄して南部に撤退することは県民の犠牲を大きくすることになると、強硬に反対の申し入れをしていたという（『消えた沖縄県』一六五頁）。

知事はある程度、軍に対して住民保護のために要望をしていたようだが、米軍は住民も皆殺しにする、一人残らず竹槍を持って米兵を倒せということを訓示し、住民を煽ったことが、軍とともに住民を死に追いやっていったことは無視できない。しかも先に紹介した指示事項や知事の訓示は『沖縄新報』に掲載されて壕に隠れている住民に配られ、警察官などによって読み上げられていったのである。また警察部輸送課長であった隈崎俊武さんは、知事から警察に対して「死んでも捕虜になるな」と訓示をうけている（隈崎俊武『手記　沖縄戦と島田知事』五九頁）。

北部で、警察は秘密戦に協力して、住民の中からのスパイ摘発の任務を指示されていたことはすでに紹介した。

五月一日には知事を総帥として、警察部を除く全職員によって沖縄県後方指導挺身隊が編成された。警察部はすでに二月に警察警備隊が編成されて戦時体制に入っていた。この後方指導挺身隊は、戦意昂揚、夜間増産、壕生活指導の三つを主な任務とした（『消えた沖縄県』一三五頁以下、荒井紀雄『戦さ世の県庁』一一二頁）。挺身隊員たちは夜になると住民が隠れている壕をまわって常会を開かせて三つの任務に従った指導をおこなった。壕内では町村役場の書類が持ち込まれ、防衛隊などの動員業務も継続されており、後方指導挺身隊は壕に避難していた住民を軍の協力に駆りだす役割を果たしていたと見られる。後方指導挺身隊のメンバーであった中原知光さんは、軍から来た印刷物をもって壕をまわり、住民に読み聞かせ戦意高揚をはかったことを語っている（石原昌家『証言・沖縄戦』一九一頁）。

そもそも日本軍がやってくるまで、戦争に反対あるいは批判的な人々を弾圧し、自由な言論を取り締まり、人々を戦争に駆り立てていったのは県（警察を含む）をはじめとする行政機関だった。男子学徒隊に一四歳以上の生徒たちを軍人として動員するうえで、県は重要な役割を果たした。軍だけでは総力戦を戦うことはできない。当時の状況の中で行政が住民の保護のためにできたことはきわめて限られていただろうが、少なくとも当時の法に依拠して少しでも住民の保護のための努力をおこなう余地はあったはずである。学徒隊の問題はそのひとつだろう。今日の戦時法制である有事法制においても行政機関の役割は大きいことを考えると、行政の果たした役割を見逃すことはできない。

教育の責任

行政機関の一部といえるかもしれないが、教育・学校の果たした役割は大きい。学校の校長や教員は地域社会では有力者であった。

県立第一中学の藤野憲夫校長は「徹底した軍国主義者」であり、「お前らを、死ぬ一歩手前まで訓練してやる」とそれを実行していた。生徒たちは、学校の正門におかれた「蔣介石」と墨書した大石をハンマーで叩いたり、「ルーズベルト」の藁人形を「直突一本突け」と木銃で突いてから教室に入らされた（那覇3-7・三頁）。

国民学校六年生だった大城良信さんによると、三年生から陣地壕の土出しや戦車断崖の石運びなどをさせられ、学校での竹槍訓練では、先生が「パラシュートで降りてくるアメリカ兵隊は五分ぐらいは目が回ってフラフラしているので、そこを竹槍で突く」「アメリカ兵は山羊目だから夜は物が見えない」などと言っていたという（糸満下・三二〇―三二一頁）。久高将男さんの学校では、六年生以上は、「学校ではルーズベルト、チャーチルの藁人形を作って竹槍で突撃した」（具志川5・二〇五頁）。

安慶名貞雄さんによると、国民学校の運動会では、一年生から高等二年まで、「短棒投げの競技」があり、手榴弾と思って投げなさいと言われていた。チャーチル、ルーズベルト、ニミッツらをベニヤ板でかたどって作り、三〇メートルくらい離れているところから一人五本ずつ投げる。一本も当たらないと殴られた。「一人で五人以上殺さないと日本は戦争に勝てないと子どもたちに教えていた」という（具志川5・二六九頁）。

知念清徳さんは四四年に高等科二年で少年団長をしていたが、「我らの体は大君のもの　我らの心も大君のもの　心と体を練り鍛え　大君に捧げます」と式台で「誓いの言葉」を生徒たちの前で言っていたという（具志川5・二三九頁）。

首里高女の生徒だった比嘉トヨ子さんは、教師から「日本人として、恥じないような立派な死にかたをするんだ……犬死はするな……米兵を一人でも多く殺してから死ぬんだ」と聞かされていた。しかし彼女が生きのびて収容所に入れられたとき、その教師が右腕に腕章をして人々を整列させていたのを見て、「私は自分の目をうたがった」と衝撃を受けた（那覇『市民の戦時体験記』第一集、二四頁）。

沖縄戦の中で自らの教育に深刻な反省をせざるを得なかった教員もいた。県警察部輸送課長だった隈崎俊武さんによると、南部で、首里小学校の小山先生が来て、「私は今迄皇軍を神兵と讃えて、子供達を教育して来たが、今彼等の何処に神兵の姿があるのです。子供達を瞞《だま》したことが心苦しい。毎日彼等の仕草を見ていると我慢出来ない。手榴弾を叩きつけて私も死にます」と「体を震わせて」、手榴弾をくれと言ったという（『手記　沖縄戦と島田知事』三一―三二頁）。

師範学校女子部と県立第一高等女学校の生徒からなるひめゆり学徒隊の動員にあたっては、徹底した皇民化教育と同時に強制・脅迫の手段も使われていた。疎開しようとする生徒たちに対して、生徒指導主事をはじめ教師からは、「沖縄が戦場になったとき、残って学校と運命をともにするか、それとも自宅へ帰るか」「御真影の元に三〇〇の職員生徒が倒れていたという話はなんと美しい話ではないか」（伊波園子『ひめゆりの沖縄戦』二六頁)、国頭へ疎開してそこで死んだら犬死だ、靖国神社と犬死とどちらを選ぶか(那覇2中6・三六三頁)、「この戦争で、内地から兵隊さんたちが君らの島を護りに来ているのに、君は自分の島を捨てて行くのか」「君らは、一年の時から官費をもらってこれまでやってきたんじゃないか」「もらった官費は、両耳揃えて返せるか」「君は、訓導の免許ももらえんぞ」、疎開するのは「国賊だ、非国民だ」(ひめゆり同窓会相思樹会『戦争と平和のはざまで』八四頁、一〇四頁)などと言われている。とくに師範学校の生徒は、奨学金をもらって通っていたので、それを全額返せと言われるとどうしようもなかった。教師の中には、こっそりと早く疎開するようにすすめる者も何人かいたが、公然と言うことはできなかった。

国のために死ぬことを美化して生徒たちにもそれを求め、あるいは米軍の残虐性をくりかえし語って、生徒たちが米軍に保護されないように教え込んでいたのは、ほとんどの学校に共通している。軍や警察、文部省など教育行政からの圧力があったことは言うまでもないが、それだけではなく時流に迎合していく、それ以上に過剰に迎合していく向きがあったのではないだろうか。今日、日の丸・君が代を教職員や生徒に強制している文部科学省や教育委員会、校長や一部の教員たちを見ると、教育の責任をあらためて問いなおさなければならないように思う。

住民の責任

国や軍の指導者、県など行政幹部たちと同列に扱うことはできないが、沖縄の人々が単に被害者だったというだけで済ますことはできない問題がある。日本軍による住民に対する残虐行為という場合、日本軍の中には当然のことながら多くの沖縄人が含まれていたし、住民の中にも、とくに役場の職員や地域の幹部たちは軍に協力して、それらの加害行為に加担していた人々がいた。やむなく協力せざるを得なかった人が多かったかもしれないが、積極的に協力していた人々も少なくなかった。

渡嘉敷島では、米軍に捕まってから逃げてきた少年二人、米軍に頼まれて投降勧告をしてきた伊江島の男女六人、防衛隊から逃亡した大城訓導（渡嘉敷国民学校教頭）、さらに八月一六日に投降勧告をしてきた二人、さらに逃げ出した朝鮮人軍夫など多くの人々を海上挺進第三戦隊（赤松嘉次大尉）が虐殺した。この赤松隊の副官は沖縄出身の知念朝睦少尉だったが、彼自らもそうした処刑をおこない、戦後もその殺害を反省していない（県史10・七六九―七七五頁）。

南部の糸数《いとかず》壕（アブチラガマ）では、そこに残っていた兵士たちが「壕内の避難民は壕外へ出さない。出る者は射殺する」と命令すると同時に、米軍の捕虜になった者はスパイ容疑者として壕に近づけず、来る者は射殺することを命じていた。その結果、三人の付近に住む住民が殺された。沖縄戦が終わったことを告げ、壕から出るようにすすめに来た二人の住民はスパイとして殺されそうになるが、かろうじて逃げることができた。このガマの中では玉城村の兵事主任や在郷軍人会分会長などの住民が、日本兵に協力して見張りをおこなうなど、「軍民一体となって住民をスパイ視して虐殺」することがおこなわれた。この軍官民一体の恐怖政治は八月二三日まで続いた（石原昌家『虐殺の島』一七―五一頁、同『沖縄の旅・アブチラガマと轟の壕』第一部）。

投降しようとする者、あるいは人々の中で投降を主張する者に対して、スパイ視したり卑怯者扱いすることはよくあった。もちろんそういう見方しかできない人々はそのように洗脳されてしまっており、被害者であるのだが、しかし投降しようとする者を抑え、時には日本軍に密告をするなど加害者としてのふるまいをしてしまったことも無視できない。

安仁屋政昭氏は「沖縄県民の側にも、この差別政策に全身を委ねていく姿勢が形成されていたことについても明らかにしなければならない。とくに沖縄の支配層、上は県庁の上級官吏から、警察官、教員、市町村長、兵事主任等にいたるまで、『天皇の赤子』として『恥づかしくない死に方』を一般庶民に指導した階層の言動は不問に付してはならないだろう」(県史10・一一〇七頁)と指摘している。

沖縄の中で、戦争中は日本軍に協力し、戦後は米軍政に協力して基地反対運動や復帰運動を敵視し、日本に復帰すると日本政府に協力して基地維持を主張するなど、権力者に追随して沖縄の人々を抑える側にまわる人々が少なくない。

すでに見たが、マスメディアの役割も大きい。総力戦というのは、国家があらゆる組織・手段を動員して戦争を遂行するのであり、人々がそこに絡《から》め取られてしまうと、被害者であっても加害に加担させられることになる。加害者にならないことが被害者にならないことと不可分の課題ではないだろうか。

検証33 男女の役割と差別

「集団自決」では、女性と子どもの犠牲者が多い。男が兵隊に取られているので、村に残された者は女性と子どもが多いからという理由だけではないように思える。「集団自決」では、地域社会の指導者がその決断を下したうえで、家族の長である男性が手榴弾を爆発させるなど決断実行している。手榴弾が不発だったり、手榴弾がない場合には、家長あるいはその跡継ぎである若い青年男性が、女性や子ども、老人を殺し、その後、自らも死のうとしている。

男性たちの意識の中で、米軍に捕えられて、女性たちは陵辱をうけ、みなが無惨に殺されるくらいであれば、むしろ清いままで死なせよう、それが家長としての家族への愛情であるという思いがなかったとは言えないだろう。ある意味で家族を守ろうとする倒錯した行為だった。

男が兵隊に召集されて戦場に駆りだされるとき、自分を納得させるために、家族つまり女性や子どもたちを守るため、という理屈が使われる。兵士として戦場に赴くことは、敵を殺そうとすることでもあるが、家制度における家族を守ろうとする意識が、人を殺す方向に利用されている。「集団自決」においては、この殺人は家族そのものに向けられることになる。

特攻隊への志願を求められたとき、命を惜しんで志願しないのは卑怯者であり男らしくないとされる。男らしさが、男たちを戦場へ、人殺しへと駆り立てる理屈となっているのは、今日の軍隊においても同じである。

男系の家制度のもとでは、女性の純潔が重視される。その思想のもとでは強かん、とくに敵兵による強かんは、通常の暴力以上に女性に屈辱を与えるだけでなく、家の恥とも認識され、かつ女性自身が汚れた存在として地域社会から差別迫害されることが多い。女性差別の家制度のあり方が、悲劇を生み出す一因にあるという点を考えておかなければならない。

こうした男らしさの暴力は、現在の日本社会でもよく見られる。仕事や社会で一人前に扱われない男が、「バカにされた」という思いから、男であることを見せようとして、あるいは男でありたいとして、暴力に訴えるケースが後を絶たない。それは時には、無差別殺人にまで及ぶこともある。男であることの証明が暴力によってなされると思い込んでいることに共通性があるのではないだろうか。

こうした家制度の頂点にあるのが、言うまでもなく男系しか認めない天皇制である。日本国全体がひとつの家であるかのように擬制し、その家長が天皇である。

ところで、日中戦争期に沖縄の皇民化政策のひとつとして「改姓改名」が県の指導でおこなわれた。これは沖縄的なものは遅れたもの、野蛮なものとして否定する問題のある政策なのだが、別の側面もあったように思える。というのは、沖縄では男性の場合、漢字を使ったきちんと意味のある名前を付けてもらえたのに対して、女性の場合、「ナベ」「カマ」「カメ」などのように、意味のある名前を付けてもらえないことが多かった。「平和の礎」に刻まれた戦没者の名前を見てみると、その違いがわかる。とくに教育を受けた女性の場合、この「改姓改名」はまっとうな名前を獲得できるチャンスだった。沖縄社会の中の女性差別から解放されたいという願望が同化あるいは皇民化政策に同調していく契機となっていた側面があった（堀場清子『イナグヤナナバチ』参照）。

沖縄社会だけの問題ではないが、たとえば軍隊に入れないのでお国のために尽くす機会がないことを女性が差別される一因だと考えていた若い女性が、看護婦などで軍の役に立てることを喜びに感じていたこともあった。県立第二高等女学校の生徒だった崎山麗子さんは、中学校の男子生徒たちが少年航空隊や幼年学校などに入るのを「うらやましい気持ちで見て」おり、白梅学徒隊に動員されたとき「いよいよお国のために役立つことができるのだ」と「ウキウキ」していたという（行田稔彦『生と死・いのちの証言　沖縄戦』二二二―二二三頁）。ひめゆり学徒隊が動員されるとき、師範学校女子部長の西岡部長は生徒たちに向かって「君たちは女でありながら国のために尽くすことができるのだ」という趣旨のことを話したという（同二七〇頁）。

差別されている人たちが、差別を生み出しているものに利用されるということがある。実際、本土の女性運動の指導者の中には、戦争に協力することが女性差別の解消につながると考えた人たちも少なくなかった。もちろん実際には利用されただけなのだが。

現在でも貧しい階層の青年が軍隊に入る傾向がアメリカでも日本でもある。差別から逃れたいという願いが戦争に利用されるということは今日の問題でもある。

4　米軍の責任

沖縄の人々に多大な犠牲をもたらしたことについては日本軍の責任が大きいが、米軍にも問題があったことも指摘しておかなければならない。まず空襲の問題をとりあげると、一九四四年一〇月一〇日に米軍がおこなった沖縄への空襲（一〇・一〇空襲）では那覇の民間地区を無差別に爆撃し、市内の九割が壊滅した。この空襲をおこなった米第三艦隊第三八機動部隊の報告書によると、計一三五六回出撃、投下した爆弾総量は五四一トン、ロケット弾六五二発、魚雷二一発、戦闘で失った戦闘機八機、その他で失ったもの六機、計一四機、失った搭乗員九名となっている。

この一〇・一〇空襲に対して日本政府は中立国であったスペイン政府を通じてアメリカに抗議をおこなった。四四年一二月九日付の日本政府の覚書の中で次のように述べている。「米軍機は、学校や病院、寺院、住居などのような那覇市街の非軍事的目標にやみくもに攻撃を加え、灰燼に帰せしめた。同時に無差別爆撃と低空からの機銃掃射により多数の民間人を殺害した。日本政府は、非軍事的目標や罪のない民間人に対するこのような意図的な攻撃が、今日、諸国家間で承認されている人道の原則と国際法に対するきわめて重大な違反であると認め、抗議する。」（外務省外交史料館所蔵資料）

無差別爆撃は国際法違反であるとはっきりと抗議した日本政府の議論は——日本自らが中国などにおこなった無差別爆撃を棚に上げてアメリカに抗議する資格はないとも言えるが——きわめて明快で今日でも有効な議論である。

この抗議を受けて米統合参謀本部が調査したところ、この空襲は、敵航空機や艦船、航空・船舶施設などの破壊を任務とするものであったが、第三次攻撃までに主な攻撃目標がほぼ破壊されたので、その後のいくつかの攻撃隊が那覇市街地域の建物や倉庫を爆撃、機銃掃射をおこなったことを確認した。日本政府が主張する被害は事実であることを米軍も認めざるをえなかった。

しかし統合参謀本部は、空戦についての明確な国際法はなく、また軍事目標の近くにいる民間人が巻き添えを食ってもそれは国際法に反しないという論理を出して、正当化しようとしてきた。ただ米政府は民間人を爆撃することをくりかえし非難してきたので、この空襲が国際法違反ではないと主張するとこれまでの見解と矛盾してしまうことに気づいていた。そこで日本政府の抗議に対しては回答しないと決めたのである。要するに、答えようがなくなったので無視したのである（統合参謀本部の資料による）。

米軍は当初は日本に対して軍事施設を標的とした爆撃をおこなっていたが、四五年三月の東京大空襲以降、民間人も標的にした無差別爆撃を本格的におこなうようになった。一〇・一〇空襲はそれへの第一歩だった。

今日、イラクやアフガニスタンなどで米軍が空爆にともなう市民の犠牲を「誤爆」にすぎないとか「付随的損失」でしかないと言って反省しないひとつの原点がここにあるように思える。

米軍は、まず徹底した砲爆撃を加え、そのうえで戦車と歩兵が進攻する戦法をとった。民間人がいるとわかっていても、日本軍がいれば、徹底した攻撃をおこなった。確かに軍人と民間人を分離せず混在させていたこと、軍人が夜間斬り込みなどの際に軍服を脱いで民間人のふりをして攻撃をおこなっていたこと、民間人にも手榴弾などで斬り込みに参加させていたこと、など日本軍に原因があると言えるのだが、無差別の砲爆撃が多くの犠牲を生んだことは無視できない。この点は、マニラ戦での米軍の攻撃の仕方と共通している。フィリピン市民がたくさんいるとわかっていても、日本軍がいると見られる建物に徹底した砲撃を加えて破壊した。米軍にとって何よりも大事なことは、米軍人の被害を最小に抑えるということだった。

こうした米軍の戦争のやり方はいまも続いている。米軍はピンポイント爆撃と称しながら、実際には多くの民間人が犠牲になっている。空爆を多用するのは米兵の被害が少なくて済むからである。地上戦では、たとえばある地点から攻撃を受ければ、そこが住宅密集地であってもその一帯に徹底して砲爆撃を加え破壊する。民間人であっても自軍の防衛のためには警告なしに攻撃するという方法は、現在でもごく普通におこなわれている。

二〇〇四年四月にイラクのファルージャで米軍は七〇〇人以上のイラク人を殺害したが、その虐殺としか言いようのない攻撃はマニラ戦や沖縄戦でのやり方を思い起こさせるものがある。ファルージャでの戦闘には沖縄の海兵隊も参加していた。かれらの沖縄駐留は日本政府が支持し経費の多くを出していることはよく知られている。そうした海兵隊のために日本政府は北部の辺野古に数千億円をかけて新しい海上基地を建設しようとまでしている。住民を犠牲にしながらもそうした戦争を反省しようとしない日米両政府の軍事同盟が、イラクでの米軍による住民被害を増大させている。

沖縄戦の体験者の証言を見ていくと、米兵は鬼畜だと教えられていたので怖かったが、捕まえた住民の怪我の手当てをしてくれたり食糧をくれたり親切だった、むしろ日本軍のほうが怖かったと語る人が、本書で紹介した例の他にもたくさんいる。ガマの入口に来た米兵は通訳（日系二世が多かった）を通じて、助けるので出て来いと呼びかけ、出てきた人々を保護した。すでに保護した住民を使ってそうした呼びかけをさせることもあった。米軍に捕まった者はスパイだとして襲撃してくる日本軍から住民を守ることさえあった。これは沖縄住民が抵抗しないように日本軍から切り離す戦略のひとつだったが、その結果多くの住民が生き延びることができたことも事実である。

その一方で捕まえた成年男子を殺害したり、女性を暴行するなどの行為も少なくなかった。そうした米兵による住民への犯罪は一部は取り締まられているが、ほとんどが見逃された。

米軍は、日本軍に比べればはるかに人道的であったと言えるが、自分たちの損害を防ぐことが第一であり、沖縄の民間人への一定の保護政策は、日本軍と沖縄住民を離反させ、戦闘を有利に運ぼうとする軍事戦略のひとつだった。したがって米軍の軍事目的のためには、住民を犠牲にすることでもあえておこなうのである。戦後の基地拡張やその維持のために住民を犠牲にしたことと、沖縄戦における住民への対応は、その点では一貫していると言える（一〇・一〇空襲については、久手堅憲俊『沖縄を襲った米大艦隊』参照）。

5　「非国民」が命を救った——組織・社会と個人

沖縄戦の中で、住民たちを守ったのは誰だったのだろうか。少なくとも日本軍ではなかった。住民を守ろうとした軍人はいたが、それは個人的な行為であって、軍としての組織的な行為ではなかった。住民たちを守った人々は、日本軍や政府の命令、教えに反して行動した人である。

有名なのは読谷村のシムクガマに隠れていた住民約一〇〇〇人が、ハワイ帰りの二人の判断で集団投降し助かったケースである。そのうちの一人の比嘉平治さんはハワイでバスの運転手をして英語を少し話すことができた。だからアメリカ人は鬼畜だという宣伝にも惑わされず、アメリカに戦争を挑んだ日本の無謀さをわかっていた。壕に米軍が来たときに血気にはやる青年たちが竹槍で挑もうとしたが、かれらを押しとどめ、自らが出て行って米兵に住民しかいないと説明し投降して助かった。住民数百人あるいは数十人が集団で米軍に保護されたケースは他にもたくさんあるが、そこでは地域の指導者が軍や政府の宣伝を鵜呑みにせず、米兵と話をし、住民を説得することでみんなで助かっている。もちろん日本軍がそこにいれば、そうした人たちはスパイとして殺されていたので、日本軍がいないことが助かるための必要条件だったことは言うまでもない。

沖縄現地で召集された防衛隊員の場合、戦場で脱走した者がたくさんいた。かれらの多くは軍の中で本土出身兵に差別虐待されたため、こんな連中と一緒に死ねないと考えた。三〇代、四〇代の隊員には家族のことが心配で逃げ出す者も多かったし、戦況から日本軍は負けると判断しこんな戦争で死ねないと考えた者もいた。本土出身兵の中にも脱走した者が少なくない。こんな戦争で死ぬことはないと部下の防衛隊員に脱走をすすめたり黙認した将校や下士官もいた。ただ日本軍に見つかると殺されるし、砲爆撃の中をくぐってうまく米軍に捕まることも難しかったので、脱走したにもかかわらず逃げる途中で倒れたケースも少なくなかった。生徒を軍に動員された中学校や女学校の教師や軍の将校・軍医の中にも、生徒たちを戦闘に巻き込むことに反対した人たちがいた。県立第二中学では配属将校が、食糧がないことを理由に生徒たちを家に帰した。県立農林学校では引率教師が銃殺を覚悟で生徒を家に帰した。

確かに軍や政府の宣伝や教育にだまされていた人々が多かったが、他方、そうした嘘を見抜き自分の頭で状況を考え判断し行動した人たちも決して少なくなかった。かれらは当時の言葉でいえば「非国民」であったが、その「非国民」こそが多くの住民の生命を救ったのである。このことは国家の言うことを批判的にとらえ、自らの頭で考えることの大切さを示している。

しかしこうした人たちの存在は国家にとっては都合が悪い。ひめゆり学徒のことは知られてもよいが、それは彼女たちを死に追いやった責任は問われず、戦争という抽象的なもののせいだという形で、しかもいたいけな少女たちが純粋にお国のために働いて死んだという殉国美談として語られる限りにおいてである。そうではない「非国民」の存在は闇に葬ってしまいたい、というのが戦後の日本政府と社会の思惑だった。だから沖縄でもシムクガマの入口にある碑の他は、こうした人々の存在を示す記念碑は残

シムクガマ入口の「救命洞窟之碑」

念ながらない。

　中学生や高等女学校などの生徒たちの場合、かれらは誰よりも軍国主義教育・皇民化教育を受けており、それを信じ込んでいた者が多かった世代・階層である。そのかれらが最後に追い詰められた時に、どのような大人が——将兵であったり、教員であったり、親や親戚、たまたま居合わせた大人——一緒にいたのかによって、運命が分かれたといえる。その時に大人たちが、死ぬな、米軍に捕まっても大丈夫だから生きるんだと言えたかどうかが大きかった。

　日本軍と政府は、人々が「生きたい」と言わせないようにしたし、そうした行動を許さなかった。国家と天皇のために死ぬことを名誉だとしてほめたたえる一方で、米軍による残虐性を宣伝して、人々がそういう選択をしないようにした。そして実際に米軍に捕まってでも生きようとする人々を殺した。生きることを許さない国家だった。

　戦争が人々を死に追いやったという言い方は間違いで

はないが、きわめて不正確である。戦争という抽象的なものではなく、日本国家と軍が、一人ひとりにとってはそこにいた軍人や他の大人たちが、一人ひとりを死に追いやった。一人ひとりを救ったのも、同じように具体的な個人だった。

もちろん生きようとしても砲爆撃によって生きることができなかった人々が多い。それを戦争が殺したという言い方をすることがあるが、しかし、外で砲爆撃によって死んだのであれば、なぜガマの中で隠れていることができなかったのか、なぜ砲爆撃を受けないような民間人のための安全地帯が設定されていなかったのか、ガマの中にいて米軍の攻撃で死んだのであれば、なぜ米軍の呼びかけに応じてガマから出なかったのか、という疑問を問いかけなければならない。「戦争が殺した」と言ってしまうことは、そうした疑問を封じ、原因と責任を追及させないための方便ではないだろうか。そうした原因と責任の追及は、戦後の日本社会が避けてきたことではないだろうか。こうした犠牲を生み出したものが、戦後も生きつづけてきた。そのことが今日の日本の問題である。

6　どうすれば犠牲を避けられたのか

沖縄戦による膨大な被害をどうすれば避けられたのか、いくつかのポイントを考えてみたい。その前提として、日本の近代史におけるいくつかの転換点がある。

一九一〇年代から二〇年代の大正デモクラシーと政党政治の挫折、そして三〇年代には軍国主義とファシズムへと進んでいく。治安維持法をはじめとする弾圧法規による民衆の社会主義的あるいは民主主義的な運動の弾圧、市民の自由の抑圧が厳しくなり、中国への排外主義が煽られていく。こうした民衆の自由や運動の抑圧が、政党政治の基盤を掘り崩し、軍国主義とファシズムに対する抵抗力を奪っていった。

三〇年代の中ごろは、中国への全面的な侵略戦争へと突き進んでいくかどうかの転換点だった。天皇機関説を否定し絶対的な天皇像を盾にするようになったことは、天皇の名前によっておこなわれる戦争への批判を許さない状況を生み出した。捕虜になることを許さないという考えも三〇年代に広がっていった。

この時期に少なくとも欧米並みに中国の主権を認め尊重する方向で動いていれば、その後の戦争は避けられた可能性がある。しかし自由や民主主義、人権などを西欧の価値観だとして否定したことが、選択肢を極端に狭めてしまった。

また三七年からの戦争も、当初から全面化・長期化するかどうかはわからなかった。さらに日中戦争が長期化する中で、仏印進駐をおこない英米との対立を激化させていくが、欧米や国際連盟などからの批判を受けて、満州事変の段階まで撤退していれば、違った歴史があったかもしれない。支配者たちが少しでも賢明であれば、米英との戦争はなんとしてでも避けただろう。そもそも太平洋戦争を始めるべきではなかったし、さらに中国から軍隊を引きあげるべきだった。

太平洋戦争が始まってからのことを考えると、当初の勝利で有頂天となってしまい、合理的な思考ができなくなった。これは、ある種の合理性を西欧的な価値観として否定してきた三〇年代からの流れの結果でもある。

連合国が、日本が侵略によって獲得した領土を認めたうえで戦争終結をおこなうとは考えにくいので、戦争をやめるタイミングは難しいが、「絶対国防圏」として設定した、つまりここを取られては戦争で負けるという地域であるサイパンなどマリアナ諸島が四四年七〜八月に陥落した時点で、戦争の勝敗は決していた。ここで東条内閣が倒れたので、すみやかに戦争終結に動くべきだった。その際の条件としては、東南アジア・太平洋諸島、さらには中国全土からの撤兵、つまり三一年の満州事変以前の段階に戻ることが不可欠だったろう。朝鮮と台湾の植民地をどうするかは難問であるが、これを機会に植民地に独立を与えていれば日本にとってかえって有利に働いていたかもしれない。

さらに戦争終結のチャンスとしては、ルソン島を含めてフィリピンの主要部分が米軍に奪われ、いよいよ日本本土が戦場になることが想定された四五年二月の段階があったであろう。すでに紹介したように、天皇が重臣たちから戦争について意見を聞き、近衛元首相が戦争の早期終結を訴えたのに対して、天皇が米軍に一撃を与えてからと早期終結論を却下した時である。この段階で決断していれば、沖縄戦も東京大空襲も原爆投下もなかったかもしれない。八月に終結を決断しても「遅すぎた聖断」だった。

沖縄戦に関していえば、大本営ならびに第三二軍の作戦計画そのものの問題がある。住民を戦闘に巻き込まないような陣地配置ならびに住民避難地の設定、住民のための諸施設や食糧などの確保という点である。一定の地域を非武装地帯として設定し、米軍に通告し、住民をそこに避難させる方法がある。もちろんこの場合、米軍は抵抗をうけずに進駐してくるので住民は米軍保護下に入ることになる。日本軍と政府・県は、民間人は保護されること、米軍に捕まっても問題ないことを人々に十分に知らせておく必要がある。その点で、日本軍も政府も正反対のことをした。

当時の日本軍の思想を前提とした場合でも、五月末の南部撤退が住民の被害を激増させた大きな要因であった。ここで首里に軍司令部がとどまり――ドイツ軍でもおこなったように軍司令官が降伏を申し出て戦闘をやめれば一番よかったのだが――ここで「玉砕」していれば、多くの住民は助かったはずである。時間稼ぎという理屈が果たした役割は大きい。

南部に撤退したとしても、民間人は敵に捕まってもかまわない、民間人を保護しなければならないのが国際法規である、などのことを知らせなければならなかった。そして民間人を集める地域を米軍に通報し、民間人保護を要請するべきだった。民間人のガマには白旗を揚げることを許可していれば、あるいは野戦病院には赤十字の旗を掲げ、無抵抗で米軍に投降することを認めていれば、多くの犠牲を避けることができた。

北部の山中に避難していても、米軍に保護されることを認めていれば、早く山を降りて、餓死やマラリア死のかなりの部分を避けることができただろう。

軍人であっても、当時の普通の国の軍隊と同じように、勝敗が決した段階で捕虜になることを認め、それを部隊長が決断することを認めていれば、かなり多くの日本軍将兵も生きることができただろう。退却の時に、動けない重傷者を殺さずに米軍に保護させていれば、いくらかの者たちは助かったかもしれない。

戦争をやらなければよかったというのはその通りであり、四五年の沖縄戦に至るまでの過程で、それを避けることができた（あるいは避けられたかもしれない）ターニングポイントはたくさんあった。しかしそれらのひとつひとつの機会に、別の道への選択肢が潰されていった。そして、太平洋戦争が始まってからであっても、沖縄の人々の被害が避けられる、あるいは犠牲をより少なくできる機会はたくさんあった。

他方、良識と勇気ある民間人や将兵の行動によって命を助けられた人々が多かったことを考えると、社会や組織がどれほど人々を抑圧統制しようとしても、良心と良識が働く機会はかならずあるということを考えさせられる。良心や良識を抑圧する社会や組織を許さないことが何よりも大事であり、それは日ごろからの努力が必要である。と同時に、どのような社会や組織であっても、一人ひとりの人の良心と良識が大事であることも教えてくれるのではないだろうか。一九三〇年代から四〇年代の人々は大きな失敗をした。そこから学ぶことができるのが、いまを生きる者の特権でもあり義務でもある。

さいごに

沖縄は日本に組み込まれてから差別されつづけてきた。沖縄人への差別、沖縄戦、戦後は沖縄を米軍占領に差し出し、日本復帰後も在日米軍基地の七五パーセントを沖縄に押しつけている。そうした沖縄の人々の悲しみや苦しみ、怒りに対し本土の人間たちは知らない振りをする。沖縄に行けば、ひめゆりの塔などは訪れるにしても、沖縄戦の悲劇は本土の責任抜きの戦争の悲劇一般に解消され、基地を押しつけている自分たちの責任（そうした日本政府を選んでいるのは本土の有権者なのに）は考えようとしない。沖縄戦の語られ方も、本土の側が自分たちにとって都合のよい側面だけを選びだしてきた傾向がある。また沖縄のやさしさとか、「癒し」いうのが一種のブームだが、それも沖縄の悲しみや怒りは無視して、自分たちに耳障りのよい「やさしさ」だけを語る点では、同じ構造だろう。沖縄に犠牲を押しつけておきながら、沖縄のやさしさに「癒される」とは、あまりにも身勝手すぎるのではないだろうか。沖縄の悲しみや怒りを正面から直視しその原因を解決すること、その責任を果たさないままに沖縄のやさしさを云々できる資格が本土の人間にあるのだろうか。沖縄を本土のための犠牲にする構造は、いまだに変わっていないように思える。戦争も、戦争の中でのひとつひとつの出来事も決して自然現象ではなく、人によって生み出されるものである。悲劇の原因を戦争一般に求めるのではなく、具体的に考えたい。

ここで戦没者の追悼のあり方について考えたい。

戦没者に対して、「みなさんの犠牲の上に今日の日本の平和と繁栄が築かれました」とか「みなさんの死があったから、今日の平和が生まれました」というような言い方がよくされる。それもあまり深く考えることなく、年齢に関係なくごく普通に語られ、あるいはそう思われている。しかしはたしてそうだろうか。たとえば、チビチリガマに避難していた人々は、事実を教えられていたならば、誰も死なずに済んだはずだった。そこで死んだことに何の意味があったのだろうか。

ひめゆりの女子生徒たちは、軍とともに南部に撤退し、看護婦としての仕事もないまま壕に隠れ、ついには軍に見捨てられた。病院壕であれば、表に赤十字の旗と白旗を掲げて、投降の呼びかけにしたがって壕を出ていれば、多くは死なずに済んだ。彼女たちの死に一体なんの意味があったのだろうか。

ニューギニアのジャングルに日本軍将兵たちは、武器弾薬や食糧の補給もなしに放りだされ、米軍に投降することも許されず飢え死にするか、万歳突撃をおこなって米軍に殺されていった。万策尽きた時には捕虜になることを認めていた普通の国の軍隊であれば、ほとんどは死ななくて済んだはずだった。

そこで死んでいった一〇万の兵士たちの死にどんな意味があるだろうか。すでに日本の敗戦が明白であったにもかかわらず、天皇制を守るために、フィリピンの山中で倒れた五〇万の兵士や捨て石作戦の犠牲になった二〇万の沖縄戦の犠牲者にどんな意味があったのだろうか。

かれらは皆生きることができたにもかかわらず、日本軍の狂気によって犠牲にされたにすぎない。生きていれば、新しい沖縄や日本の建設に若いかれらはきっと貴重な役割を果たしたはずだ。「死んだ人々のおかげで……」と言うのならば、シムクガマのように生き残った人々に対しても、死んだほうが平和のためになったとでも言うのだろうか。

「みなさんの死があったから、今日の平和が生まれました」というのは、生き残った者たちの責任逃れにすぎないように思える。なぜ戦争が起き、そしてそれを食い止められなかったのか。侵略戦争を遂行するような政府をなぜ許し、自分たちもそれに協力していったのか。なぜ侵略戦争に反対するために身体を張って闘った人々を見殺しにし、しかもその弾圧に手を貸すようなことをしたのか。仮に戦争が起きたとしても、当時の普通の国であれば助かっていたはずの数十万、いや一〇〇万人以上の青年に死を強制した日本国家と軍隊の責任をなぜ問おうとしないのか。そして戦争が終わって、そうしたあり方について真剣に反省し総括することもなくずるずると過ぎていったのか。「みなさんの死があったから……」という言葉によって、そうしたことを真剣に問い直すことを回避してきたのではないか。さらにはそうした人々を死に追いやった指導者たちを免罪してきたのではないか。死者を美化することによって、むしろ戦争の醜い本質を覆い隠し、新たな戦争への道を掃き清めてきたのではないか。

そして、死を拒否して生き延びた人々の行為を恥ずべきこととして否定し去ろうとしてきたのではないか。私たちは、死を強制する日本国家と軍に抗して、生きることを闘いとった人々から、もっともっと学ぶべきではないか。

私たちは、チビチリガマやひめゆりをはじめとする戦争犠牲者が、生きることができたのに死を強いられたということをしっかりと見つめなければならない。そして、かれらをそうした死に追い込んだのは何か、二度とそうしたことを起こさないために何をしなければならないのか、そのことをはっきりと総括することは私たちの責任であり、その責任を果たした時にはじめて、人々の死が決して無駄死にではなく、平和の礎になるのではないだろうか。それが死者に対するもっとも丁重な弔いの仕方だと思う。そのことは亡くなった沖縄の人々を真に追悼するだけでなく、日本の侵略戦争と植民地支配の犠牲になったアジアの人々を追悼し償うことにつながると思う。

明治になってから日本は、大きな戦争だけをとりあげてみても、日清戦争、日露戦争、第一次世界大戦、シベリア出兵（戦争）、満州事変、日中戦争、そしてアジア太平洋戦争と戦争につぐ戦争をおこなってきた。沖縄戦はその中で最後といってもよい大きな戦闘であり、多くの日本国民のいる土地でおこなった唯一の戦闘といえる。

いま挙げた戦争はいずれも日本が国外に出て行って戦ったものであり、いずれも侵略戦争という性格をもっていた。その長年の戦争の経験がいろいろな形で集約されたのが沖縄戦だった。

戦争というのは、突然始まるわけではない。突然のように見えても、その背後には長い積み重ねがあり、それが爆発するのであって、そこまでの過程において、たくさんの分かれ道があり、戦争を防ぐさまざまな可能性と選択肢がある。そのひとつひとつは小さなことのように見えるかもしれないが、あの時、あのようにしていれば違っていたのに、ということの積み重ねが歴史である。日ごろから、そのひとつひとつの分かれ道を見逃さず、戦争につながる道を進もうとする時にはそのことを警告し批判し、より適切な選択をおこなうこと、そのための日常的な努力が必要になってくる。

「政府の行為によって再び戦争の惨禍が起ることのないようにすることを決意」して制定された日本国憲法の第一二条に書かれている次の言葉を紹介して、本書を終えることにしたい。

「この憲法が国民に保障する自由及び権利は、国民の不断の努力によって、これを保持しなければならない。」

あとがき

私にとって最初の沖縄戦の本『沖縄戦と民衆』を二〇〇一年に出してから九年たちますが、その本が出てから幸いなことに沖縄でたくさんの方と出会い、いろいろなことを吸収することができました。またその年から毎年アメリカに調査に行くようになり、そこで得た新しい資料を新聞やテレビなどで発表してきました。「集団自決」に関しては、昨年『沖縄戦　強制された「集団自決」』（吉川弘文館）としてまとめましたが、この間の多くの成果を盛り込んで、沖縄戦の全体像を描こうとしたのが本書です。

本書を書くにあたって考えたことの第一は、沖縄戦をこれから学ぼうとする人たちに読んでもらえる本にすることです。基本的な内容はできるだけ盛り込みました。第二に、沖縄戦についてよく知っている方でも読んでおもしろい本にすることです。従来の沖縄戦の本にはない視点や新資料も盛り込んだつもりです。第三に、沖縄にいないからこそ書けるものにしたいということです。中にいて見えるものもあれば、逆に外にいるからこそ見えるものもあります。これは『沖縄戦と民衆』を書いたときにも意識したことです。この第一と第二の点を両立させるのはなかなか難しく、うまくいったかどうかは読者のみなさんの判断にお任せするしかありません。

宮古島「アリランの碑」の写真をお寄せいただいた洪玧伸《ホンユンシン》さん、愛楽園と南静園についてご教示いただいた吉川由紀さんをはじめ、本書の執筆に至るまでに実にたくさんの方々にお世話になりました。みなさんにお礼申し上げます。

ところで私の研究の恩師は故藤原彰先生ですが、私が学生時代にはじめてお目にかかった時の先生の年齢に私も達したところです。先生はその時にはすでに大先生だったことを考えると、自分の非力さに恥じ入るばかりですが、責任の重さも痛感しています。

最後に、名曲「イムジン河」を世に出した松山猛さんが、いまの私の年齢の時に書かれた言葉を紹介したいと思います。私の気持ちにぴったりの言葉だからです。

「肝心なのは諦めないこと。世間の常識から見れば、齢《よわい》五五にもなった男が、青臭い純情を忘れられないで、平和や理想を語りつづけるのは滑稽かもしれないが、僕にはまだ情熱があり、夢がある。／〔中略〕ジョン・レノンは、国境や宗教に隔てられない世界を夢見た。天国も地獄もない、皆がお互いを認め合う世界を夢見た。／それはマーティン・ルーサー・キング牧師の夢の続きにちがいない。／世界は絶えず混乱し、不信に満ちている。／我々の時代に、解決すべきは解決の努力をしてみよう。／そしてそれでも時間が足りないのなら、せめてその夢を子供たちと、その未来の子供たちに託そうじゃないか。／僕たち自身はその好ましい結果を、自分の眼で見ることも、魂を震わせて感じることもできないかもしれないが、いつの日か最良の日が来ることを、そしてそれを全身で感じる人々のための未来があることを信じよう。／そして、不信の原野の小石を取り除き、夢の畑を耕し、ひと粒ずつていねいに種を植え、水をやり続けることを始めたいと思う。」（『少年Mのイムジン河』木楽舎）

基地のない沖縄、基地のない日本、基地のない世界の実現に向けて。

二〇一〇年五月三日　　憲法記念日

林　博史

読書案内

ここでは本書を読まれたみなさんが、さらに沖縄戦について知ろうとする際の読書ガイドになるよう、いくつかの文献を紹介したい。

沖縄戦全般については、大城将保『改訂版　沖縄戦』（高文研、一九八八年）、大田昌秀『総史沖縄戦』（岩波書店、一九八二年）、藤原彰編著『沖縄戦――国土が戦場になったとき』（青木書店、一九八七年）、藤原彰編著『沖縄戦と天皇制』（立風書房、一九八七年）がある。ただいずれも一九八〇年代の著作であり、この二〇年あまりの成果は反映されていない。本書を執筆した理由もそこにある。また本書の前提でもある筆者の著作、林博史『沖縄戦と民衆』（大月書店、二〇〇一年）も挙げさせていただく。

他に比較的読みやすく、沖縄戦の概要もわかるものとして、安里要江・大城将保『沖縄戦　ある母の記録』（高文研、一九九五年）、石原昌家『沖縄の旅・アブチラガマと轟の壕』（集英社新書、二〇〇〇年）、安仁屋政昭『沖縄戦のはなし』（沖縄文化社、一九九七年）、安仁屋政昭『沖縄戦学習のために』（平和文化、一九九七年）などを挙げたい。また屋嘉比収編『沖縄・問いを立てる4　友軍とガマ――沖縄戦の記憶』（社会評論社、二〇〇八年）、行田稔彦編著『生と死・いのちの証言　沖縄戦』（新日本出版社、二〇〇八年）などもある。琉球新報社『沖縄戦新聞』（琉球新報社、二〇〇五年）もすすめたい。NHK沖縄放送局編『沖縄戦の絵――地上戦　命の記録』（日本放送出版協会、二〇〇六年）は体験者が描いた絵であり、文章では得られないものがある。

「集団自決」問題については、何よりも林博史『沖縄戦　強制された「集団自決」』（吉川弘文館、二〇〇九年）

を読んでいただきたいが、座間味島のケースをとりあげた宮城晴美『新版　母の遺したもの――沖縄・座間味島「集団自決」の新しい事実』(高文研、二〇〇八年)、他に大城将保『沖縄戦の真実と歪曲』(高文研、二〇〇七年)、沖縄タイムス社編『挑まれる沖縄戦――「集団自決」・教科書検定問題　報道特集』(沖縄タイムス社、二〇〇八年)、謝花直美『証言　沖縄「集団自決」――慶良間諸島で何が起きたか』(岩波新書、二〇〇八年)が最近の文献としてある。また下嶋哲朗『チビチリガマの集団自決――「神の国」の果てに』(凱風社、二〇〇〇年)、金城重明『「集団自決」を心に刻んで』(高文研、一九九五年)も挙げておきたい。

教科書検定問題について、家永教科書訴訟に関しては、安仁屋政昭『裁かれた沖縄戦』(晩聲社、一九八九年)、二〇〇七年の「集団自決」をめぐる検定問題については石山久男『教科書検定――沖縄戦「集団自決」問題から考える』(岩波ブックレット、二〇〇八年)がある。

沖縄戦の中のそれぞれのテーマについては本文中でもいくつか参考文献を紹介している。その他にも男子学徒隊については、大田昌秀『沖縄のこころ――沖縄戦と私』(岩波新書、一九七二年)という古典的な文献があるが、県立一中についての詳細な記録である兼城一『沖縄一中　鉄血勤皇隊の記録』(上下、高文研、二〇〇〇年・二〇〇五年)は近年の労作である。女子学徒隊については、体験記は、仲宗根政善『ひめゆりの塔をめぐる人々の手記』(角川書店、一九八〇年、角川文庫、一九九五年)以来多数刊行されており、宮城喜久子『ひめゆりの少女』(高文研、一九九五年)などがある。陸軍病院の医師や看護婦の記録としては、長田紀春・具志八重『閃光の中で――沖縄陸軍病院の証言』(ニライ社、一九九二年)がある。ひめゆり平和祈念資料館から刊行されているガイドブックや特別展のガイドブックがたいへん役に立つ。とくに『「沖縄戦の全学徒たち」展　報告書』は貴重である。

学徒隊を含めて教育については、近藤健一郎『近代沖縄における教育と国民統合』(北海道大学出版会、二〇〇六年)がある。

防衛隊については、林博史『沖縄戦と民衆』が詳しい。

日本軍「慰安婦」問題については、川田文子『赤瓦の家——朝鮮から来た従軍慰安婦』（筑摩書房、一九八七年）という先駆的な文献があるが、最近の成果としては、日韓共同「日本軍慰安所」宮古島調査団、洪玧伸編『戦場の宮古島と「慰安所」』（なんよう文庫、二〇〇九年）、論文として古賀徳子「沖縄戦における日本軍『慰安婦』制度の展開」1〜4（『季刊戦争責任研究』六〇—六三号、二〇〇八—二〇〇九年）がある。

朝鮮人たちについては、金元栄『朝鮮人軍夫の沖縄日記』（三一書房、一九九二年）、海野福寿・権丙卓『恨《ハン》朝鮮人軍夫の沖縄戦』（河出書房新社、一九八七年）を挙げておきたい。

女性史の視点からの文献として、那覇市総務部女性室・那覇女性史編集委員会編『那覇女性史（近代編）なは・女のあしあと』（ドメス出版、一九九八年）、堀場清子『イナグヤナナバチ——沖縄女性史を探る』（ドメス出版、一九九〇年）を挙げておきたい。

本書ではとりあげられなかったが、沖縄戦による孤児については、謝花直美『戦場《いくさば》の童《わらび》——沖縄戦の孤児たち』（沖縄タイムス社、二〇〇五年）がある。

中国での戦争と沖縄戦のつながりを理解するうえで、内海愛子ほか『ある日本兵の二つの戦場』（社会評論社、二〇〇五年）をすすめたい。

八重山については、宮良作『日本軍と戦争マラリア』（新日本出版社、二〇〇四年）、石原ゼミナール・戦争体験記録研究会『もうひとつの沖縄戦——マラリア地獄の波照間島』（ひるぎ社、一九八三年）を挙げておく。

日本軍兵士の戦争体験については、外間守善『私の沖縄戦記』（角川学芸出版、二〇〇六年）、國森康弘『証言沖縄戦の日本兵』（岩波書店、二〇〇八年）がある。

米軍から見た沖縄戦については、米国陸軍省編『沖縄　日米最後の戦闘』（光人社NF文庫、一九九七年）、ジョージ・ファイファー『天王山――沖縄戦と原子爆弾』（早川書房、一九九五年）、吉田健正『沖縄戦　米兵は何を見たか』（彩流社、一九九六年）、ジェームス・H・ハラス『沖縄　シュガーローフの戦い』（光人社、二〇〇七年）など。米軍から見ても、決してかんたんな戦闘ではなかったことがよくわかる。

県や市町村からも優れた文献が多数出ている。一九七〇年代に刊行された『沖縄県史』「第九巻　沖縄戦記録1」と「第一〇巻　沖縄戦記録2」はぜひ一度読んでいただきたい。二冊とも二段組みで一〇〇〇頁を超えるものだが、これを読み通した時の圧倒される思い――とても言葉では表現できないような――が筆者の沖縄戦研究の出発点だった。現在、新沖縄県史の編纂が進んで、関連する資料編が次々に刊行されており、米軍の「アイスバーグ作戦」文書も和訳で読むことができる。近く、沖縄戦の日本軍事資料編が刊行される見込みである。またかんたんで読みやすい『沖縄県史ビジュアル版』も次々と刊行されている。これらの県史関係は沖縄県教育委員会から刊行されている。

市町村史の沖縄戦編（戦争編）も多数刊行されている。その中でも、那覇、浦添、宜野湾、北谷、石垣、糸満、読谷など優れたものを出しているところが多い。市町村史の普及版を出すところも増えており、こちらは手軽に読める。沖縄市や名護市、南風原町などは沖縄戦編の本編がこれからであるが、しっかりとした準備がなされているので期待しているところである。

字でも字誌を出している。その一部で沖縄戦についても触れているものが多いが、戦争編を独立して出した『楚辺誌　戦争編』（一九九二年）は非常に優れた成果である。

他に、沖縄県立平和祈念資料館、対馬丸記念館などで刊行されている資料館のガイドブックや特別展ガイドブックなどもわかりやすく、かつ最新の成果を生かしたものが多いので、それらの資料館を訪問した際にぜひ書籍コーナーを見ていただきたい。

平和学習で沖縄をまわる際には、古典的名著ともいえる『観光コースでない沖縄』（高文研、初版一九八三年、第四版二〇〇八年）が第四版となっている。沖縄県平和祈念資料館編『沖縄の戦争遺跡』（沖縄時事出版、二〇〇七年）などよいガイドブックもいくつか出されている。

『季刊戦争責任研究』（日本の戦争責任資料センター）には沖縄戦関係の論文や資料紹介が随時掲載されている。

以上、比較的入手しやすいと思われるものを中心にしたので、優れた文献であっても刊行が古いものや私家版など書店からの注文が難しいものは、ほとんど含まれていないことをあらかじめご了承いただきたい。また論文も一部を除いて挙げていない。

ここでは紹介できなかった文献については、『沖縄戦と民衆』と『沖縄戦　強制された「集団自決」』の巻末文献リストを参照いただきたい。とくに前者の文献リストには、すべて私が目を通したものだけを挙げているが、二〇〇一年半ばまでに刊行された沖縄戦関係の主な文献は網羅されていると自負している。

自治体や字が刊行したものや自費出版など通常の流通ルートに乗らない文献の多くは、那覇市の与儀公園にある県立図書館で読むことができる。とくにその二階の郷土資料室にまとまってあるので機会があればぜひ訪れていただきたい。

参考文献一覧

＊本書で引用あるいは直接参照した文献に限った。

一般書

秋元波留夫・清水寛『忘れられた歴史はくり返す——障害ある人が戦場に行った時代』きょうされん、二〇〇六年
安仁屋政昭『沖縄戦のはなし』沖縄文化社、一九九七年
安里要江・大城将保『沖縄戦　ある母の記録』高文研、一九九五年
荒井紀雄『戦さ世の県庁』一九九二年
新垣秀雄『ヌチドタカラ——沖縄戦のはなし』冬花社、二〇〇二年
粟屋憲太郎・川島高峰編『敗戦時全国治安情報』第一巻、日本図書センター、一九九四年
石原昌家『虐殺の島』晩声社、一九七八年
石原昌家『沖縄の旅・アブチラガマと轟の壕』集英社、二〇〇〇年
石原昌家『証言・沖縄戦』青木書店、一九八四年
石原ゼミナール・戦争体験記録研究会『大学生の沖縄戦記録』ひるぎ社、一九八五年
石原ゼミナール・戦争体験記録研究会『もうひとつの沖縄戦——マラリア地獄の波照間島』ひるぎ社、一九八三年
石山久男『教科書検定——「集団自決」問題から考える』岩波ブックレット、二〇〇八年
池宮城秀意『沖縄に生きて』サイマル出版会、一九七〇年
石垣正二『みのかさ部隊戦記』ひるぎ社、一九七七年
伊波園子『ひめゆりの沖縄戦』岩波書店、一九九二年
浦崎純『消えた沖縄県』沖縄時事出版社、一九六五年
海野福寿・権丙卓『恨　朝鮮人軍夫の沖縄戦』河出書房新社、一九八七年
NHK「戦争証言」プロジェクト『証言記録　兵士たちの戦争（2）』NHK出版、二〇〇九年
大江志乃夫『徴兵制』岩波新書、一九八一年
大田昌秀『総史沖縄戦』岩波書店、一九八二年
小木曾郁男・川邊一外『ああ沖縄』恒友出版、一九六八年
沖縄県退職教職員の会婦人部編『ぶっそうげの花ゆれて第二集　沖縄戦と戦後教育』ドメス出版、一九九五年
沖縄県労働組合協議会『日本軍を告発する』一九七二年
沖縄タイムス社編『挑まれる沖縄戦——「集団自決」・教科書検定問題　報道特集』沖縄タイムス社、二〇〇八年
翁長朝義『沖縄戦　一防衛隊員の手記』一九八八年
小野賢二「報道された無数の『百人斬り』」（『季刊戦争責任研究』五〇号、二〇〇五年一二月）

『沖縄県ハンセン病証言集』全三巻（資料編、宮古南静園編、沖縄愛楽園編）、二〇〇六―二〇〇七年
加藤健「聞き書き　沖縄戦を生き抜いたろう者」（『季刊戦争責任研究』五二号、二〇〇六年六月）
川名紀美『女も戦争を担った』冬樹社、一九八二年
行田稔彦編著『生と死・いのちの証言　沖縄戦』新日本出版社、二〇〇八年
川田文子『赤瓦の家――朝鮮から来た従軍慰安婦』筑摩書房、一九八七年
儀同保『慶良間戦記』叢文社、一九八〇年
金元栄『朝鮮人軍夫の沖縄日記』三一書房、一九九二年
久手堅憲俊『沖縄を襲った米大艦隊』あけぼの出版、二〇〇四年
隈崎俊武『手記　沖縄戦と島田知事』一九九八年
護郷隊編纂委員会『護郷隊』一九六八年
古賀徳子「沖縄陸軍病院における青酸カリ配布の実態」（『季刊戦争責任研究』四九号、二〇〇五年九月）
古賀徳子「沖縄戦における日本軍『慰安婦』制度の展開」（『季刊戦争責任研究』六〇―六三号、二〇〇八年六月―二〇〇九年三月）
犀川一夫『ハンセン病政策の変遷』沖縄ハンセン病予防協会、一九九九年
佐木隆三『証言記録沖縄住民虐殺――日兵逆殺と米軍犯罪』新人物往来社、一九七六年
島田叡氏事蹟顕彰会『沖縄の島守』一九六四年
下嶋哲朗『生き残る――沖縄・チビチリガマの戦争』晶文社、一九九一年
下嶋哲朗『チビチリガマの集団自決――「神の国」の果てに』凱風社、二〇〇〇年
謝花直美『証言　沖縄「集団自決」――慶良間諸島で何が起きたか』岩波新書、二〇〇八年
謝花直美「沈黙の声　沖縄戦の精神障害者」（『季刊戦争責任研究』五二号、二〇〇六年六月）
スタンレー・ベネット『戦場から送り続けた手紙』ジャパンタイムス、一九九五年
セア・ビビンズ『アメリカの一水兵の沖縄戦日記』名護市教育委員会、一九八八年
瀬良垣克夫『我が家の戦争記録』一九八九年
創価学会青年部反戦出版委員会『戦争を知らない世代へ　No.1　沖縄編　打ち砕かれしうるま島』第三文明社、一九七四年
創価学会青年部反戦出版委員会『戦争を知らない世代へ

No.6　沖縄編　沖縄戦――痛恨の日々』第三文明社、一九七五年
竹内渉『北の風　南の風――部落、アイヌ、沖縄。そして反差別』解放出版社、二〇〇九年
塚崎直樹編『声なき虐殺』BOC出版、一九八三年
対馬丸記念会『公式ガイドブック　対馬丸記念館』二〇〇五年
長田紀春・具志八重『閃光の中で――沖縄陸軍病院の証言』ニライ社、一九九二年
日韓共同「日本軍慰安所」宮古島調査団、洪玧伸編『戦場の宮古島と「慰安所」』なんよう文庫、二〇〇九年
野村正起『船工26の沖縄戦』亜細亜書房、一九九八年
服部卓四郎『大東亜戦争全史』原書房、一九六五年
浜川昌也『私の沖縄戦記』那覇出版社、一九九〇年
原田敬一『国民軍の神話』吉川弘文館、二〇〇一年
比嘉太郎『ある二世の轍』日貿出版社、一九八二年
ひめゆり同窓会相思樹会『戦争と平和のはざまで――相思樹会の軌跡』一九九八年
ひめゆり平和祈念資料館『公式ガイドブック　ひめゆり平和祈念資料館』一九八九年
深沢敬次郎『船舶特攻の沖縄戦と捕虜記』元就出版社、二〇〇四年
福地曠昭『哀号・朝鮮人の沖縄戦』月刊沖縄社、一九八六年
福地曠昭『防衛隊』沖縄時事出版、一九八五年
藤原彰『餓死《うえじに》した英霊たち』青木書店、二〇〇一年
藤原彰『日本軍事史』上、日本評論社、一九八七年
藤原彰編著『沖縄戦――国土が戦場になったとき』青木書店、一九八七年
藤原彰編著『沖縄戦と天皇制』立風書房、一九八七年
米国陸軍省編『沖縄　日米最後の戦闘』サイマル出版会、一九六八年（光人社NF文庫、一九九七年）
防衛庁防衛研修所戦史室『沖縄方面陸軍作戦』朝雲新聞社、一九六八年
防衛庁防衛研修所戦史室『沖縄方面海軍作戦』朝雲新聞社、一九六八年
防衛庁防衛研修所戦史室『本土決戦準備（2）九州の防衛』朝雲新聞社、一九七二年
保坂廣志『戦争動員とジャーナリズム』ひるぎ社、一九九一年
細川護貞『細川日記』中央公論社、一九七八年
堀場清子『イナグヤナナバチ――沖縄女性史を探る』ドメス出版、一九九〇年
真尾悦子『いくさ世を生きて』ちくま書房、一九八六年
宮里真厚『少国民のたたかい　乙羽岳燃ゆ』一九九五年

宮本正男『沖縄戦に生き残る』一九八四年
森杉多『空白の沖縄戦記』昭和出版、一九七五年
森川恭剛『ハンセン病差別被害の法的研究』法律文化社、二〇〇五年
靖国神社国営化反対沖縄キリスト者連絡会『戦争賛美に異議あり』一九八三年
山田朗『昭和天皇の軍事思想と戦略』校倉書房、二〇〇二年
八原博通『沖縄決戦』読売新聞社、一九七二年
山川泰邦『秘録沖縄戦記』読売新聞社、一九六九年
吉川由紀「ハンセン病患者の沖縄戦」(『季刊戦争責任研究』第四〇・四一号、二〇〇三年六月・九月)
吉田裕『日本の軍隊』岩波新書、二〇〇二年
吉田裕・森茂樹『アジア・太平洋戦争』吉川弘文館、二〇〇七年
琉球弧を記録する会『島クトゥバで語る戦世』一九九七年
琉球新報社『証言沖縄戦——戦禍を掘る』琉球新報社、一九九五年
琉球政府文教局『琉球史料』第三集、一九五八年
英海軍公刊戦史/S. W. Roskill, *The War at Sea, 1939–1945: Vol.3, The Offensive, Part 2* [London: Her Majesty's Stationary Office, 1961]

自治体史　＊沖縄県、次いで市町村と字は五十音順に並べた。

『沖縄県史』第七巻・第九巻・第一〇巻、一九七四年・一九七一年・一九七四年
『沖縄県史料　近代1　昭和一八年知事事務引継書類』一九七八年
『沖縄戦研究』Ⅰ・Ⅱ、沖縄県教育委員会、一九九八年・一九九九年
『沖縄県史ビジュアル版3　青空教室からの出発』沖縄県教育委員会、一九九九年
『沖縄県史　資料編14　琉球列島の軍政　一九四五—一九五〇』(和訳編)二〇〇二年
『伊江島の戦中・戦後体験記録』伊江村教育委員会、一九九九年
『市民の戦時・戦後体験記録』第三集・第四集、石垣市市史編集室、一九八五年・一九八八年
『糸満市史　資料編7　戦時資料』上下、二〇〇三年・一九九八年
『糸満市における沖縄戦の体験記集』一九九六年
『浦添市史　第五巻　資料編4　戦争体験記録』一九八四年
『上勢頭誌　中巻、通史編Ⅱ』一九九三年
『宜野座村史　第二巻　資料編1　移民・開墾・戦争体験』

一九八七年
『宜野湾市史　第三巻　資料編2　市民の戦争体験記録』一九八二年
『金武町史　第二巻　戦争本編』同『第二巻　戦争・証言編』二〇〇二年
『具志川市史　第五巻　戦争編戦時体験1』二〇〇五年
『東風平町史　戦争体験記』一九九九年
『米須字誌』一九九二年
『座間味村史』上中下、一九八九年
『楚辺誌　戦争編』一九九二年
『玉城村史　第六巻　戦時記録編』二〇〇四年
『知念村史　第三巻　戦争体験記』一九九四年
『北谷町民の戦時体験記録集』第一集、北谷町史編集事務局、一九八五年
『北谷町史　第五巻資料編4　北谷の戦時体験記録』一九九二年
『戦時体験記録』北谷町史編集室、一九九五年
『中城村史　第四巻　戦争体験編』一九九〇年
『市民の戦時体験記』第一集、那覇市役所市史編集室、一九七一年
『那覇市史　資料編第二巻中の6　戦時記録』一九七四年
『那覇市史　資料編第三巻7　沖縄の慟哭　市民の戦時・戦後体験記1』一九八一年
『那覇市史　資料編第三巻8　沖縄の慟哭　市民の戦時・戦後体験記2』一九八一年
『西原町史　第三巻　資料編2　西原の戦時記録』一九八七年
『南風原の学童疎開』南風原町教育委員会、一九九一年
『検証　6・23障害者の沖縄戦』南風原町史編集委員会、一九九四年
『南風原町沖縄戦戦災調査9　照屋が語る沖縄戦』南風原町教育委員会、一九九四年
『南風原町沖縄戦戦災調査10　新川が語る沖縄戦』南風原町教育委員会、一九九五年
『ゼロからの再建』南風原町史第七巻、二〇〇五年
『町民の戦時体験記』（本部町）町民の戦時体験記編集委員会、一九九六年
『本部町史　資料編1』一九七九年
『屋嘉区誌（戦前編）』二〇〇五年
『平和の炎　Vol. 3　第三回読谷村平和創造展　読谷村民の戦時体験記録1』読谷村、一九九〇年
『沖縄戦当時の読谷山村役場職員座談会』1・2、読谷村史編集事務局、一九九〇年

『読谷村史　第五巻資料編4　戦時記録』上下、二〇〇四年

著者（林博史）による関連文献

『沖縄戦と民衆』大月書店、二〇〇一年
「暗号史料にみる沖縄戦の諸相」（沖縄県教育委員会『史料編集室紀要』第二八号、二〇〇三年三月）＊
「資料紹介　占領軍進駐直後の米兵による強かん事件捜査報告書」（『季刊戦争責任研究』第四〇号、二〇〇三年六月）＊
『ＢＣ級戦犯裁判』岩波新書、二〇〇五年
「基地論——日本本土・沖縄・韓国・フィリピン」（『岩波講座　アジア・太平洋戦争7　支配と暴力』岩波書店、二〇〇六年五月）＊
「資料紹介　沖縄戦についての日本軍資料」（『季刊戦争責任研究』第五二号、二〇〇六年六月）
「資料紹介　鉄血勤皇隊編成に関する日本軍と沖縄県の覚書ならびに軍命令」（『季刊戦争責任研究』第五四号、二〇〇六年一二月）
『シンガポール華僑粛清』高文研、二〇〇七年
「沖縄戦『集団自決』への教科書検定」（『歴史学研究』八三一号、二〇〇七年九月）＊
「沖縄戦と民衆——沖縄戦研究の課題」（三谷孝編『戦争と民衆——戦争体験を問い直す』旬報社、二〇〇八年）
「サイパンで保護された日本民間人の意識分析」（『関東学院大学経済学部総合学術論叢　自然・人間・社会』第四五号、二〇〇八年七月）＊
『戦後平和主義を問い直す——戦犯裁判、憲法九条、東アジア関係をめぐって』かもがわ出版、二〇〇八年
『沖縄戦　強制された「集団自決」』吉川弘文館、二〇〇九年
「ナウルでのハンセン病患者の集団虐殺事件」上下（『季刊戦争責任研究』第六四・六五号、二〇〇九年六月・九月。この論文は『戦犯裁判の研究』にも収録されている）
『戦犯裁判の研究——戦犯裁判政策の形成から東京裁判・ＢＣ級裁判まで』勉誠出版、二〇一〇年
「資料紹介　国民を戦闘に参加させるためのマニュアル——大本営陸軍部『国民抗戦必携』」（『季刊戦争責任研究』第六八号、二〇一〇年六月）

論文の末尾に＊をつけたものは、全部または一部を筆者のウェブサイト「日本の現代史と戦争責任についてのホームページ」で読むことができる。
http://www32.ocn.ne.jp/~modernh/

著 者

林 博史（はやし ひろふみ）

1955年生まれ。

一橋大学大学院社会学研究科博士課程修了

社会学博士

現在，関東学院大学教授

主な著書

『沖縄戦と民衆』（大月書店）

『沖縄戦 強制された「集団自決」』（吉川弘文館）

『戦犯裁判の研究』（勉誠出版）

『戦後平和主義を問い直す』（かもがわ出版）

『シンガポール華僑粛清』（高文研）

『BC級戦犯裁判』（岩波書店）

『裁かれた戦争犯罪』（岩波書店）

沖縄戦が問うもの

2010年6月11日第1刷発行　　定価はカバーに表示してあります

2022年7月7日第2刷発行

著 者© 林 博 史

発行者 中 川 進

〒113-0033 東京都文京区本郷2-27-16

発行所 株式会社 大 月 書 店　　印刷 理想社　製本 中永製本

電話(代表)3813-4651 (FAX)3813-4656 振替 00130-7-16387

http://www.otsukishoten.co.jp/

ISBN 978-4-272-52082-4 C0021